부모는
중요하지
않다

하버드대 인류학 교수 부부의
부모 역할 뒤집어보기

부모는
중요하지
않다

로버트 러바인·세라 러바인 지음
Robert LeVine and Sarah LeVine

안준희 옮김

Do Parents
Matter?

벨라와 로지, 에바를 위해

차례

일러두기

1. 이 책은 PublicAffairs에서 2016년에 출판한 로버트 러바인Robert A. LeVine과 세라 러바인Sarah LeVine 의 *Do Parents Matter?*를 완역한 책이다.

2. 이 책에는 0세부터 10세 연령의 아이들을 가리키는 다양한 용어들이 등장하며, 장 구성 또한 출산 부터 후기 아동기까지를 순차적으로 다루고 있다. 아동의 다양한 범주를 가리키는 용어들을 한국 어로 번역하는 데는 몇 가지 어려움이 따르는데, 우선 infant, toddler 등의 용어는 학술적 용어이기 도 하지만 동시에 미국 및 서구의 아동 발달 단계에 관한 민간적 범주folk category를 반영한 것이기도 하다. 비록 정확한 연령에는 이견이 있지만, 미국에서 infant는 대략 만 0~1세, toddler는 만 1~5세 또는 만 1~3세(만 1~3세로 나눌 경우 이후 범주로 만 3~5세를 preschooler라고 함), older children 혹은 older childhood는 만 5~10세의 아동을 가리키며, 이러한 범주 구분은 일반인들에게도 익숙한 문 화적 범주이다. 반면 한국에는 한국만의 문화특수적 아동 발달 단계가 존재하여 일상어로 아기, 아 이 등의 범주와 용어들이 사용된다. 따라서 위의 영어 용어들을 전통적인 한국의 일상어로 번역하 려면 이에 맞는 용어가 부재한 상황이 발생하며, 반면 학술어인 영아, 유아 등으로 번역했을 때는 한 국 일반 독자들에게 그 범주와 용어가 익숙하지 않은 문제점이 생길 수 있다. 그럼에도 불구하고 본 번역서에서는 영아, 유아 등의 학술적 번역어를 사용하고자 하는데, 이는 서구 아동 발달 이론의 대 중화와 서구 유아교육 제도의 도입으로 한국 부모들에게 이 용어와 단계별 발달 범주가 어느 정도 익숙해졌다고 판단했기 때문이다. 이러한 여러 맥락들을 고려하여 본 번역서에서 사용한 번역어는 다음과 같다. 괄호 안의 연령은 원서에서 규정하는 각 용어별 구체적 연령대이다.

- baby: 아기(0~1세) (원서에서 영아와 아기는 같은 시기의 아이들을 가리키는 용어로 혼재되어 사용되 고 있음.)
- infant: 영아(0~1세)
- toddler: 유아(1~5세)
- child, children: 아이, 아이들(1~10세) (원서에서 children은 infant, toddler, older children 모두를 지칭하는 용어로 사용됨. 즉 infants를 children이라고 하기도 하며, toddlers를 children이라고 하기도 함. children으로 표기된 것 중 한국에서 좀 더 보편적으로 사용되거나 집합적 단위로 쓰일 경우 "아동" 으로 번역하였음. 예를 들어 child labor, child-centered 등은 첫번째 이유로 "아동 노동", "아동 중심"으 로, 3-year-old children 등은 후자의 이유로 3세 아동으로 번역하였음.)
- older children: 후기 아동기 아이들(5~10세)
- early childhood: 초기 아동기(1~5세)
- later childhood: 후기 아동기(5~10세)

3. 원저자의 주석은 원서의 구성에 따라 미주로 달고, 역자의 주석은 약물로 표시하여 각주로 달았다.

부모가 된다는 것은?

전 세계적인 관점에서

1969년, 신혼이었고 아직 아이가 없었던 우리 부부는 우리의 첫번째 현지조사 프로젝트를 수행하기 위해 서아프리카 사하라사막 남쪽 사헬이라는 지역의 작은 나이지리아 마을로 이주했다. 우리 연구의 목적은 하우사Hausa족이 어떻게 아이를 기르는지 살펴보고, 이를 미국과 유럽의 양육 관습과 비교하는 것이었다. 우리는 영아 양육과 어머니를 향한 영아의 사회적 애착이라는 주제로 연구를 시작했다.

하우사는 서아프리카에서 가장 큰 종족집단ethnic group이다.[1] 이들은 대부분 무슬림이지만, 종교와 관계없이 다른 서아프리카 사람들과 가족생활이나 아동 양육 관습상의 여러 측면에서 공통점을 지니고 있다(일부다처제, 소녀들의 조혼, 높은 이혼율, 위탁 양육과 입양, 친족 회피 관습kin-avoidance practice[가족 내에서 특정 방식의 사회적 접촉을 금지하는 규칙]). 7개월 동안 세라는 (남편인 밥을 포함한) 남성들로부터 격리된 채 하우사족 어머니, 할머니들과 이야기를 나누고 아기들과 어린아이들을 관찰했다. 세라의 경험을 통해 우리 두 저자는 제대로 된 영아 양육이란 무엇인가에 의문을 품게 되었다.

하우사족의 친족 회피 규칙code은 쿠냐kunya라고 불린다. 이 규칙은 여성이 남편의 이름을 언급하거나 자신의 장자 혹은 장녀와 이야기하고 눈을 마주치는 것을 금지한다(심지어는 아이가 아주 어릴 때에도). 다른 아프리카 지역에서도 이러한 친족 회피 관습이 실천되지만, 세라가 하우사-풀라니Fulani족[2] 가족에서 본 형태는 아프리카 대륙에서 가장 엄격한 버전이다.

세라가 만난 라비라는 15세 여성은 남편 집에서 아미나라는 이름의 첫아이를 출산했다. 라비는 태어난 지 네 달 된 어린 딸아이를 자신의 부모님 집으로 데리고 가 그곳에서 당분간 머물렀다. 세라는 어느 날 아침 라비의 부모 집을 방문해 그곳에 30분 동안 머물렀다. 라비의 어머니 델루는 포동포동하고 밝은 눈을 가진 손녀 아미나를 무릎에 앉혔다. 그러나 1미터쯤 떨어져 앉아 있던 라비는 자신의 아기를 쳐다보지도 아기에게 말을 하지도 않았다. 종종 아이들 한 무리가 뛰어와 아미나의 손가락과 발가락을 가지고 놀고, 아미나를 웃게 하고 도망가곤 했다. 아이들이 떠나고 홀로 남겨진 아미나가 울기 시작하자 할머니는 아미나를 라비에게 건넸고, 라비는 무표정한 얼굴로 젖을 먹였다.

정신의학 사회복지사이자 아동 치료사로서 교육을 받은 세라는 인류학자로서 객관성을 유지하기 위해 노력했지만, 자연스럽지 않아 보이는 라비의 행동에 당황하지 않을 수 없었다. 세라는 그때까지 어머니가 따뜻한 애정을 주지 않으면 영아의 마음과 정신에 좋지 않은 영향을 미친다고 교육받아왔다. 세라가 이러한 가정에 의문을 품기 시작한 것은 무사라는 이름의 매우 특출하게 똑똑하고 매력적인 하우사족 대학생을 만난 이후였다. 족장의 아들이자 장자였던 무사는 어린 시절 친족 회피를 경험했다. 게다가 다른 하우사족 아이들처럼 그도 두 살 때 젖을 뗀 후 멀리 떨어진 지역의 사촌에게 보내져 열다섯 살이 될 때까지 생물학적 부모는 만나지도 못했다. 후에 미국에서 박사학위를 취득하고 나이지리아 정부의 관료가 된 이 젊은이는 어떻게 정신건강에 아무런 문제 없이 이 "힘든" 경험을 이겨냈을까? 이 젊은이의 사례와 다른 많은 하우사족의 사례는 아동 발달에 관한 당시 가장 권위적이었던 서구의 이론에 이의를 제기하는 것처럼 보였다.

이 책에서 우리는 아시아, 아프리카, 유럽, 라틴아메리카 등 전 세계 사례에서 드러나는 이러한 다양한 종류의 이의 제기를 다룬다. 더불어 현시대 양육 이념과 관습에 나타나는 다양성을 역사적 맥락에서 살펴보고자 한다. 지난 3000년 동안, 양육에 대한 기준은 인류가 가족 기반의 농업과 목축에 의존했다는 점에 영향을 받아 형성되었다. 그러나 1800년부터, 특히 20세기 초반부터 선진국(도시산업국가, 후기산업국가), 그리고 최근에는 가난한 개발도상국(가난한 농경국가)의 양육 방식이 변했다. 현재 전 세계 90퍼센트의 아이들이 농경국가에서 자라난다는 사실에 비추어 볼 때, 우리는 농경국가의 양육 관습이 미국 부모에게 어떤 의문과 문제점을 제기하는지 살펴볼 필요가 있다.

미국 부모들이 세계 다른 지역에서 어떻게 아이를 키우는지 많이 알게 되면, 미디어, 인터넷, 그리고 소위 "전문가"로부터 얻는 조언과 충고를 더 잘 평가하고 때로는 저항할 수도 있는 기회를 가질 수 있을 것이다. 인류학자 마거릿 미드$^{Margaret Mead}$는 1930년 발표한 『사모아의 청소년』에서 양육 관습의 문화적 다양성은 곧 실험과 같다고 주장하면서 이러한 점을 잘 보여주었다. 즉, 우리가 새로운 관습을 시도해보는 데 있어 세계 다른 지역 부모들의 경험을 아는 것이 도움이 될 수 있다는 것이다.[3] 미드는 다른 문화권 부모들의 양육 경험을 녹음하여 기록하는 프로젝트를 꾸렸는데, 우리 부부도 아프리카, 라틴아메리카, 남아시아 지역에서 연구를 수행하며 우리 연구 인생의 상당 부분을 이 미드의 프로젝트에 참여하는 데 보냈다. 이 책에서 우리는 우리가 직접 관찰한 것, 그리고 다른 인류학자들과 아동심리학자들이 관찰한 것에 기반하여 미국 부모와 세계 전 지역의 부모들을 비교한다.

마거릿 미드가 『사모아의 청소년』을 출판하고 나서 86년이 흐르는 동안 타 문화의 다양한 양육 관습에 대한 자료가 축적되면서, 우리는 다양한 지역 사람들의 생활 방식에서 드러나는 해답을 읽어내는 것이 미드가 확신했던 것처럼 간단하거나 분명하지 않다는 사실에 직면했다. 그동안 비난부터 찬양에 이르기까지 타 문화의 양육 관습에 대해 너무 많은 성급한 판단을 내려왔다. 타 문화 양육 관습을 아동 발달의 관점에서, 특히 타 문화 부모들, 그리고 우리 부모들의 관점에서 좀 더 깊이 있게 살펴볼 필요가 있다.

몇 년 전 일련의 행동과학자들은 마거릿 미드를 필두로 인류학자들이 지속적으로 이야기했던 바를 공개적으로 인정했다. 심리학에서 일반적 지식으로 여겨지는 것들은 서구의Western, 교육받은Educated, 산업화된Industrialized, 부유한Rich, 민주주의Democratic(WEIRD)● 사회의 개인에 대한 연구에 기반하고 있다는 것이다.[4] 사회심리학에서 실험의 피

● 각 용어의 알파벳 첫 자를 결합하면 "이상한"이라는 뜻을 지닌 "WEIRD"가 되는데, 이는 흔히 정상적, 표준적이라고 간주되는 심리학의 주요 연구 집단을 "이상한" 집단으로 표현함으로써 이 집단이 지닌 특수성을 지적하는 데 사용된다.

험자는 대부분 미국 대학에 다니는 2학년 학생들이다. 아동심리학에서도 연구의 영역을 넓히려는 진지한 노력들이 이루어지고 있지만, 많은 이론들은 여전히 인간 발달을 일반화하는 데 있어서 인류를 제대로 대표하지 못하는 표본이자 심지어 아웃라이어인 미국의 샘플을 사용하는 데 주저함이 없다. 우리는 아이들이 매우 다양한 조건에서 길러지며, 세계 각 지역의 부모들이 출산, 영아 양육, 유아 및 후기 아동기 아이의 양육을 대하는 방식이 다르다는 것을 알고 있다. 이들 중 상당 부분을 이 책에서 논의할 것이다.

변화하는
부모의 역할

인류의 역사에서 부모의 역할은 세 번의 중요한 변화를 겪어왔다. 첫 번째는 1만 1,000년 전 농업과 목축의 발명과 함께 시작되었다. 이 시기 식량 생산이 점점 늘어나자, 부모들은 가내의 식량 생산 단위 내에서 아이들의 일을 감독하는 역할을 하게 되었다. 인류의 대다수는 적어도 3000년간 다양한 농경 환경 속에서 이러한 방식으로 생활했다. 그들에게 부모에게 복종하는 것은 신성한 가치였다. 그리고 약 250년 전, 산업 생산으로 인해 공장과 시장, 국가 관료 시스템이 생겨나면서 가족들이 도시로 이주했고, 생산적인 일은 집이라는 공간을 벗어나 이루어지게 되었다. 20세기에는 관료적 보건 시스템이 확립되었고, 아이들은 학교에 가게 되었고, 가족 소득은 증가했다. 이 두번째 변화는 여전히 진행 중이다. 전 세계 도시 인구는 2007년 처음으로 50퍼센트를 넘어섰다. "인구학적 전이^{demographic transition}"라고 알려진 양육에 있어서의 세번째 변화는 20세기에 일어났다. 이 당시 일어난 의료 및 사회경제적 발전으로, 초기에는 서구와 동아시아에서 그리고 결국은 세계의 모든 지역에서 1900년도까지만 해도 상상할 수 없었을 정도의 낮은 수준으로 영유아 사망률이 감소했고, 이후에는 출산율이 감소했다.

현재 미국, 유럽, 동아시아로 대표되는 부유한 선진국들과 아프리카, 아시아, 라틴아메리카의 저소득 국가들 사이에는 상당한 차이가 존재한다. 저소득 국가는 고소득 국가와 비교했을 때 영유아 사망률에 있어 열두 배 이상, 출산율에 있어 거의 두 배에 이르는 차이를 보인다. 전 세계 아동의 90퍼센트는 이러한 농경 사회와 농경 사회에서 산업 사회로 이행하는 과도기 국가에서 자라난다. 세계 모든 국가들이 현대적으로 변화하는 추세를 보이지만, 여전히 영유아 사망률이 높고, 가족 내 아이들이 많으며, 이 아이들이 부모를 위해 일을 하는 사회가 많다. 이 차이의 또 다른 한 축인 소위 현대 부모들은 몇 명 되지 않는 그들의 자식이 절대 사망하지 않을 것이며 아동기에는 일할 필요가 없다는 확신을 전례 없이 즐기고 있다. 하지만 이들은 우리 부부가 조사했던 다른 불운한 사회의 부모들보다 훨씬 더 자식들이 마주하게 될 위험을 극도로 걱정하고 불안해한다.

전 세계 양육 방식의 다양성을 설명하는 데 있어 부유함 대 가난함, 농경 대 현대, 공동체주의적 대 개인주의적이라는 단순한 이분법을 사용하는 것은 상당히 솔깃한 방법이다. 그러나 양육 방식은 이러한 단순한 단어들로는 제대로 이해될 수 없다. 모든 사회의 부모는 양육 이념과 관습에 대한 그 사회만의 특유한 문화적 전통을 물려받아 이를 자신 세대가 경험하는 지역적 상황에 맞게 변화시키는데, 이러한 변화로 인해 농경 사회들 내에서 그리고 전 세계 현대 사회들 내에서 양육 방식의 차이가 생기는 것이다.

대부분의 부모들은 자신이 속한 공동체의 전형적인 양육 방식 이외의 다른 양육 방식을 상상하기가 쉽지 않다. 부모들은 사람들이 자신과 다른 방식으로 아이를 키울 수 있다는 사실에 놀라고, 때로는 격노한다. 이 책에서 우리는 많은 미국 부모들이 상상하는 것보다 훨씬 다양한 양육 관습과 아동 행동에 대한 관점들이 존재한다는 점을 소개하고자 한다.

두려움 대 사교성:
아프리카 아이들의 낯선 사람에 대한 반응

낯선 인류학자를 두려워하는지, 아니면 친근하게 대하는지의 문제로부터 시작해보자. 1950년대, 저자인 밥이 케냐의 농촌 마을(구시^{Gusii})

을 처음 방문했을 때, 아이들은 그가 지나가는 길에서 도망치고 몇 명은 두려움에 소리를 지르기도 했다. 이러한 반응은 그가 마을에서 익숙한 존재가 되자 점차 사라졌다. 그러나 몇 년 후 나이지리아 이바단의 요루바^{Yoruba}족을 방문했을 때, 비슷한 연령대의 아이들은 백인 방문자들이 익숙하지 않을 텐데도 무리를 지어 발랄하게 다가오거나 킥킥거리면서 대범히 그에게 인사를 하고, 그의 다리를 감싸 안고, 그를 바싹 따라가는 등 친절함과 다정함을 거침없이 표현했다.

구시족과 요루바족의 영아들이 자라는 환경, 특히 거주 형태의 유형은 이 이야기를 부분적으로 설명해준다. 두 사회 모두에서 어린아이는 어머니와 함께 살지만, 구시 어머니와 아이들은 앞마당이 딸린 개별 오두막에 거주하면서 다른 어른들과 아이들의 방문을 가끔 받는 반면, 요루바족의 어머니들은 다른 어머니들이나 아이들과 난롯가, 마당, 툇마루를 함께 쓰는 북적거리는 컴파운드^{compound●}에 거주하면서 방문자들을 자주 마주한다. 즉, 요루바족은 가정 내 사회생활이 구시족보다 훨씬 빈번하게 이루어지고 있는 것이다. 요루바 아이들은 구시 아이들보다 더 다양한 나이대의 친족들과 더 많은 수의 낯선 사람들과 함께 어울리면서 자라난다. 게다가 두 공동체 모두에서 아이는 손위 형제자매나 다른 아이들에 의해 길러지지만, 요루바족 아기들은 컴파운드에 함께 사는 할머니, 아이가 없는 이모나 고모, 또는 나이 든

● 여러 가구, 특히 친족들이 각자의 거주공간을 가지면서도 마당, 우물 등의 공간을 공유하는 거주 유형으로 아프리카 지역에서 많이 발견된다.

여성들이 좀 더 자주 돌본다. 따라서 요루바족 아이들과 비교했을 때 상대적으로 고립된 구시 아이들의 환경이 아이들이 낯선 어른을 향한 경계심과 두려움을 갖는 데 영향을 미쳤다고 설명할 수 있을 것이다.

그러나 이 이야기를 둘러싼 또 다른 중요한 부분은 가시적으로 드러나지 않는 문화적 이상과 관련이 있다. 요루바 성인들에게 붙임성과 사교성은 매우 중요한 이상이다. 이러한 환경에서 긴 인사, 쾌활하고 시끌벅적한 상호작용, 길고 재미있는 대화, 다른 사람의 안녕에 대한 관심 표현은 일상적일 뿐만 아니라 의무이기도 하다. 누구든지 이런 종류의 낙관적인 대인관계를 수행해야 하며, 모든 아이들은 이런 문화적 스크립트script를 배우게 된다. 반면 구시족은 지나친 사교성이 모든 연령의 사람들에게 위험하다고 믿고, 집안 외부 사람들과 말을 아끼며, 절제라는 관습에 따라 대화를 한다. 어린아이들조차 낯선 사람과 너무 많이 어울리지 말라고 교육받는다.[5] 부모들은 우리에게 아이들이 두려움을 배우기를 바란다고 이야기하곤 했다.

따라서 아프리카의 이 두 농경 사회의 사람들은 아이를 키우는 데 있어 아이가 낯선 사람을 포함한 어른들에게 어떻게 행동해야 하는지, 그리고 보다 넓게는 아이에게 사교성을 장려해야 하는지 제한해야 하는지에 관해 근본적으로 매우 다르다.

현대 사회들에서도 유사한 차이들이 나타난다. 일본과 중국은 동아시아의 인접 국가로 상당한 정도의 문화적 배경과 역사를 공유하고, "개인주의적"인 서구와 비교하여 종종 "공동체주의적" 혹은 "상호의존적"이라고 구분된다. 그런데 이들은 왜 양육에 있어서 서로 닮지 않았을까? 사실 현대 일본과 대만의 도시 중산층 부모들은 모두 아이의 향후 학업에 대한 걱정과 관심을 공유하고 있지만, 아이의 양육 방식에 영향을 미치는 이상^{ideals}과 관련해서는 매우 큰 차이를 보인다. 이는 일본의 슈스케 고바야시^{Shusuke Kobayashi}와 대만의 하이디 펑^{Heidi Fung}과 그의 동료들이 부모와 아이들의 상호작용을 관찰하여 녹화한 비디오 영상에서 매우 명확히 드러난다.[6]

보살핌에 있어서의
인내와 대립

하버드대학교의 대학원생이었던 고바야시는 학창시절부터 알고 지내던 어머니들 열 명의 협조를 얻어 일본의 가정 내부를 들여다볼 수 있는 기회를 얻었다. 어머니들은 고바야시가 간식 시간 동안 2, 3세 아이들을 비디오로 녹화할 수 있도록 허락했다. 고바야시는 어머니들이 아이에게 바닥에 음식물을 던지지 말라는 등의 식사 예절을 교육하고자 할 때, 아이가 아무리 어머니의 인내심을 시험에 들게 해도 이 어린 교육생을 꾸짖지 않는다는 것을 발견했다. 때로는 매우 필사적으로 교육할 때조차 마찬가지 행동을 보였고, 이는 비디오에서도 드러났다. 이 비디오를 본 미국 사람들은 계속되는 문제 행동 앞에서도 상냥하고 낙관적인 태도를 유지하는 일본 부모들의 모습에 놀랐다. 일본 부모들은 명령을 질문이나 암시의 언어를 사용해 약화시키고 명령문의 사용을 자제했으며, 아이의 협조를 얻는 것을 결코 포기하지 않았다.

서구인의 시각에서 보자면 심지어 코믹해 보이기까지 한 이 일본 부모들은 특별히 인내심이 뛰어나다고 여겨질 수도 있지만, 사실 이들은 뭔가를 배우기 위해서는 훈육자와 학습자 간의 긍정적인 감정적 유대가 가장 중요하다고 생각하며, 그 유대를 훼손하지 않으려는 일본 사회의 전형적인 문화적 학습 모델을 따르고 있는 것이다. 일본인은 꾸짖음이나 또 다른 형태의 대립이 장기적으로 교육자의 목표를 성취할 수 있도록 하는 "끈끈한" 관계를 훼손한다고 믿는다. 미국인 관찰자에게 일본 부모들은 아이를 애지중지하거나 지나치게 제멋대로 하도록 두는 것처럼 보일 수 있지만, 사실 이들은 결과적으로 훈육을 가능하게 하는 전략을 구사하고 있는 것이다.

시카고대학교에서 수학하고 대만의 유명 학술기관인 대만 중앙연구원Academia Sinica에 연구자로 있는 하이디 펑 또한 대만 중산층 어머니들과 2, 3세 아동의 가정 내 상호작용을 비디오로 촬영했다. 이 어머니들은 일본 부모와는 달리 현재 일어나고 있거나 심지어는 이전에 일어났던 잘못된 행동에 대해 아이들과 대립각을 세웠다. 대만 부모들은 "기회의 교육"이라는 중국의 전통적인 교육 모델을 따르고 있었는데, 이 모델에 따르면 부모는 아이가 잘못을 저지르거나 대화 중에 잘못된 행동을 하면, 이를 기회 삼아 아이를 꾸짖고 적절한 행동과 도덕적 덕목을 명확하게 가르쳐야 한다. 대만 어머니들은 일본 어머니들과는 반대로 이러한 대립과 도덕적 가르침이 아이와의 배움의 관계^{learning} relationship를 훼손하기보다는 더 돈독히 한다고 믿었다. 대만의 어린아이들은 자신의 잘못이 낯선 연구자 앞에서 드러나거나 심지어 어머니에게 장황한 꾸지람을 듣더라도 기분 나빠하지 않았다. 비디오에서 보면, 아이들은 어머니에게 인정받기를 간절히 바라는 것처럼 보이지 않았고, 어머니의 훈계에 매우 익숙한 것처럼 보였다. 아이와의 대립을 피하는 일본 어머니들과 대립을 추구하는 중국 부모들은 자식을 키우는 데 있어 서로 다른 전제를 가지고 있음이 분명하다.

부모는 자신이 속한 문화적 전통에 따라 서로 다른 목표를 지니게 된다. 농경 사회에서 나타나는 부모의 위계, 복종, 다산에 대한 강조는 가구경제^{household economy} 체계와 관련이 있다. 그렇지만 구시와 요루바의 대조적인 모습이 보여주듯 농경인이 되는 방법은 다양하다. 또한 일본과 중국 어머니들의 차이는 현대 도시 어머니들이 유사하면서도 다르다는 것을 보여준다. 부모들은 적응의 압박에서 자유롭지 못하며, 그들의 실천은 변화하는 환경을 반영하여 세대마다 달라진다. 그러나 부모들이 이성적인 의사결정자는 아니다. 그들의 자녀 양육에 대한 생각이나 관습에는 특정 전통의 도덕적 이념들이 영향을 미친다.

다양성

자녀 양육의 세계에는 혼란스러워 보일 정도로 넓은 폭의 다양성이 존재한다. 이 자녀 양육의 세계가 비록 다윈이 처음 동식물을 접했을 때보다 더 다양하다고 할 수는 없지만, 점점 더 많은 조건에 따라 종 내 다양성이 나타나고 있으며 이 다양성이 잘 기록되고 있다. 전 세계를 아우르는 고정적이고 범문화적인 양육 방식을 찾으려고 한다면, 그 노력은 수포로 돌아갈 가능성이 크다. 예를 들어, 한때 현존하는 전 인류의 단일 조상이라고 여겨졌던 아프리카의 수렵채집인들조차 영아 양육에 있어 매우 큰 내부적 차이를 보인다. 칼라하리사막의 쿵산!Kung San 부족 어머니들은 주로 혼자서 아기를 돌본다. 이투리 숲의 에페Efe 부족 어머니들은 수유를 포함한 다양한 양육을 거주공간을 공유하는 다른 여성들과 함께한다. 북부 콩고 숲의 아카Aka 부족에서는 현재까지 기록된 다른 어떤 집단보다도 아버지가 아기 돌봄에 있어 중요한 역할을 한다. 이러한 각각의 양육 방식은 각 부족이 식량을 획득하는 수렵채집 관습에 미루어 보면 이해가 된다. 그러나 다른 집단과 마찬가지로 이 수렵채집인들의 양육 방식은 놀랍도록 다양하다.

농경 사회 내에서도 혼인, 이혼, 가구 크기, 집안 내 상호작용의 격식 정도, 여성의 지위 등 상상 가능한 모든 사회적 요소들이 다양하게 나타난다. 일부다처제는 대부분의 아프리카 사회에서 규범이지만, 일부다처제의 빈도나 공동아내들co-wives의 관계는 매우 다양하다. 세계의 나머지 지역에서 일부다처제는 미국과 같이 불법이거나, 이슬람 사회와 같이 아내 네 명까지만 허용되거나, 멕시코의 카사 치카^{casa chica}(남성이 첫번째 부인 외에 두번째 혹은 세번째 부인을 얻고 다른 집에 살림을 차리는 관습)와 같이 비밀스럽게 이루어지기도 한다. 서부 유럽에서 법적 혼인을 하는 것은 현재 유행에 뒤떨어진 것이 되었고, 서인도제도에서는 오랫동안 법적 혼인을 하는 경우가 매우 드물었으나, 여전히 인도에서 법적 혼인은 사회생활의 주요 초점이기도 하다. 이혼은 인도와 남아시아의 다른 지역에서는 흔치 않지만, 남성뿐만 아니라 많은 여성들이 평생 여러 번 결혼하는 서아프리카에서는 매우 흔하다. 인도의 결합가족[●]은 규모가 커, 2011년 인도의 인구조사에 따르면 일곱 명 이상의 가구 구성원으로 구성된, 남성이 세대주인 가구가 2,500만에 이른다. 반면 동아시아에서 어머니들은 자신의 자녀로만 구성된 가구를 이루며 사는 것이 일반적이다. 우리는 아프리카인과 아시아인의 가내 행동이 위계적 가족 구조 내에 존재하는 존경이라는 문화적 코드의 영향을 깊게 받고 있음을 알 수 있었다. 이는 미국 부모와 자녀가 집 안에서 비격식적이고 허물없는 관계를 갖는 것과는 매우 대조적이다. 아프리카와 인도의 많은 가족 내에서 여성은 종종 오염된 것으로 여겨져 종속되었다. 그러나 태국, 필리핀, 인도네시아와 같이 젠더 평등 의식이 우세한 동남아시아 사회에서는 여성의 종속 정도가 덜하다. 이러한 사회적 조

● 결혼한 형제자매가 함께 사는 가족의 형태

건의 다양성, 즉 특정 공동체의 가족 내 행동에 관한 규칙과 문화적 코드는 아이를 어떻게 기를 것인지 우리 스스로 결정할 수 있다고 자부하는 미국에서조차도 개인의 선택의 범주를 제한한다. 사실 우리 미국인들이 아이를 기르는 결혼 제도와 가구 구성 환경 또한 표준화되어 있다. 우리는 우리가 속한 계급, 공동체, 세대, 친구 집단이 인정한 양육 기준에 순응하는 경향이 있다.

도덕성

양육 관습의 도덕적 영향력은 사람들이 문화적 경계를 넘나들 때 분명해진다. 1497년 영국 왕 헨리 7세의 베니스 대사는 고국에 쓴 편지에서 자녀를 다른 집에 수습생으로 보내는 영국인들의 관습을 "혐오스럽다"고 표현하고, 영국인들을 "애정 결핍"이라고 기술했다.[7] 500년 후인 1997년 뉴욕 경찰은 덴마크 어머니가 레스토랑에서 남편과 밥을 먹는 동안 아기를 유모차에 태워 레스토랑 밖에 두었다는 이유로 그녀를 체포했다. 이 덴마크 어머니는 이러한 관습이 그녀의 고향인 코펜하겐에서는 관례라고 주장했고, 이 주장은 사실이었다. 그리고 적어도 1980년대 이전까지 유럽의 독일어 사용권 국가들에서 어머니가 일과 시간 중 쇼핑을 가거나 밤에 남편과 파티에 가기 위해 영유아기 자녀를 아이 침대에 혼자 두고 나오는 것은 일반적인 관습이었다. 하지만 그 당시 미국에서 이는 아동 방치로 법적인 처벌을 받는 행위였고, 실제 미국을 방문한 유럽 여행객들이나 미국에 정착한 이민자들의 이웃은 아이가 우는 소리를 듣고 경찰에 신고하기도 했다. 도덕적·법적 기준은 매우 다양하고, 이 기준을 뒷받침하는 감정은 강력히 작동한다.

이러한 다양성은 한 사회 내에서 아이를 다루는 표준적인 방식이 다른 사회에서는 허용될 수 없고, 불법적이며 "비정상적인" 행동이 될 수도 있다는 것을 보여준다. 세계 여러 지역에서 발견되는 "정상적" 양육 방식의 다양성은 미국 전문가들이 제공하는 조언에 이의를 제기할 수 있고, 부모가 자녀에게 어느 정도 영향을 미치는지에 관해 새로운 질문을 던질 수도 있을 것이다. 미국 부모들은 부모의 행동이 자녀에게 미치는 심리적 영향력이나 그것이 자녀를 망칠 위험성에 대해 전문가들로부터 잘못된 안내를 받아온 것은 아닐까?

정신의학?

우리는 양육에 미치는 부모의 영향력을 다룰 때, 우선 부모의 양육이 자녀를 정신적으로 병들게 할 수 있다고 규정하는 정신의학적 관점에서 벗어날 필요가 있다. 양육 관습은 문화적으로 매우 다양하며, 따라서 미국 아이들의 정신건강이 "무감각한" 양육으로 인해 위험해졌다는 가정을 비판 없이 받아들이는 것은 적절하지 않다. 많은 미국 부모들은 아동이 감정적으로 취약하다고 믿지만, 아이들은 다양한 조건에서 놀라운 회복력을 보여준다.

앞으로 1장에서 살펴보겠지만, 소아과, 공중보건, 정신의학 전문가들은 경험적 증거와 도덕적 이데올로기를 한데 모아 부모들에게 과학적 권위를 내세워 조언을 건넨다. 회고해보자면, 이러한 대다수 전문가의 비과학적 조언은, 그것이 지닌 실증적 내용에도 불구하고 양육을 과학으로 보는 관점에 의문을 제기한다. 언젠가는 양육의 과학이라는 것이 가능할지도 모르겠다. 그러나 인간 양육에 대한 일반적인 이론을 만들고자 하는 미숙한 시도는 증거를 지나치게 단순화하고, 예외적인 현상들을 무시하고, 적응과 진보에 대해 잘못된 유추를 하는 경향이 있다.

미국과 그 외 지역의 현대 사회 부모들은 자녀에게 가능한 한 많은 삶의 기회를 제공하고자 하며, 자녀 발달에 고결한 영향력을 미치기 위해 노력한다. 그러나 부모들이 관심을 기울이는 전문가들의 조언은 아동 발달에 미치는 양육의 영향력을 지나치게 과장하고, 증거를 뛰어넘어 예측을 부풀리고, 아동의 회복력과 이후 후기 아동기나 청소년기에 일어날 변화의 가능성을 과소평가한다. 미국 부모들이 불확실한 목표를 위해 스스로에게 부여하는 부담을 다시 생각해볼 시점이 왔다.

우리가 1970년대 초 시카고에서 막 부모가 되었을 때 우리는 우리가 그러한 방식으로 양육되지 않았음에도 불구하고 우리에게 당시 자연스러워 보였던 아동 중심의 양육 방식을 실천했다. 사실 우리의 초기 아동기 경험은 이러한 양육 방식과 매우 달랐다. 맨해튼의 작은 아파트에서 독자로 자랐던 밥은 어린 시절 엄격한 어머니 아래서 자랐으며 방이나 공원에서 혼자 놀았던 기억을 가지고 있다. 세 명의 형제자매 중 둘째였던 세라는 영국식 영주 저택에서 자랐고, 유니폼을 입은 유모와 형제자매들과의 기억을 많이 가지고 있었으나, 부모에 대한 기억은 거의 없었다. 우리가 부모가 되었을 때 우리는 당시 다른 미국 부모들처럼 우리 아이의 운동기능 발달이나 언어 발달의 각 단계에 열광하면서 아이를 칭찬하고 격려하고 사진이나 동영상을 찍었다. 우리는 아이가 우리의 주의를 끌려고 할 때 항상 반응했고 아이가 어른들의 대화에 끼어들어도 이를 허락했다. 우리는 아이의 정서가 불안정해질지도 모른다는 두려움에 미리 아이를 격려하곤 했다. 이러한 측면에서 우리는 훨씬 더 절제되고 다정하지 않았던 우리의 부모들, 혹은 세라와 세라의 남동생을 돌보았던 하인들이 1930, 40년대 했던 것과 매우 다르게 행동했다.

세라는 하루의 일과가 늘 일정했던 것으로 기억한다. 일과는 식사를 중심으로 이루어졌다. 아침 식사, 11시 간식, 점심, 오후의 티타임, 7시 잠자리 들기. 잠자리는 남동생과 유모(유모는 상당히 큰 세라의 언니도 돌보았다.)와 함께 들었다. 많은 시간을 놀거나, 책 읽어주는 것을 듣고, 산책하는 데 보냈다. 예전에는 낮잠을 길게 잤지만, 어느 정도 큰 후에는 오후에 의무적으로 쉬는 시간을 가졌다. 세라는 열다섯번째 생일에 조랑말을 선물로 받았고, 그 이후 일과에 승마 시간이 추가되었다.

세라와 남동생이 유치원에 가기 전까지 주요 양육 목적은 그들을 침착하고 바쁘게 만드는 것이었고, 그들이 글을 읽게 되면서부터는 책 읽기가 신체 활동을 대신하게 되었다. 하인들은 그들과 가깝게 지내면서 친밀한 관계를 맺었다. 하인은 여러 명이었는데, 세심했고 항상 친절했다. 어른들의 기대는 분명했다. 어른들은 "버릇없거나" "잘난 체하는 것"에 눈살을 찌푸렸다.

세라는 아이로서 안전하게 보살핌을 받았던 것으로 기억하며, 상당히 자주 지루함을 느꼈다고도 기억한다. 세라가 어머니가 되었을 때, 그녀는 자신이 시카고 친구들에 비해 자녀에게 특히 잠자는 시간과 관련해서 더 엄격하고 유연하지 않다는 것을 알게 되었다. 세라는 자신이 자라온 방식에 단점도 있지만 동시에 장점도 있다고 생각했다. 밥처럼 세라도 자녀가 "꽃처럼 피어나도록 도와줘야 한다는 것"에는 찬성했지만, 일정 정도의 제한은 있어야 한다고 생각했다. 그녀는 미국의 과도한 개인주의를 두려워했다.

그럼에도 불구하고, 우리는 새로운 방식인 아동 중심 양육을 받아들였다. 이 새로운 양육 방식이 우리의 자녀인 안나와 알렉스에게 더 좋은 삶의 기회를 줄 것이라고 의도적으로 계산하지는 않았지만 말이다. 오히려 우리는 우리가 자녀에 관해 하는 행동들이 우리 세대와 우리 둘의 정체성을 표현한다고 여겼으며, 당시 우리가 추구하는 방향과 일치한다고 느꼈다. 간단히 이야기하자면, 우리는 2, 3세기 동안 이미 지속되어온 미국(그리고 영국)의 양육 방식의 변화를 반영하고 있었던 것이다.

양육의 관습, 양육 방식, 그리고 문화적 코드는 우리가 새내기 부모
였던 1970년대 이후 계속해서 변화하고 있다. 그 당시보다 더 많은 어
머니들이 일을 하고, 더 많은 영유아들이 집 밖에서 돌봄을 받고 있으
며, 아이들, 심지어는 후기 아동기 아이들이 처한 위험에 대한 걱정도
훨씬 더 커졌다. 미국 중산층(육체노동을 하는 빈곤한 노동자 계층과 대비
되는 교육받은 중산층)에게 양육은 사회학자 아네트 라루Annette Lareau와
저널리스트 제니퍼 시니어Jennifer Senior가 자세히 기록한 것처럼, 그리고
우리가 마지막 장에서 논의할 것처럼, 이전보다 훨씬 더 노동집약적이
고 스트레스를 많이 받는 방식으로 실천되고 있다.[8]

이 책에서 살펴볼 양육 관습의 전 세계적 문화 다양성을 아는 것이
당신이 가진 양육에 대한 모든 질문들에 답을 주지는 않을 수 있다. 하
지만 이는 당신이 당신의 양육 관습을 생각하는 방식에 변화를 가져올
것이다. 이는 당신의 선택에 대한 불안감을 증대시키는 방식이 아닌,
당신의 선택을 인간 양육 전체의 보다 넓은 맥락에서 바라보도록 함으
로써, 새로운 관점에서 당신의 선택을 볼 수 있도록 할 것이다.

1장

미국 사회의 부모 비난하기

이 책에서 우리는 부모가 아동 발달에 미치는 영향에 관해 새로운 관점을 제안하고자 한다. 이 관점은 심리적 요소뿐만 아니라 사회적 요소도 고려하고 있으며, 여러 문화에서 수집된 비교문화적 증거에 의해 검증된 것이다. 무엇보다 이 관점은 수년 동안 지배적이었던 기존 관점들에 비해 부모들의 걱정을 훨씬 덜어준다. 과학적이라는 이름하에 제공된 기존 이론들은 부모가 아동 발달에 미치는 심리적인 영향력뿐만 아니라 부모가 아이를 기를 때 직면하는 위험들을 극도로 과장해왔다.

우리는 부모를 사회적 장에 존재하면서 다양한 영향력을 지닌 아이들의 "후원자sponsor"로 바라본다. 부모는 아이의 발달 자체에 영향을 미친다기보다는 아이를 키우는 데 있어 우선순위를 정하고 아이의 발달을 형성하는 환경을 선택하는 존재인 것이다. 20세기 중반 내내 육아에 관한 대중 담론에서 지배적이었고 그 이후에도 지속적인 영향을 미친 기존 관점은 부모가 아동의 심리에 미치는 영향을 과도하게 강조했지만, 우리가 이 책에서 제안하는 새로운 관점은 이러한 기존 관점과는 거리를 둔다.

이 시기 동안, 정신과 의사와 정신분석가는 소아과 의사를 대신해 조언자의 역할을 했고, 아동의 정신질환을 부모 책임으로 전가하는 내용의 베스트셀러와 잡지 기사로 대중적인 관심을 받았다. 정신과 의사와 정신분석가는 벤저민 스폭Benjamin Spock● 과 같은 소아과 의사와

● 미국의 유명 소아과 의사로 『아기와 아동 양육Baby and Child Care』이라는 저서를 통해 당시 엄격한 미국의 육아 방식을 비판하여 베이비부머 세대 부모들의 양육에 많은 영향을 미쳤다.

는 매우 다르다. 소아과 의사는 비록 편견을 가지고 있을지라도 기본적으로 크고 작은 병을 가지고 있는 건강한 아이들을 보고 검진하는 일반의다. 그러나 아동정신과 의사나 정신분석가는 부모나 교사에 의해 이미 행동에 문제가 있다고 간주된 아이들"만"을 보는 전문가이다. 성인을 다루는 정신분석가는 오직 환자의 아동기 기억만을 접할 뿐, 일반 아이들의 사례를 볼 기회는 더 없다. 따라서 이 정신건강의들이 일반적인 부모에게 조언을 할 때 그들은 의사로서 직접적인 경험에 기초하여 조언을 하기보다는 정상적인 아동 발달이 어떤지를 상상해야만 한다. 그들은 부모로서 자신의 개인적인 경험을 바탕으로 하거나 자신이 임상에서 보는 아이들이 가지고 있는 병을 지니지 않은 이상적인 아이를 상상하며 조언을 한다. 우리는 이 정신건강들이 일반적인 인구 집단 내에서 정상이라고 간주되는 아동 행동의 다양성을 항상 과소평가한다고 본다. 사실, 정신건강 전문가들은 의학의 병 진단 범주와 유사하게, "정상"이라는 것을 일정한 방식의 경향성과 태도의 집합으로 표시되는 일관된 "증상syndrome"으로 간주한다. 그러나 사실 "정상" 행동이라는 것은 매우 넓은 범주의 행동과 성향으로 구성된다. 즉, 다양한 종류의 정상이 있는 것이다. 결과적으로 전문가들은 넓은 범위에서는 정상 범주에 속하는 것에 병이라는 딱지를 붙이게 되며, 이로 인해 "비정상적인" 발달의 위험성을 과도하게 강조한다. 이러한 과장은 어디에서 기인하며, 어떻게 이러한 과장을 널리 믿게 되었을까?

공공의 책임:
정부와 부모

미공화국 초기, 미국 인구의 대다수는 농촌에 거주했고, 아동에 대한 책임은 그들의 부모에게 있었으며, 개신교회들은 남자아이들과 그보다 적은 수의 여자아이들에게 자신들이 설립한 학교에서 성경과 도덕적 지침을 가르쳤다. 19세기 중반 공교육이 확립되면서 이러한 환경에 변화가 일어나기 시작했고, 도시화, 이주, 산업화, 그리고 아동에 대한 새로운 관념이 등장하면서 양육의 조건들이 변화했다.

이러한 변화의 대표 격이라고 할 수 있는 초기 사건 중 하나는 1952년 매사추세츠 의회가 "프로이센식 교육 시스템"을 채택한 것이다. 이 교육 시스템은 주 교육위원회 서기장인 호러스 만Horace Mann이 1943년 프로이센, 잉글랜드, 스코틀랜드를 방문한 후 의회에 제안한 것이다. 이 공립학교에 관한 비종교적 시스템은 모든 아이들에게 표준화된 교육을 제공하고, 점검, 검사, 교원 양성을 통해 교육의 질과 평등을 유지할 수 있는 관료조직을 만드는 것이었다. 만은 이 시스템이 미국 전역으로 확장될 수 있도록 장려했고, 이 교육 시스템은 다른 국가에도 전파되었다. 당시 공립학교 교육이 곧바로 미국 전역에서 실천되지는 않았지만, 1865년 미국 남북전쟁이 끝난 후 급속히 전파되어 19세기 후반에는 사실상 모든 주에서 초등학교 교육이 보편화되었다.

미국의 많은 주들이 학교 교육을 의무화하는 법을 통과시켜(1870년대 대부분의 유럽 국가도 국가 차원에서 학교 교육을 의무화했다.) 부모에게 자녀들을 학교에 보낼 것을 요구하자, 이전 시기 부모에게 속해 있었던 아동에 대한 책임은 이제 공공으로 이전되었다. 아이들에 대한 공공의 책임은 거기에 머물지 않고 더 증대되었다. 미국인들은 이전 영국 빅토리아시대의 개혁자들처럼, 아이들이 도시화와 산업화라는 환경으로 인해 버려지고 착취당하고 학대받는다고 인식하기 시작했다. 찰스 디킨스의 소설로 대표되는 낭만주의 문학에 등장하는 순진한 피해자로서의 아동이라는 재현 방식에 영향을 받은 미국인들은 정치적·사회적 운동을 통해 해결책을 찾고자 했다. 문학에 나타난 아동에 대한 감성적 관념은 현실 세계에서의 행동을 촉구했고 조직적인 개혁운동을 일으켰다. 1875년 "아동학대 방지를 위한 뉴욕협회New York Society for the Prevention of Cruelty to Children"와 3년 후 같은 이름의 매사추세츠협회가 설립되었고, 부모를 잃은 아동을 돌보기 위한 고아원들이 세워졌다.

타인의 아이에 관심을 갖는 어른들이 지속적으로 증가했고, 이로 인해 사회와 사회를 대표하는 정부기관이 순진한 아동들이 착취 및 다른 가혹한 환경으로부터 보호받을 수 있도록 법과 제도를 통해 개입해야 한다는 인식 또한 커졌다. 아동 노동에 대한 정치적 투쟁은 이 시기에 시작되어 20세기까지 지속되었다. 산업화로 인해 공장과 탄광에서 일하는 아동이 많아지면서 몇몇 지역에서는 증가하는 추세에 있던 학교에 가는 아이들의 수가 주춤세에 접어들었지만, 아동 노동을 금지하는 투쟁은 결국 20세기에 와서 승리했다. 타인의 아이에 관심을 가진 개혁가들은 아동의 교육자이자 보호자로서의 정부 역할을 정립했고, 이는 불가역적으로 부모의 역할에 변화를 가져왔다.

공공 영역에서의 운동으로 자녀에 대한 부모의 통제는 감소했으나, 양육자로서 어머니의 사적 역할은 당시 지배적인 이념 아래에서 이상화되었다. 낭만주의 그림과 시, 노래에서는 사랑을 품은 어머니를 찬양했고, 여성의 가정성domesticity●은 어린아이에 대한 무한한 애정이라는 감상적인 방식으로 표현되었다(훈육은 더 나이가 있는 아이들에게 행하는 것이었다). 이 시기 과학은 아직 양육의 영역으로 들어오지 않았다.

위생:
질병 방지에 있어서 부모의 역할

19세기 교육의 진보는 아동 건강이 향상된 것만큼 이뤄지지 못했다. 1900년 미국의 영아사망률(1년 이내 출생아 1,000명당 사망 비율)은 100으로, 이는 현재 가장 빈곤한 국가에서도 상상할 수 없는 수치이다(현재 미국의 영아사망률은 1,000명당 6명이다). 당시 영아보다 더 나이가 있는 아동이나 성인의 사망률 또한 높았다. 그러나 19세기 전염병을 통제하기 위한 과학적 연구가 이루어져 상황을 호전시킬 수 있는 조치를 취할

● 19세기 영국과 미국이 이상화한 여성의 사회적 역할과 덕목을 구성하는 원칙

수 있었다. 1890년대가 되면서, 미국 주 정부와 지방 정부들은 하수처리 시스템이나 음용수 정화와 같은 공중보건을 향상하기 위한 주요한 작업들을 시행했다. 이어 19세기 초반에는 우유의 저온 살균이 시작되었다. 1908년 시카고는 저온 살균한 우유를 공급하는 첫번째 도시가 되었다.

이러한 공중보건 관련 조치와 더불어, 어머니들을 대상으로 한 조언이 책이나 대중매체를 통해 쏟아졌고, "위생"을 강조하는 사설 자선단체나 정부기관들도 덩달아 조언을 쏟아냈다. 이때 위생이란 아이들이 전염병에 걸리지 않도록 가정을 관리하고 살균 상태를 유지하는 것을 의미했다. 이러한 배경으로 인해 영아와 어린아이의 양육은 어머니가 의료 전문가가 제공한 정보를 적용함으로써 해결할 수 있는 일련의 의학적 문제들로 규정되기 시작했다.

보건위생 운동에서 영향력 있는 텍스트는 1894년 뉴욕 소아과 의사 루터 에밋 홀트 L. Emmett Holt가 출간한 『아동 양육과 식습관: 부모와 간호사를 위한 문답서 The care and feeding of children: A catechism for the use of mothers and children's nurses』라는 책이다.[2] 이 책은 대중적으로 많은 인기를 끌어 이후 40년간 여러 판이 출간되었다. 책은 질문과 답변이라는 문답서 형식을 빌려, 한 어머니가 의사와 상담을 하는 상황을 가정하고 있다. 책을 구성하는 대부분의 질문은 아기와 어린아이를 대상으로 한 일상적 돌봄에 관한 것들이다. 답변의 주제는 아기를 씻기는 이상적인 물 온도부터 아이 침대 매트리스의 딱딱함 정도에 이르기까지 광범위하며, 특히 식습관과 음식 준비에 관한 부분이 중심을 이루고 있다. 홀트는 내과의 사였지만 책 내용의 대부분은 질병이나 병적 상태에 관한 것이 아니었다. 그는 자신의 의학적 전문성을 아동 양육에 관한 권위적인 조언을 하는 데 정당성을 확보하는 근거로 사용했다. 그의 훈계 중 일부는 예방의학이라는 형식으로 쓰여 있다. 그는 어머니들이 그의 조언을 따르지 않으면 아이들에게 병이 생길 것이라고 말한다. 그러나 그의 조언 중 일부는 "나쁜 버릇"이나 "응석"을 피하거나 다룰 수 있는 방법을 안내하는 것으로, 사실 위생과는 전혀 관련이 없는 도덕적 요소들을 다루고 있다. 홀트 박사의 의학적 권위가 의사과학적pseudoscientific 심리학에 기초한 도덕적으로 올바른 양육이라는 부분을 다루는 데 확대되어 이용되고 있는 것이다. 이러한 점은 1914년 출간된 이 책의 7판 내용에서 잘 드러난다.

아이가 부모나 간호사와 같은 침대에서 자야 할까요?

▶ 피할 수 있다면 절대 어떤 상황에서도 그렇게 하지 마십시오. 영아들이 어머니와 함께 자다가 눌려 질식사하는 경우가 종종 있습니다. 영아가 어머니와 함께 자게 되면, 잦은 밤 수유의 유혹에 항상 노출되며, 이는 어머니와 아이 모두에게 해롭습니다.

아기가 성질을 부리거나, 습관적으로 혹은 응석을 부리기 위해 우는 경우 어떻게 대처해야 할까요?

▸ 실컷 울도록 놔두면 됩니다. 울음이 때로는 한 시간, 또는 심할 경우에는 두세 시간 지속되어도 괜찮습니다.

어린아이는 언제 함께 놀아주어야 할까요?
▸ 아침이나 낮잠 시간 후에는 괜찮습니다. 그러나 잠자기 전에는 절대 안 됩니다.

영아에게 입맞춤을 하는 것에 반대하는 근거가 있나요?
▸ 많은 근거들이 있습니다. 결핵, 디프테리아, 매독이나 다른 심각한 질병들이 이러한 방식으로 감염됩니다. 다른 아이들이나 간호사, 타인이 영아의 입에 입맞춤을 하는 것은 어떤 경우에도 허용되어서는 안 됩니다. 만약 입맞춤을 해야 한다면 볼이나 이마에 해야 하며, 이것이 좀 더 낫기는 하지만 하지 않는 것이 더 좋습니다.[3]

마지막 문구에서는 금기의 정도가 다소 누그러지기는 했지만, 입맞춤을 금기시하는 것은 문화적으로 중요한 의미를 지닌다. 왜냐하면 이 금기가 19세기 당시 낭만적, 감성적으로 표현된 어머니와 아이의 관계에 반하기 때문이다. 현재 이 금기는 질병 감염에 대한 과학적 연구가 이루어지면서 도덕적 우위를 점유하게 된 의학 전문가들에 의해 더는 받아들여지지 않는다. 이 의학적 경고는 어머니의 애정 어린 행동에 도덕적 혐오감을 불러일으켰다. 특히 애정 어린 어머니상에 더욱더 큰 반감을 불러왔다.

홀트는 양육에 대한 새로운 이념을 도입하는 데 영향을 미쳤다. 이 새로운 이념이란 아동 건강에 대한 과학적 관심이라고 포장되었으나 애정을 부모의 나약함의 표식이자 아이의 "나쁜 습관"을 형성하는 데 기여하는 "응석" 받아주기로 간주하고 제지한 것으로, 이는 강력한 도덕적 의미를 담고 있었다. 1910년까지 여성 잡지들은 홀트의 영향을 일부 받아 어머니들에게 아기를 엄격한 스케줄에 따라 먹이고, 아기에게 "사랑"과 신체적 자극을 주는 것을 삼가고, 아기의 "불필요한" 울음을 무시할 것을 권했다.[4] 전문가들은 손가락 빨기와 같은 비위생적인 습관에 대해서는 극단적인 조치를 옹호하기도 했다. 영국과 미국의 소아과 의사들은 손가락을 빠는 유아들에게 잠자는 동안 팔에 부목을 댈 것을 권했다.[5] 한 전문가는 아이의 손톱 뜯는 습관에 대해 다음과 같은 해결책을 제시하기도 했다. "흰색 장갑을 준비해서 하루 종일, 심지어는 학교에서도 장갑을 끼고 있게 하세요. 사람들이 아이에게 왜 장갑을 끼고 있냐고 물을 때마다 아이는 자신의 행동을 인식하게 될 뿐만 아니라 창피함도 느낄 것입니다."[6] 현재 관점에서 이러한 "해결책"들이 모두 잔인해 보인다면, 그 당시에도 아마 대부분의 부모들이 그렇게 느꼈을 것이다. 그러나 그 당시 권위적인 의학 소견에 맞서 부모가 할 수 있는 것은 아무것도 없었다.

이러한 양육 이데올로기에 있어서의 눈에 띄는 방향 전환은 미국 사회에서 의사의 지위가 높아진 것과 관련이 있다. 미국에서는 19세기 후반부터 의학 교육 개혁이 시행되어 1910년 이후 가속화되었다. 개혁의 결과 의사가 되고자 하는 사람들은 대학 및 병원과 연계된 의과대학에서 장기간 과학에 기초한 훈련을 받게 되었고, 필수적으로 주 의사면허증을 받아야 했으며, 지방 정부나 의사들이 소유했던 과거 의학교들은 문을 닫게 되었다.[7] 이러한 조치로 인해 자신을 의사라고 부를 수 있는 자격을 지닌 사람들은 소수가 되었고, 이들은 과학에 기초해 의사 일을 수행하는 전문 엘리트 집단으로 탈바꿈했다.[8] 개혁 전에도 홀트와 같은 엘리트 소아과 의사들은 뉴욕이나 볼티모어와 같은 도시의 부유한 어머니들에게(그리고 자선활동을 통해 일부 가난한 계층의 어머니들에게도) 서비스를 제공하고 있었다. 이 여성들이 홀트의 책을 가장 먼저 읽은 독자층 중 하나였지만, 엄격한 스케줄을 강조하는 것이나 "아기들과 놀지 말 것"과 같은 메시지들은 여성 잡지를 통해 넓은 독자층을 확보하게 되었고, 1914년부터 1921년까지는 주 정부의 새로운 아동국Children's Bureau에서 널리 배포한 『영아 돌봄 회보Infant Care Bulletin』를 통해 전파되었다.[9]

이제 어머니들은 아이 양육에 대한 조언을 구할 때 소아과 의사와의 개별 상담에 점점 더 많이 의지하게 되었다. 소아과 의사와 가정의학과 의사는 새로운 의학교육 시스템으로 인해 가정의 의학 문제에 대한 전문 상담가라는 역할을 맡게 되었다. 1930년대 중산층 부모들은 문제가 질병에 관한 것인지의 여부와 관계없이 소아과 의사의 조언이 최신의 과학적 연구 결과를 반영하고 있다고 믿으면서, 영유아 양육 전반에 관해 소아과 의사와 상담하는 것을 일반적인 것으로 생각했다. 소아과 의사들의 조언에는 홀트의 엄격함을 강조하는 요법들이 포함되었다. 즉 수유, 취침, 그리고 위생과 직접적인 관련성은 없으나 홀트가 아이의 건강을 위해 과학적으로 필요하다고 한 활동들에 대한 그의 요법들이 소아과 의사들을 통해 어머니들에게 전파되었다. 어머니들은 과학의 권위를 따라야 했으며 왕진을 하는 의사와의 관계를 유지하기 위해 그러한 지시를 따라야 한다고 느꼈다.

존 왓슨John B. Watson은 1928년 출간된 『영유아에 대한 심리학적 양육 Psychological Care of Infant and Child』이라는 책과 잡지에 게재한 다른 여러 논문에서 아이를 과학적으로 양육하기 위해서는 어린 시절에 부모의 엄격한 훈육과 감정적 자제가 필요하다고 강조한다.[10] 왓슨의 메시지는 홀트의 것과 일치하지만, 더 큰 호응을 얻었다. 왓슨은 심리학자였고, 정신적 과정을 고려하지 않은 채 외관으로 관찰이 가능한 행동에만 관심을 갖는 행동주의를 강력히 주창하는 사람이었다. 행동주의자들은 아동이 자라는 환경이 그들의 발달을 결정한다고 가정한다. 행동주의는 아동 양육에 있어 특정 방식을 선호하지 않지만 왓슨은 자신의 실험이 엄격한 훈육과 통제가 가장 좋은 방법이라는 점을 증명한다고 주장했다. 왓슨은 자신의 책 3장에 "지나친 어머니의 사랑이 지니는 위험성"이라는 제목을 붙였다. 그는 입맞춤하는 것, 애지중지하는 것, 그밖에 다른 애정 표현을 하는 것이 "불행하고 건강하지 못한 상태"의 "늘 울고 칭얼거리는" 아이를 만든다고 경고한다.[11] 그는 아이를 작은 어른처럼 대하라고 말한다. 왓슨은 자신의 입장이 과학적으로 타당하다고 주장했으나, 사실 그의 입장은 과학보다는 도덕적 교리에 가까웠다.

미국의 아동 생존 혁명은 영아사망률을 1900년 1,000명당 100명에서 1950년 29.2명으로, 그리고 영아기 이후 사망률도 유사한 비율로 줄이는 성과를 이루어냈다. 하지만 20세기 초반 전문가들이 권장한 극단적인 조치들은 아동 생존 혁명 초기 단계에서 생겨난 부작용으로 볼 수 있을 것이다. 위생운동은 분명 영유아 사망률을 급격하게 줄이는 등 소기의 성과를 내는 데 기여했다. 그러나 공중보건과 의료에 있어서 이러한 전무후무한 변화를 가져온 데에는 의사들이 어머니들에게 감정적으로 자제하며 엄격하게 아이를 키울 것을 강조하는 의사과학적 이데올로기를 조언하는 양상이 한몫했다. 이러한 의사과학적 이데올로기는 당시 시대 감성과는 반대되는 것이었다. 그러나 1930년대 할리우드 아역 배우 셜리 템플Shirley Temple의 영화가 상당히 인기가 있었던 것에서도 증명되듯 아동에 대한 감상적 시선이 완전히 사라진 것은 아니었다. 사실, 아동에 대한 낭만적인 시선이 당시 가장 지배적인 양육 이데올로기였을지도 모르지만, 의학적 권위의 영역에서는 아직 목소리를 내지 못하고 있었다. 아동에 대한 낭만적 시선이 의학에서 목소리를 낸 것은 다음 시기가 되어서였다.

양육 목표로서의
정신건강

1950년 셀리아 스텐들러Celia Stendler라는 아동심리학자는 다음과 같은 내용으로 시작하는 논문을 발표했다.

> 지난 20년 동안 우리는 미국의 아동 양육 관습에 있어서 지대하고 광범위한 영향력을 지닌 혁명을 목격했다. 이전 시기 아이는 신체적 욕구가 해결된 후에는 관심을 받아서는 안 되고, 엄격한 스케줄에 따라 먹어야 하고, 조기에 배변 훈련을 해야 하며, 지나친 관심으로 인해 응석받이가 되지 않도록 해야 했다면, 현재 우리는 완벽히 반대되는 조언이 옹호되는 시대에 살고 있다. 오늘날 어머니들은 아기가 배고플 때 밥을 주고, 준비가 될 때까지 배변 훈련을 기다리고, 적당한 정도의 응석과 보살핌을 받고 있는지 확인하고, 스스로 젖을 떼는 과정을 시작하도록 할 것을 권유받는다. 그리고 1930년대 어머니들이 당시 지배적이었던 양육 원칙을 따르면 아이가 올바르게 자라날 것이라고 교육받았던 것처럼, 오늘날 어머니들도 현재 용인된 방식으로 젖을 떼고 배변 훈련을 시키고 응석을 받아주면 자녀가 정서적으로 안정된 성격을 가지게 될 것이라고 설득당하고 있다.[12]

스텐들러는 새로운 원칙이 결코 이전 것보다 더 건전하지 않으며, 이러한 혁명이 과학적 사실에 근거해 일어난 것이 아니라고 결론짓는다. 그녀는 미국에서 가장 널리 읽힌 잡지인 『레이디스 홈 저널*Ladies' Home Journal*』, 『우먼즈 홈 컴패니언*Woman's Home Companion*』, 『굿 하우스키핑*Good Housekeeping*』의 내용을 1890년부터 1949년까지 분석하여 이러한 트렌드를 추적했다. 그녀의 분석에 따르면, 1910년에서 1930년 사이 잡지 기사의 75퍼센트가 어머니에게 아기를 엄격한 스케줄에 따라 돌보고 실컷 울도록 나둘 것을 권유한 반면, 1940년에는 기사의 33퍼센트만이 이를 권유했고, 1948년에는 어떤 기사도 이를 권하지 않았다. 그녀는 이 트렌드에 대해 설명을 하지는 않았지만, 프로이트학파의 정신분석가인 칼 메닝거*Karl Menninger*가 1930년 『레이디스 홈 저널』에 "가정에서의 정신위생*Mental Hygiene in the Home*"이라는 제목의 시리즈 논문을 실은 것을 시작으로 "정신위생학적 접근"이 눈에 띄게 증가한 점을 언급한다(이 시리즈 논문의 초기 발표 시기가 1930년이라는 것은 새로운 이념이 영향력을 발휘하기 이전 서로 반대되는 이념들이 같은 시기에 공존하면서 경쟁했음을 보여준다).

새로운 조언은 영향력을 발휘하고 있었다. 이 시기 진행된 설문조사는 미국 부모들, 특히 위의 잡지들을 읽어 잡지의 전문가 조언에 가장 익숙해져 있는 미국 중산층 여성들이 1940년대를 시작으로 양육에 있어 관용적 태도를 견지하는 방향으로 나아가고 있음을 보여준다.[13]

따라서 1950년이 되면 위생과 엄격한 스케줄 관리를 특징으로 한 예방의학에 대한 절대적인 믿음은 사라지고, 이 자리를 아동의 감정 발달에 초점을 맞춘 정신건강 이념mental health ideology이 대신하게 된다. 이 이념은 정신질환의 개념을 입원을 요하는 정신증psychosis으로 분류하는 것을 넘어서, 신경증의 증상일 수 있으나 일반적인 범위를 명확히 벗어나지는 않는 행동이나 불안도 포함하는 것으로 확장했다. 프로이트는 정상과 비정상, 아동과 성인, 취침 시와 깨어 있을 때의 정신적 기능이 연속성을 지닌다고 주장하는데, 이 관점을 따르자면 모든 이들은 잠정적으로 정신장애를 가져올 수 있는 내적 갈등을 지니고 있으며, 특히 아이들은 이 점에서 더더욱 취약하다. 초기 아동기에 아이에게 정서적인 안정을 느끼게 하지 못하는 부모는 아이의 장기적 정신건강을 위태롭게 한다고 비난받았다. 스텐들러가 이야기하듯 "아동 양육에 대한 정신건강적 접근은 감정 건강의 중요성을 강조한다. 아이가 안정감 있는 개인으로 자라나려면 아이의 사랑과 애정에 대한 욕구에 관심을 가져야 하며, 아이를 이해하고 아이를 있는 그대로 받아들이는 것이 필수적이다."[14]

20세기 중반 및 중반 이후 시작된 양육 관념의 변화는 현재까지 제대로 기록되지 않았으며, 몇몇 주요 인물의 전기가 남아 있을 뿐이다. 그러나 이 시기 정신건강 세계에 일종의 참여관찰자로 살았던 경험에 기초하여, 우리는 주요 흐름에 관해 잠정적인 설명을 해보고자 한다. 우리 둘은 정신분석학 훈련을 받았다. 밥 러바인은 1962년부터 1971년까지 시카고 정신분석연구소Institute for Psychoanalysis에서, 세라 러바인은 1964년부터 1966년까지 시카고대학교에서 정신의학 사회복지

psychiatric social work를 공부하면서 훈련을 받았다. 밥 러바인은 이후 시카고 정신분석연구소에서 강의를 했고, 세라 러바인은 유대아동국Jewish Children's Bureau에서 브루노 베텔하임Bruno Bettelheim을 고문으로 하여 함께 정신분석을 받으며 심리치료를 했다. 그 이후 시간이 많이 지나 우리는 보스턴 정신분석협회와 연구소Boston Psychoanalytic Society and Institute에서 세미나를 했다. 그러나 우리의 주요 목적은 경험적 조사를 하는 것이었고, 우리는 정신분석의 여러 측면에 대해 비판적이었다. 오랜 기간 동안 우리가 알고 지낸 측근들 중에는 지그문트 프로이트의 사상을 지지하는 사람들뿐만 아니라 그의 사상을 주도적으로 비판한 정신과 의사들과 사회과학자들도 있다.

20세기 중반 양육에 대한 관점의 변화를 다루는 데 있어 상기해야 할 사실 중 하나는 미국이 1950년대가 되면서 인간 발달에 대한 서구적 관점에 기초하여 아동복지를 향상시키는 데 상당한 성과를 거두었다는 점이다. 미국에서는 원하는 사람들은 누구나 교육을 받을 수 있는 보편 교육이 시행되었고, 학교 교육의 기간이 확대되었고, 모든 지역에서 아동 노동 금지법이 시행되었으며, 아동의 보호자로서의 정부 역할이 잘 확립되었다. 영유아 사망률은 극적으로 감소했고, 새롭고 효과적인 치료제(특히 항생제)와 예방주사의 사용이 확대되었으며, 다른 의학적·공중보건적 개입에 의해 사망률은 더욱 감소했다. 이후 더 많은 진보적 변화가 있었지만, 이는 고등학교나 대학까지 교육 기회가 확대되거나 영유아 사망률이 더 낮아지는 등 분명 이전 시기의 발전이 지속된 형태였다. 따라서 부모들은 자신의 부모나 조부모와 비교했을 때 자신들이 아이를 기르는 여건이 상당히 개선되었다고 확신했다. 그러나 미국에서 가장 많은 교육을 받은 이 세대가 양육에 대한 조언을 얻기 위해 책이나 잡지를 보게 되면서, 그들은 좋은 부모란 무엇인지 그리고 자신의 자녀 양육 앞에 놓인 도전들이 무엇인지에 관한 새로운 관점에 쉽게 빠져들었다. 그리고 그들은 걱정할 새로운 이유들을 찾아냈다.

1946년 출간되어 오랜 기간 베스트셀러 자리에 오른 스폭의 『아기와 아동 양육』이라는 저서는 그 시기 이미 진행되고 있던 양육에 있어서 관대함을 강조하는 트렌드에 권위를 부여했다. 전후 세대 미국 어머니들에게 소아과 의사인 스폭 박사는 이전 시대 소아과 의사들의 혹독한 조언으로부터 그들을 해방시켜준 일종의 해방자였다. 그는 양육하는 데 있어서, 심지어 자신의 책에 나온 지침들을 따를 때조차 어머니 자신의 판단에 좀 더 의지할 것을 권유했다. 스폭은 어머니들이 자녀 발달의 각 단계에서 그들 앞에 놓인 문제와 선택지들에 어떻게 반응하는지를 자세히 논의하면서, 이전 시기 강조하던 엄격한 훈육을 지지하지 않았다. 그는 책에서 다음과 같이 이야기한다. "당신은 아기를 너무 많이 안아주면 버릇이 없어질 것이라는 이야기를 들었을 것이다. 그와 동시에 아기를 많이 안아주라는 이야기도 들었을 것이다. [...] 전문가들이 말하는 것에 너무 위압되지 마라. 당신 자신의 상식을 믿는 것을 두려워하지 마라."[15]

스폭의 이러한 공감적 태도는 뉴욕 정신분석학연구소 $^{New\ York}$ $_{Psychoanalytic\ Institute}$에서의 훈련에서 비롯된 것이라고 할 수 있으나, 그의 조언은 내용적인 면에서 프로이트 학설에 기반을 두고 있지는 않다. 그는 빅토리아시대 이후 양육의 변화를 기술하면서, 양육에 대한 교조적인 입장에서 한층 물러난 태도를 취한다. "어린 부모들에게 아이의 응석을 받아주는 것의 위험성을 줄곧 경고했던 의사들이 이제는 그들에게 아이의 욕구, 음식뿐만 아니라 사랑과 위로의 욕구도 들어줄 것을 권하고 있다. 이러한 태도와 방법에서의 변화는 아이들과 부모들에게 이로운 것이다."[16] 그의 책은 부모들 간의 토론을 장려하여 그들의 선택에 대한 의문, 불확실성, 불안감을 고조시켰다. 이러한 상황에서 많은 사람들이 전문가의 조언을 더 필요로 하게 되었고, 이제 이 수요를 만족시킬 준비가 되어 있는 새로운 종류의 전문가들, 즉 정신과 의사와 정신건강 전문가가 부각되었다.

　제2차 세계대전 이후 정신의학은 의학 분야에서 전례 없는 확장과 지위의 격상을 경험했다. 의대에 새로운 과가 생겨났고, 젊은 정신과 의사들은 주정부의 지원을 받는 병원 수련의 과정에서 교육을 받으며 일반 대중과 소통하기 위해 많은 노력을 기울였다. 1930년대 유럽에서 미국으로 망명한 정신분석학자들은 독립 연구소나 대학 정신의학과에 있는 미국 정신분석학자들과 함께 일하게 되었다. 이들은 1950년대, 1960년대 미국의 정신의학이 정신병원에 환자를 감금하여 돌보는 것에 초점이 맞추어져 있던 것에서 심리치료, 정신병 환자의 가족에 대한 연구, 정신병의 예방 등에 대한 관심으로 이동하는 데 중요한 역할을 했다.

이 시기는 또한 정신건강과 정신병이 생물학적 조건뿐만 아니라 사회적 조건에 기초한다는 생각을 널리 알린 미국 국립정신건강연구소 NIMH: National Institute of Mental Health가 성장한 때이기도 하다. 이 시기 가족과 양육이 정신병의 근원이거나 혹은 근원이 될 수 있다고 여겨졌으며, 많은 정신건강 연구가 직간접적으로 양육에 초점을 맞추면서 부모가 아이에게 미치는 영향력을 중요하게 바라보았다. 이러한 관점은 정신의학을 사회과학과 연계해 공적인 담화들을 생산해내는 데 중요한 역할을 했다. 심리학자뿐만 아니라 정신과 의사, 정신분석학자들이 미국 부모에게 조언을 해주는 전문가로서 소아과 의사들의 대열에 합류했다. 그리고 베스트셀러 책에서 이들은 부모, 대체로 어머니가 자녀의 정신병, 적응 문제, 감정 장애에 책임이 있다고 종종 비난했다.

벤저민 스폭의 책이 어머니들을 소아과 전문가들의 구속으로부터 해방시켰을 때 이미 "미국 양육의 정신건강 시대"는 진행되고 있었다. 이러한 환경에서 어머니들은 자신이 아이들의 정서적 안정감에 위해를 가할 수 있으며, 심리적으로 해로운 영향을 미칠 수 있다는 걱정을 할 수밖에 없었다. 이 시기의 후반부인 1970년대 후반부터 이후까지 의학 전문가들은 매 맞고 성(性)적으로 학대받은 아이들이 심리적으로 크나큰 문제가 있을 수 있다고 강조했고, 이는 타인에게 아이를 맡기는 유치원이나 어린이집에 대해 새로운 형태의 불안을 조성했다. 평범한 일반인들이 아동기의 불쾌하거나 "힘들었던" 사건이 정신 기능에 장기간 악영향을 미칠 것이라고 가정하게 되면서, "트라우마"나 "학대"와 같은 단어는 미국에서 일상적인 언어가 되었다.

무엇이 힘든 일이고, 무엇이 장기간 영향을 주며, 무엇은 그렇지 않는지에 대해서는 여전히 모호했다. 그러나 가능성만으로도 부모들을 초조하게 만들기에 충분했고, 이는 양육 방식에 큰 변화를 초래했다. 감정적으로 위해를 끼칠 우려 때문에 아이를 키울 때 최대한 격려하고 절대 엄격하게 대하지 말라는 조언이 부각되었다. 양육에서의 금기가 변화하고 있었다. 이전 시기(1930년대까지도) "응석"으로 받아들여져 금지되었던 것이 이제는 정신건강을 위해 필수적인 것이 되었고, 과거 필수적인 "훈련"이었던 것이 이제는 "학대"로 취급되었다.

아이들의 정신적 문제를 부모 탓으로 돌리는 책을 쓴 유명 저자들인 카렌 호나이[Karen Horney], 존 볼비[John Bowlby], 브루노 베텔하임은 정신분석가였으나, 그들의 이론은 프로이트의 이론과는 거리가 멀었다. 프로이트는 아동기 경험이 신경증의 요소가 될 수 있음을 강조하고 성에 대한 사회의 검열적 태도를 비판했지만, 아이를 "백지 상태"로 바라보지는 않았다. 오히려 프로이트는 아동 발달이 상당 부분 계통 발생, 즉 진화에 의해 결정되며, 신경의 성숙에 기초한 보편적인 "심리성적[psychosexual]" 발달 단계에서 부모들이 아동의 심리적 발달에 긍정적 혹은 부정적 영향을 미칠 수 있는 여지는 매우 적다고 주장했다.

예를 들어, "구강기"에 접어든 영아기 아동에게 장기적인 심리적 영향을 미칠 가능성이 있는 "정신 내적 경험"은 젖을 먹는 것과 관련된 쾌감이나 박탈감뿐이다. 이 과정에서 어머니의 영향력은 수유에서 어머니가 하는 역할을 통해서만 발휘되며, "사람과 사람 사이의 관계"라고 할 수 있는 사회적·의사소통적 채널에 의한 어머니의 영향력은 없다. "항문기"와 "남근기" 단계로 이어지는 이 모델에서 부모의 영향력은 각 시기의 몸의 민감성 영역 내에서만 발휘된다. 1905년 프로이트가 제시한 이 모델은 이후 추가 연구를 통한 입증 없이 프로이트 학설의 규범이 되었다.[17] 프로이트 이후 이론들이 아동 심리 발달에 있어서 사회적 영향력이 미치는 과정을 제안(예를 들어, 아들의 아버지와의 "동일시"가 "초자아"나 도덕적 양심의 내재화에 영향을 미친다는 것)하고 있음에도 불구하고, 이 주장은 한 번도 프로이트나 그의 추종자들에 의해 반박되지 않았다.[18]

　1930년대 중반이 되자, 빈의 하인츠 하르트만Heinz Hartmann과 안나 프로이트Anna Freud, 런던의 멜라니 클라인Melanie Klein과 같은 프로이트 학파의 선두주자들이 초기 아동기 경험에 프로이트의 심리성적 발달 단계 이상의 무엇이 있음을 자신들의 글에서 인정한다. 그러나 프로이트와 가까웠던 그들은 이러한 인식이 프로이트의 구강기, 항문기, 남근기의 프레임과 양립할 수 있다고 주장했다. 다른 사람들은 프로이트의 본래 주장, 특히 이 주장에 담긴 생물학적 결정론이나 선천적인 측면이 부모의 영향을 제한한다는 관점을 공개적으로 비판할 준비가 되어 있었다. 프로이트는 부모들에게 조언을 할 의도가 없었지만, 이 변절한 정신분석가들은 기꺼이 조언을 하려고 했다.

　미국과 영국 일부에서 당시 유명세를 떨쳤던 정신분석가들은 이 국가들에서 유행했던 철학적 사조인 환경론에 맞추어 본래 프로이트의 이론적 모델보다 부모의 영향력을 더 크게 인정하는 방식으로 이론을 재정비했다. 카렌 호나이는 이에 딱 맞는 사례다. 호나이는 본래 베를린 정신분석연구소의 원로 교육자였으나, 미국에서 "신프로이트" 운동의 선구자가 되었다(또 다른 선구자로는 에리히 프롬Erich Fromm과 해리 스택 설리번Harry Stack Sullivan이 있다). 베스트셀러인 『우리 시대는 신경증일까?The Neurotic Personality of Our Time』(1937), 『정신분석학의 새로운 변화들New Ways in Psychoanalysis』(1939)이나 『신경증과 인간의 성장Neurosis and Human Growth』(1950)과 전후 출간된 책들에서, 호나이는 모든 아이들이 정서적 안정 욕구를 가지고 있으며, 이 아이들의 욕구가 다정하지 않고 자기 자신에게만 몰두하는 부모에 의해 좌절되면 신경증으로 발전되는 "기본적인 불안basic anxiety"이 형성된다고 주장한다.[19] 다른 생명체들과 마찬가지로 인간이 성장하기 위해서는 "도토리가 참나무가 되는 것"처럼 좋은 환경이 필요하다. 인간은 안전하다는 느낌과 자신의 감정, 생각, 그리고 이들을 표현할 수 있는 내적 자유를 주는 따뜻한 분위기를 필요로 한다.[20] 이러한 호나이의 주장은 프로이트의 이론과는 거리가 멀었고 그녀는 뉴욕 정신분석학연구소로부터도 퇴출되었다. 그러나 호나이의 주장은 안정감security을 1930년대 미국인들에게는 결핍되었으나 (경제적 안정성의 측면에서) 이후 루스벨트의 뉴딜정책(사회보장제도social security)으로 획득한 것으로 비유하는 그 당시 미국의 사회적 분위기와 잘 맞아떨어졌다. 호나이는 자신이 만난 성인 환자들에 대한 회상에 기초하여 이전 세대의 부모들이 아이들의 감정적 욕구를 만족시켜주지 못하고 아이들을 불안정한 상태, 그리고 정신 치료가 필요한 신경증을 촉발하는 기본적인 불안의 상태로 내버려두었다고 비난했다.

영국의 정신분석학자이자 프로이트의 제자인 멜라니 클라인의 후배였던 존 볼비는 기관과 가정에 머무르는 아이들에 직접적인 관심을 가지고 있었다. 1953년 발간되어 영문판으로 45만 부가 팔린 『양육과 사랑의 성장 *Child Care and the Growth of Love*』이라는 저서에서 볼비는 다음과 같이 이야기한다. "어머니의 사랑은 신체적 건강을 위해 비타민이나 단백질이 필요한 것만큼 아이의 정신적 건강에 중요하다." 이는 왓슨이 25년 전 했던 주장과 정면으로 배치된다. 볼비는 "모성 박탈maternal deprivation"이라는 용어를 만들어내고 영유아 양육에 있어서 따뜻함, 사랑, 가까운 거리에서의 보살핌을 강조했다.[21] 볼비의 저서들은 아동보호 시설의 개혁에 초점이 맞추어져 있었다. 그는 애정 어린 보살핌을 제공하지 않는 고아원에서 자란 아이들이 심리적 발달에 문제가 있다는 연구들을 보여주면서, 부모가 없는 아이들을 대상으로 한 공공 정책에 근본적인 변화를 가져오는 데 기여했다. 그러나 그가 연구 결과를 집에서 양육되는 아이들에게도 적용하고, 아이를 생각하는 어머니라면 아이를 타인에게 맡기는 시간에 제한을 둬야 하며 그 시간을 구체적으로 제시하자 논쟁이 일어났고 이는 그의 "모성 박탈" 개념에 대한

비판으로 이어졌다.[22]

되돌아 생각해보면, 볼비는 그의 비타민 비유를 지나치게 문자 그대로 적용했다. 그는 고아원 아이들의 애정 결핍을 비타민 C와 같은 한 가지 영양 성분이 결핍된 영양성 질병에 비유하면서, 가정에서 자라는 아이들의 정신적·도덕적 장애를 방지하기 위해 필요한 모성의 양을 측정하고 처방할 수 있다고 생각했다. 그러나 이것이 문제였다. "아이의 신호에 반응하는 어머니의 민감성"과 "안전한 애착" 사이의 인과관계를 증명하기 위한 그의 이후 노력은, 일반적인 어머니와 아동 인구 집단 내에서 존재할 수 있는 정신적 장애의 가능성을 지나치게 과장하는 결과를 낳았다.[23]

호나이와 마찬가지로 볼비와 메리 에인스워스Mary Ainsworth에게도 "안정감"은 정신적으로 건강하게 성장하기 위한 중요한 요소였다. 따라서 이들은 어머니와 "애착이 불안정하게 형성된" 아이들을 위험에 노출되었다고 보았다. 호나이와 볼비는 위생과 엄격한 훈육이 그 시대의 주요 질서였던 1920년대와 1930년대 자신들이 받았던 "거리를 둔distant" 양육에 대해 분노하는 세대에 공감했다. 그런 의미에서 이들은 이 세대를 "나쁜" 양육의 희생자라고 보며 옹호했다. 호나이와 볼비는 아이들을 정신병의 위험에 노출시킨 책임이 그들의 부모에게 있다고 하며 부모 세대에게 복수했다. 그러나 호나이와 볼비는 1950년대 부모들의 양육 방식 또한 그들의 아이들을 심각한 정신병의 위험에 빠뜨릴 수 있다고 경고한다. 양육에 수반되는 위험성이 더 높아진 것이다.

1950, 1960년대 신프로이트 분석가들과 다른 학술 및 의학 전문가들은 아이의 신경증을 어머니의 책임으로 돌리는 호나이의 견해를 넘어서서, 정신분열증이나 자폐와 같은 더 심각한 정신병까지도 어머니에게 책임이 있다고 주장했다. 해리 스택 설리번은 정신분열증이 아이가 부모와 가장 처음 하는 상호작용에서 비롯된다고 언급했다.[24] 그의 동료인 심리분석학자 프리다 프롬라이히만Frieda Fromm-Reichmann은 어머니의 행동과 인성이 성인기 정신분열적 정신질환의 원인이 된다는 것을 밝히기 위해 "정신분열증을 만드는 어머니"라는 용어를 만들었다.[25] 1956년 인류학자 그레고리 베이트슨Gregory Bateson, 정신과 의사 존 위크랜드John Weakland, 가족 치료사 제이 헤일리Jay Haley가[26] 이중구속 가설double-bind hypothesis을 제안했는데, 이 가설은 감정적으로 비일관된 어머니의 양육이 정신분열증을 만들어낸다고 설명한다. 그러나 베이트슨의 전기를 쓴 작가가 이야기하듯, 베이트슨은 어떤 자료도 없이 이 가설을 내세웠다. 사실 그는 "아무런 근거 없이 단지 사람들이 의사소통하는 것을 보고 가설을 만들었다."[27] 그럼에도 이 가설은 1970년대까지는 적어도 매우 큰 영향력을 발휘했다.

이후 학자들은 이 시기를 돌아보면서 정신분열증을 만드는 어머니라는 관점이 널리 수용된 것을 믿기 어려워했다. 하버드대학교의 과학사가인 앤 해링턴Anne Harrington은 2012년 『더 랜싯The Lancet』에 실린 "정신분열증을 만드는 어머니의 몰락The Fall of the Schizophrenogenic Mother"이라는 논문에서 다음과 같이 이야기한다. "오늘날 그 당시 기억들은 많은 사람들을 놀라게 한다. 현재 정신분열증은 약물에 의해 가장 잘 치료될 수 있는 뇌의 장애로 알려져 있다. 당시에는 가족, 특히 어머니에게 당신이 당신의 자녀를 말 그대로 미치게 만들었다고 이야기하곤 했다. 현재 정신의학 전문가들은 이런 이야기를 함으로써 양육자들에게 짐을 지우고 고통을 주었다는 사실에 놀라워한다."[28] 그러나 해링턴이 지적하듯, 신경생물학적 연구가 당시와 현재의 변화를 가져온 유일한 이유는 아니다. 이 변화에는 페미니즘 운동, 많은 정신분열증 환자를 집으로 돌려보낸 정신병원의 탈시설화, 로널드 랭R. D. Laing과 같은 급진적 정신과 의사의 "어느 누구도 정상적이지 않다"는 주장, 그리고 가장 가슴 아프게는 정신분열증 환자의 가족들이 만든 "정신질환을 위한 전국연합NAMI: National Alliance on Mental Illness"이라고 불리는 운동이 영향을 미쳤다.[29] 1977년 세계정신의학총회World Congress on Psychiatry에서 "정신질환을 위한 전국연합"의 대변인은 "우리는 백혈병을 앓는 아이의 부모들은 동정과 이해를 받는 반면, 정신분열증을 지닌 아이의 부모는 경멸과 비난을 받아야 하는지를 이해하는 데 실패했다"고 공표했다.[30] 아이러니하게도, 메릴랜드의 정신병원인 체스트너트 로지Chestnut Lodge에서 정신분열증에 대한 정신분석학적 치료를 수행하던 프롬라이히만의 계승자 중 한 명인 토마스 맥글래션Tomas McGlashan은 환자 446명의 기록을 분석하여 자신이 한 치료의 효과를 다음과 같이 공개적으로 발표했다. "이제 우리에게 자료가 있다. 치료는 효과가 없었다."[31]

이 당시 어머니들은 자폐에도 책임이 있는 것으로 지목되었다. 존 스홉킨스 의대의 레오 캐너^{Leo Kanner}는 자신이 "영아 자폐^{infantile autism}"라고 이름 붙인 현상이 따뜻함이 부족한 "냉장고 같은 어머니"에 의해 발생한다고 주장했다. 그러나 이후 그는 이 가설을 버렸다. 브루노 베텔하임은 『빈 요새^{The Empty Fortress}』라는 저서에서 더 극단적인 생각을 내놓았다. 그는 "영아 자폐를 촉발하는 요인은 아이가 존재하면 안 된다는 부모의 바람"이라고 주장했다.[32]

이러한 증명되지 않은 이론들은 그것이 만들어졌을 때 논쟁을 일으키긴 했으나 정신병에 대한 정신의학과 공공의 논의에 매우 폭넓게 전파되었고 강력한 영향력을 미쳤다. 그리고 이는 정신분열증과 자폐증을 지닌 아이들의 수많은 어머니들에게 죄책감을 안겨주었다. 이 이론들은 이후 연구에 의해 뒷받침되지도 않았고 더 심각하게 다루어지지도 않았지만, 이 이론들이 어머니들에게 전파한 공포, 즉 어머니의 양육이 아이를 영구적으로 망칠 수 있다는 공포는 몇 세대를 걸쳐 어머니들에게 긴 영향력을 미쳤다.

베텔하임은 『사랑으로는 충분하지 않다^{Love Is Not Enough}』(1950)라는 첫번째 책을 시작으로 한 베스트셀러들에서 부모들의 약점을 맹렬히 공격한다.[33] 시카고대학교에서 근무하는 동안 베텔하임은 부모 탓을 하는 대부로 부상했고, 자신이 생각하는 어머니의 죄를 들며 어머니들과 정면으로 맞서는 것을 즐겼다. 한때 우리는 그와 그의 아내와 친하게 지냈는데, 그때 세라가 어쩌다가 우리가 두 살 된 딸 안나의 배변 훈련 때문에 힘들어하고 있다는 이야기를 했다. 브루노 베텔하임은 세라가 종종 갈색 스웨터를 입는다는 사실에 즉각적으로 꽂혔고 이 색(배변의 색이라고 추정되는)을 안나가 겪는 어려움과 연결 지었다. 이러한 방식은 베텔하임이 접근하고 영향을 미치는 전형적인 방식이다. 그는 성급하게 반응하여 즉각적인 설명을 내놓았고, 항상 어머니에게 책임이 있다고 확신했으며, 자신의 설득력 없는 설명에 대한 반박에 대항하기 위해 임상의로서의 권위를 이용했다. 실제로 그는 종종 어머니들이 책임을 인정하도록 하는 데 성공했다. 그의 책이 유명해진 것을 보면 그 당시 많은 미국인들이 그의 주장을 타당하다고 받아들였던 것같다.

베텔하임은 저서 『사랑으로는 충분하지 않다』의 서두에서 정신장애 아동 치료시설인 "정신장애 학교Orthogenic School"를 대중에게 소개하면서 다음과 같이 이야기한다. "이곳에 살고 있는 모든 아동은 신체적 장애는 없지만 일반적인 치료 기법으로는 치료가 불가능한 것으로 판명된(혹은 판명될 예정인) 심각한 감정적 장애로 고통받고 있다. [...] 감정적으로 장애가 있는 아동이 지닌 어려움의 대부분은 부모와의 관계에서 기인한다."[34] 이러한 주장을 접하게 되면 부모가 무엇을 하거나 혹은 하지 못하면 그러한 심각한 장애가 생기는지 의문이 생긴다. 이에 대해 베텔하임은 포옹과 같은 부모의 명시적인 사랑 행위나 인정에 관한 표현은 아이가 위안과 보호의 감정을 느낄 수 있는 진짜 감정을 수반하지 않는 속 빈 몸짓이라고 대답한다. 호나이의 "애정 없는 부모"나 볼비의 "열악한 환경을 눈으로 확인할 수 있는 아동보호 시설"과 달리, "정신장애 학교"의 부모들은 자녀에게 다정했음에도 불구하고 아이가 결과적으로 심각한 장애를 갖게 되었는데, 그 이유는 부모의 감정에 진정성이 없었기 때문이라는 것이다. 결국 베텔하임이 전달하려고 했던 것은 책의 제목과 같이 사랑하는 행동으로는 충분하지 않다는 것이다. 사랑의 행동은 진정한 감정을 동반해야 하며, 그렇지 않으면 아이는 감정적으로 장애가 생긴다. "따라서 적절한 순간에 적절한 행동을 하는 것으로는 충분치 않으며, 행동에 수반되는 감정을 가지고 수행해야 한다."[35]

베텔하임은 행동과 감정이 일치하지 않고 자녀가 진정으로 원하는 것을 고려하지 않은 채 좋은 현대적인 부모로 보이기 위한 자신의 욕구만을 채우는 부모들의 위선을 가장 강도 높게 비난했다. 이로써 그는 현대적인 트렌드를 반대하는 역할을 맡게 됐지만, 또 다른 한편으로는 사려 깊은 부모의 기준을 더 높이는 결과를 가져왔다. 예를 들어, 그는 이불에 오줌을 싸는 아이는 "반드시" 야단을 맞아야 한다고 이야기한다. 어머니가 이를 용서하면, 그 어머니는 아이에게 적절한 훈육을 하는 대신 친절하고 현대적인 부모라는 자신의 이미지를 선택하는 것이다. 이러한 실수가 심각한 감정적 장애를 가져오는가? 베텔하임은 그것이 마치 증명된 사실인 것처럼 기괴한 임상적 추측을 제시하고, 신경증으로 진단받은 아이들도 포함되어 있는 자신의 "정신장애 학교"에 이를 적용하면서 "그렇다"고 대답한다. 지금 보기에는 터무니없어 보이지만, 1950년대 이 주장은 많은 어머니들에게 걱정을 안겨주기에 충분했다.

베텔하임의 커리어에서 부모 탓하기(혹은 어머니 비난하기)는 아이의 자폐의 원인이 어머니의 태도에 있다고 주장하면서 정점에 이르렀다. 그의 저서 『빈 요새』는 경험적 연구들이 자폐에 유기적 원인이 있음을 보여주는 시기에 출판되었으나 1967년 당시 대중은(심지어 전문가는) 부모의 영향력을 유기적 원인 못지않은 혹은 더 신빙성 있는 원인으로 받아들였고 베텔하임은 유명한 권위자가 되었다. 신문이나 잡지에서 그의 베스트셀러 책을 극찬하면서 그는 미디어 전쟁에서는 승리했지만, 결국 과학의 전쟁에서는 패했다. 그러나 수년 동안 자폐 아동의 부모들은 자녀의 장애를 일으킨 죄로 비난을 받아야 했다.

이 당시 유명 저서나 정신건강 서적의 부모를 향한 메시지들은 전후 어머니들이 널리 읽었던 여성 잡지를 통해 전파되었다. 스폭은 『매콜스McCall's』에 정기적으로 칼럼을 썼고, 베텔하임은 『레이디스 홈 저널』에 글을 썼다. 다른 잡지들(『레드북Redbook』, 『우먼스 홈 컴패니언』, 『굿 하우스키핑』, 『페어런츠Parents』)도 어머니들에게 양육에 관한 최신 트렌드를 전했는데, 위에서 이야기한 책들에서 종종 그 내용을 그대로 가져왔다. 게다가 『타임』과 『뉴스위크』도 부모의 영향력에 관한 기사들을 실었다. 대중매체의 "대중심리학pop psychology"은 항상 정신건강에 관한 인증된 전문가들의 조언과 경험적 연구 중 선별된 증거에 의해 뒷받침되었다.

양육이 아이의 정신건강에 미치는 위험성에 대한 주장은 더는 새로운 것이 아니며, 대부분의 정신과 의사나 아동 심리학자들에게 인정받지 못하고 있다. 그럼에도 이는 영어권 국가들의 현재 양육 관습(특히 어린아이에게 엄격하게 하지 않는 것)과 아동 발달에 대한 부모의 영향력을 다루는 심리학적 이론들에 오랜 그림자를 드리웠다.

애착이론의 문제점:
전 세계적 관점에서

볼비와 에인스워스의 영아 애착 모델은 1960년대 이론들 중 부모의 영향력에 관한 현재 관점에 가장 오랜 기간 영향을 미친 이론이다. 이 모델은 생후 첫 1년 동안(6개월부터 12개월 사이) 자신의 신호에 "무감각한" 어머니를 둔 아기는 한 살이 되면 "불안정한 애착"을 형성하게 되고, 그 이후 정서적으로 불안정하게 성장한다고 예측한다. 미국 국립아동보건인간발달연구소NICHD: National Institute of Child Health and Human Development에 의해 수행된 미국 전국 규모의 연구에 따르면, 1997년 당시 1세 아동의 38퍼센트가 불안정한 애착을 형성하고 있는 것으로 분류되었다. 볼비의 애착이론을 믿는다면, 이는 미국 사회에서 정서적 불안정성이 전염병 수준이라는 것을 의미한다.[36] 그러나 다른 문화에서 발견되는 증거들을 진지하게 들여다보면, 이러한 관점의 타당성을 의심할 수밖에 없다.

볼비와 에인스워스의 모델은 생후 12개월까지 안정적인 애착관계를 형성하는 아기들은 모두 아기의 신호에 민감하고 아기가 성장해감에 따라 아이를 돌보는 데 지속적으로 책임감을 지닌 어머니를 가지고 있다고 전제한다. 이러한 방식으로 안정적인 애착을 형성하지 않으면, 아기는 정신적 불안정성의 위험에 노출되는 것이다. 이후 이 책의 다른 장들에서도 살펴보겠지만, 전 세계적으로 보면 이러한 관점을 가지고 있지 않은 수많은 사회들이 존재한다.

- 아프리카의 다양한 부족들(하우사, 에페, 벵Beng과 같은 부족들) 중에는 어머니들이 서로의 아기들에게 젖을 먹이고 서로의 아기들을 달래주어, 결과적으로 아이들이 자신이 속한 가구나 이웃의 여성 여러 명에게 애착을 형성하도록 하는 곳이 다수 존재한다. 이러한 아이들의 미래 정신건강은 어떠할까? 집합적으로 좀 더 집중적인 돌봄을 제공받기 때문에 애착의 안정성이 더 높을까? 아니면 돌봄이 여러 명에 의해 분산되기 때문에 애착의 안정성이 더 낮을까? 아니면 어떤 밝혀지지 않은 천장효과ceiling effect에 의해 별로 차이가 없을까? 이러한 질문들에 대답할 수 있는 증거는 없다. 그러나 분명 볼비와 에인스워스가 상상한 것보다 주관적인 안정성을 형성하기 위한 다양한 경로가 존재하며, 또한 다양한 종류의 "안정성"이 존재한다는 것만은 분명하다.

- 아프리카나 그 외 다른 지역들에서는 아이의 정서적 안정을 형성하기 위해 서로 살을 접촉하면서 아이를 돌본다. 즉, 어머니와 아이가 아침저녁으로 서로 만지고, 함께 자고, 아이가 원할 때 젖을 주고, 아이가 원하면 항상 달래준다. 볼비와 에인스워스의 이론에서 정서적 안정을 측정하기 위한 예측 변수는 "아이의 신호에 대한 민감성"으로, 이는 어머니가 아이의 울음을 들을 수 있는 곳에서 아이의 울음에 언제든 반응하는 것을 우선순위로 두고 있음을 의미한다. 사실 어머니가 옆에서 지속적인 접촉을 하면 아이들은 울 필요가 없게 되는데, 볼비와 에인스워스의 이론은 이러한 지속적인 접촉 경험이라는 것을 아예 예측 변수에서 제외한다.

- 동아프리카나 태평양 제도의 많은 섬들에서는 어머니들이 젖을 뗀 이후 아이를 할머니나 다른 여성들에게 보내 그들의 보살핌을 받도록 한다. 시에라리온의 멘데Mende족과 같은 사회에서는 대부분의 아이들이 이러한 경험을 한다. 볼비가 주장한 것처럼 어린 시절 어머니로부터 분리되는 것이 심리적으로 해롭다면, 이러한 관습을 가진 이 사회 구성원들 사이에서는 정서적 장애가 만연했을 것이다. 다시 한번 이야기하자면 이러한 가능성을 다룬 아동 발달 연구는 없었다. 그렇지만 이 사회들에서 어린 시절의 분리 경험으로 정서적 장애가 만연했다는 보고가 나올 때까지는 볼비 이론이 맞는다고 가정하기보다는 우리 문화에 기초하고 있는 이 이론과 이론의 예측을 의문시

할 필요가 있다.

• 케냐의 구시 부족에서 관찰되는 것과 같이, 지구상의 어떤 어머니들은 자신의 아이를 살뜰히 보살피고 영아가 고통을 호소하는 울음에 항상 즉각적으로 반응하지만, 서구 어머니들과 달리 아이들의 옹알이에는 반응하지 않는다. 이때 이 어머니들을 (그들의 문화적 기준에 따라) "매우 민감하다"고 간주해야 하는지, (우리, 즉 서구의 기준에 따라) "매우 무감각하다"고 해야 하는지, 아니면 (다양한 아이의 신호에 반응하는 정도를 측정하여 평균에 속한다면) 중간 정도라고 해야 하는지 명확하지 않다. 볼비와 에인스워스의 모델은 이러한 종류의 문제를 예측하지 않았다. 왜냐하면 그들은 어머니의 행동을 평가하는 데 주로 관심을 가졌지, 그 행동의 다양성을 이해하는 데는 무관심했기 때문이다.

위와 같은 문제들이 애착 심리학이 아직 해결하지 못한 부분들이다. 즉, 애착 모델은 아동 발달에 관한 다른 연구들 못지않게 20세기 영미 도덕이념에 기초하고 있으며, 따라서 이 애착 모델이 미국이 아닌 세계 다른 지역에서도 유효할 것인지의 문제를 해결하지 못했다. 영아기 어머니의 무관심한 양육으로 인해 미국 아동 38퍼센트가 정신건강에 문제가 생겼다는 볼비와 에인스워스의 모델에 따르자면, 다른 문화적 환경에서 자란 아이들의 발달장애는 더욱 심각할 것으로 예측할 수 있다.

많은 미국 어머니들이 1970~1990년대 직업전선에 뛰어들면서, 아이들은 더 자주 타인의 돌봄을 받게 되었다. 어머니 돌봄의 중요성을 옹호하는 볼비는 1974년 인터뷰에서 "데이케어daycare●는 시간과 돈을 낭비하는 위험한 곳"이라고 이야기했다.[37] 그러나 미국 국립아동보건 인간발달연구소가 앞서 언급한 대규모 연구를 시행했을 때, 가정에 머무는 영아들보다 데이케어에 가는 영아들에서 불안정한 애착관계가 더 높은 비율로 나타난다는 결과는 발견되지 않았다.[38] 이것은 결국 애착이론가들이 주장하는 병적인 결과가 면밀한 조사에 의해 뒷받침되지 않았음을 시사한다.

지난 45년간 다수의 과학적 연구들이 수행되면서 애착이론은 더는 연구자들에게 확신을 주지 못하게 되었다. 이것은 애착이론이 강조하는 부모가 아이에게 미치는 영향력이 신빙성이 없음을 시사한다. 증거들을 보면, 애착이론이 양육의 맥락과 패턴에 있어서의 문화적 다양성을 고려하지 않았고 대부분의 인간 영아들이 어떻게 길러지고 또한 길러져왔는지에 무관심했다는 것을 알 수 있다. 이로써 볼비와 에인스워스의 모델은 치명적인 문제가 있는 것으로 밝혀졌다.[39] 게다가 12개월 전에 측정한 한 가지 행동이 이후 심리적 발달 과정을 결정한다는 것이 믿을 만한가? 부모들은 1세가 지나면 이제 모든 것이 끝났다고 믿어야 하는가? 일반적인 심리적 건강이나 아동 발달이 정서적 안정성이라는

● 미국의 미취학 아동 보육시설

한 가지 영역으로 환원될 수 있다고 믿어야 하는가?

현재 드러난 애착이론의 여러 문제점들은 불행하게도 부모의 영향력에 대한 과거 및 현재의 많은 이론들이 문제가 있음을 의미한다. 이 이론들은 일생에 걸쳐 미치는 심리적 영향이나 인간 존재의 보편성에 대해 과장된 주장을 하고, 부모들이 자녀의 정신적·도덕적·교육적 문제에 책임이 있다고 주장하는 경향이 있다. 이 책에서 살펴보겠지만, 미국 아동의 정신건강이 "무감각한" 양육 방식 때문에 위험에 빠졌다는 가정을 무비판적으로 수용하기에 부모의 양육 관습은 문화적으로 너무나 다양하다.

전문가 대 부모

지금까지 19세기 이후 미국 사회에서 전문가에 의해 주도된 양육을 개관하면서, 공중보건, 소아과, 정신의학 분야의 전문가들이 도덕적 이데올로기와 불완전한 경험적 근거를 섞어가면서 과학의 권위를 주장하는 방식으로 양육에 관한 조언을 제공했음을 알 수 있었다. 되돌아보면, 이러한 전문가 조언의 상당수는 경험적 내용을 담고 있음에도 불구하고 비과학적이다. 동시에 양육에 대한 어떤 생각들은 (과학적 연구에 의해) 잘못된 것으로 밝혀졌는데, 이는 우리의 지식이 과학과 연계되면서 성장함을 의미하기도 한다. 우리는 양육이 과학으로부터 조언을 얻을 수 있다는 생각을 버리지 않는다. 실제 우리는 아동 발달 연구, 특히 발달심리학 연구에서 과학적 지식을 얻는다. 그러나 부모의 영향력에 관한 부분에 있어서 우리는 너무 많은 것을 기대하고 있는지도 모른다. 평생 영아기부터 성인기까지의 발달에 관한 자세한 연구를 진행한 아동심리학자 제롬 케이건Jerome Kagan은 다음과 같이 이야기했다.

그렇다면 왜 그렇게 많은 심리학자, 정신과 의사, 부모들이 지속적으로 아동기의 경험과 이후 성인기의 심리적 상태 사이의 밀접한 관련성을 믿을까? 우리의 아동 발달에 대한 이해가 빈약한 이론, 정밀하지 못한 방법론, 확실한 사실의 부재 등으로 인해 발전하지 못한 것이 한 가지 이유일 것이다. 이러한 불행한 이유로 아동기의 경험이 성인기에 강력한 영향을 미친다고 믿는 과학자들은 그들의 신념을 계속 유지하고 있다. 아동기 결정론을 옹호하는 사람들은 현재 밝혀진 어떤 사실에도 자신들이 좋아하는 전제를 포기하지 않는다.

초기 2년간의 감정적 경험이 이후 사춘기의 삶에 영향을 미치지 않을 수도 있다는 사실은 그 반대의 가능성만큼 합리적인 것 같다.

비록 결론에 이르지는 못했지만, 초기 경험의 중요성에 대해 회의적인 사람들이 자신들의 견해를 입증하기 위해 노력해야 했다면, 지난 30년간 축적된 경험으로 인해 이제는 초기 경험의 중요성을 믿는 사람들이 이를 입증해야 하는 상황이 되었다. 이것은 일종의 진전이다.[40]

부모가 아이에게 미치는 영향에 관한 케이건의 연구가 결론에 이르지 못한 것은 몇 가지 복합적인 요인들(타고난 성향이나 뇌 발달과 같은)이 심리학적 결과에 영향을 미치기 때문이며, 아동기 경험과 양육 관습이 아이들이 성장하는 다양한 사회문화적 환경에 따라 달라지기 때문이다. 그는 심리학자 동료들이 타당성이 의심되는 방법(예를 들어, 관찰이 필요한 연구에서 설문지나 인터뷰를 사용하는 것)을 사용하고, 넓은 영역을 열정적으로 탐구하기보다는 이미 존재하는 가정들을 테스트하는 데만 집중하고 있다고 비판한다. 아동심리학의 거장도 현재 우리 사회에서 말하는 부모의 영향력이란 문제에 의문을 던지고 있는 것이다.

이러한 사실이 부모가 아이에게 미치는 영향력에 관한 답을 찾기 위해 심리학에 기대는 것을 포기해야 한다는 것을 의미하는가? 반드시 그렇지는 않다. 비록 아주 많지는 않지만 양육과 아동 발달에 관한 비교문화적 연구를 전공하는 심리학자들과 인류학자들이 있다. 우리는 다음 장들에서 부모의 영향력에 관한 새로운 시각을 보여주는 그들의 연구를 살펴보고자 한다.

2장

기다림

임신과 출산

세라가 우리의 케냐 유아 연구에 참여한 임산부들에게 미국 여성들은 임신을 했을 때 적어도 첫 3개월이 지난 후 인생에서 가장 기분이 좋았다고 이야기하는 사람들이 있으며, 이러한 상태를 "임신의 꽃"이라고 표현한다고 이야기하자, 케냐의 구시족 여성들은 믿지 않았다. 그들은 임신이 정말 싫다고 이야기했는데, 특히 우리가 입덧이라고 부르는 메스꺼움과 구토 증상을 들었다. 구시 어머니들은 이 증상이 첫 3개월 동안만이 아닌 임신 내내 지속되었고 이로 인해 임신 기간 중 밭에서 일하기가 어려웠다고 했다. 그런데 이 여성들은 평균적으로 열 번 이상 출산을 한 사람들이다. 우리는 임신의 실제적인 합병증이 무엇이든 간에 그들이 임신에 관한 혐오를 과장한다고 믿었다. 왜냐하면 이들은 구시 사회의 마법 서사에 따라 자신들이 아이를 갖기 원하는 마음을 세라와 같은 외부인에게조차 들키면 다른 여성들의 악의를 불러일으킬 것이라고 두려워했기 때문이다. 말할 수는 없지만 그들이 진심으로 원하는 것은 폐경이 될 때까지 2년마다 아이를 임신하는 것이었다. 2년마다 임신을 함으로써 가족이나 이웃의 다른 여성들에게 뒤처지지 않을 수 있고, 자신의 재생산 능력이 다른 사람들의 악의, 즉 마법에 의해 손상되지 않았다는 것을 알고 스스로 안심할 수 있었다.

또한 구시 어머니들은 세라에게 자신들은 미국 여성들과 달리 한 번도 주변 여성들(시어머니, 동서, 올케, 시누이, 일부다처제에 속한 다른 아내, 또는 이웃)에게 자신이 임신을 했다고 공표한 적이 없다고 이야기했다. 왜 그럴까? 그들은 "내가 아침에 구토하는 소리를 듣거나, 나중에

내 배를 보면 결국 알게 될 것이기 때문"이라고 말했다. 이에 세라는 다음과 같은 논리를 펼쳤다. 다른 사람들이 어차피 알게 될 것이라면 왜 이야기를 안 하는가? 여성들은 다음과 같이 대답했다. 자신의 임신을 의도적으로 알리는 행동은 다른 사람들에게 자신의 강점을 과시하는 것으로 읽힐 수 있고, 이러한 과시는 질투를 일으켜 마법으로 이어질 것이다. 세라가 "이미 자녀와 손자가 많은 여성에게 털어놓는 것은 어떤가?"라고 묻자, 그들은 "그건 그렇게 중요하지 않아. 왜냐하면 다른 사람들이 엿들을 수 있기 때문이야."라고 대답했다. 임신이라는 좋은 소식을 알리는 것은 자신을 위험에 빠뜨리는 행동이며 그렇기 때문에 피해야 하는 것이다. 구시 문화에서 여성들은 자신의 임신 경험을 다른 여성들과 나누는 것을 마법을 불러일으킬 수 있는 위험한 행동으로 여긴다.[1]

구시 전통에서, 여성은 이웃의 나이 든 여성이 참관한 상태에서 집 (첫번째 출산은 여성의 어머니 집에서, 그 이후의 출산은 여성의 남편 집에서)에서 출산을 한다. 그들의 기준에서 분만이 길어지면, 그들은 여성에게 불륜을 고백하라고 소리치고 때로는 때리거나 꼬집기도 한다. 출산이 어려운 경우에만 오는 산파는 출산을 쉽게 하기 위해 약초 처방을 하기도 한다. 우리는 이후 이 처방이 태반이 떨어지는 것을 지연시킨다는 것을 발견했다. 우리가 지연 태반 현상이 있는 몇몇 여성들을 병원으로 데려가기도 했으나, 그 당시 병원에서 분만을 하는 여성은 거의 없었다.

남편 집안과 사이가 좋지 않은 여성들은 혼자서 출산을 하거나 제대로 된 도움을 받지 못한 채 출산하기도 했다. 이 여성들은 질투와 마법을 두려워한 나머지 혼자서 출산하는 것을 선택하기도 했다. 우리가 조사했던 어머니들 중 가장 교육을 많이 받은 여성인 메리(10년간 학교 교육을 받았다.)는 18세에 첫 분만을 할 때 밭에서 혼자 출산하는 것을 선택했다고 우리에게 이야기했다.

트루피나라는 또 다른 어린 여성도 세라가 그녀를 인터뷰했던 시기에 두번째 아이를 출산했다. 메리처럼 트루피나도 고등학교를 다녔다. 그녀는 학생 때 자신보다 가난한 집안 출신의 남성과 눈이 맞아 도망쳤다. 그리고 그때부터 문제가 시작되었다. 그녀의 시집 식구들은 그녀를 오만하고 불손하다고 보았고 이러한 이유로 그녀를 싫어했다. 그녀가 세라와 세라의 연구보조원에게 진통 중임을 고백하자(진통이 상당 시간 동안 진행되었음은 분명했으나, 전통적인 구시 여성들처럼 표시를 내지 않았다.) 세라와 연구보조원은 이웃 동네의 산파와 트루피나의 시어머니를 불렀다. 시어머니는 주변에서 맥주를 마시다 취한 채로 친구들 한 무리와 함께 도착했다.[2] 이들은 트루피나가 있는 부엌으로 오지 않고 거실에 머물렀다. 결국 세라와 세라의 연구보조원이 아이를 받을 수밖에 없었다. 60대 산파는 트루피나가 남자아이를 낳은 후에 도착했다.

임신과
출산 의례

다른 포유류나 영장류와 달리 인간은 우리의 재생산 과정을 문화적 상징으로 복잡하게 만들어, 재생산에 대해 상반된 이중적 감정을 갖게 한다. 임신은 축복인가 저주인가? 임신은 순결함을 가져오는가 아니면 오염을 가져오는가? 임신은 취약함을 가져오는가 강함을 가져오는가? 이에 대한 대답과 이 대답을 보여주는 관습들은 현시대에도 문화마다 다르다.

치료시설, 병원, 공공의료 프로그램과 같은 과학 의료가 퍼지기 전, 임신과 출산은 전통적인 관념이나 관습(우리가 초자연적, 종교적, 영적이라고 범주화하는 것들도 포함하는)에 따라 이해되고 다루어졌다. 세계의 많은 지역에서 이러한 관습과 관념은 관료주의적인 현대 의료와 함께 살아남았다. 다시 말하자면, 인간 재생산의 의미는 감정적·지적 의미 그리고 그것을 표현하는 사회적 관습의 측면에서 매우 다양한 방식으로 존재한다.

세라가 첫아이를 임신했을 때, 밥은 세라가 다니는 라마즈 "자연주의 출산" 교실에 따라갔다. 그곳에서 세라는 분만 도중 할 수 있는 호흡법을 배웠고, 밥은 세라를 도왔다. 그러나 세라가 시카고 병원에서 안나를 분만했을 때 밥은 (일리노이 쿡 카운티의 법에 따라) 분만실에 출입할 수 없었고, 자녀의 출산 소식을 기다리며 대기실에서 담배를 피우는 다른 아버지들과 함께 있었다. 3년 후, 세라가 둘째 아이인 알렉스를 같은 병원에서 출산했을 때는 법이 바뀌어 밥이 분만실에 함께 있을 수 있었다. 이 짧은 기간 동안 밥의 출산 경험은 아내가 출산할 때 자리에 없는 아프리카 아버지와 같은 경험에서 자녀의 출산에서 보조자로서 역할을 하며 함께하는 마야 유카탄 아버지들의 경험으로 바뀌었다. 그러나 아버지가 출산에 함께하는지 혹은 함께하지 않는지의 여부는 문화적으로 다양한 출산 관습의 단 하나의 측면일 뿐이다.

남아시아

인도, 스리랑카, 네팔의 힌두교 및 불교 신자들은 순수와 오염이라는 관념을 매우 중요하게 생각하고, 여성의 몸, 특히 여성의 생리와 출산을 오염의 근원으로 본다. 또한 이곳 여성들은 가정에서 순수함을 유지하기 위한 의례를 주관한다. 그러나 임신 초기 스리랑카와 인도의 몇몇 지역에서 행해지는 돌라두카^{dola-duka}라는 관습은 비록 일시적이기는 하지만 여성에게 매우 특권적인 지위를 부여한다. 여성들은 특정 음식, 심지어는 이국적인 음식에 강한 열망을 느끼고, 평상시 아내에 대해 우위를 점하던 남편들은 그것이 얼마나 구하기 어렵든 비싸든 간에 이 음식들을 아내에게 대령해야 한다. 그동안 임신한 아내는 일상적인 노동 일과를 멈추고 집에서 쉰다. 이러한 지위의 전복은 의무이며, 아내의 음식에 대한 열망을 무시하는 것은 죄로 간주된다. 그러나 임신 5개월이 되면 이러한 이례적 기간은 끝이 난다.[3]

인류학자 루스 프리드^{Ruth Freed}와 스탠리 프리드^{Stanley Freed}가 1958년에서 1959년 연구한 인도 북부 하리아나주의 "샨티 나가르^{Shanti Nagar}" 마을을 살펴보자.

이 마을에서는 임신한 여성이 임신 사실을 사람들 앞에서 직접 알리지 않는다. 어린 신부의 남편은 신부의 임신 사실을 자신의 어머니나 집안의 여성 어른들로부터 전해 듣거나, 때로는 자신의 부인으로부터 에둘러 이야기를 듣는다. 주로 시어머니가 임신한 신부보다도 더 먼저 임신 사실을 알게 되는데, 시어머니는 이 소식을 친족과 카스트 내 모든 여성들, 그리고 이웃들이 알 수 있도록 곧장 퍼뜨린다. 누가 임신을 했으며, 몇 개월이며, 언제 아이가 태어나는지 모든 여성들이 알게 된다. 예를 들어, 한 제보자는 짧은 대화 도중 브라만 계급인 어떤 아내가 임신 1개월에서 2개월 사이이며 세 아이는 죽었고 살아 있는 아이 한 명이 있으며, 또 다른 자트(농민 카스트) 여성은 여자아이 네 명을 낳았고 두 달 후면 출산을 할 것이며, 또 다른 브라만 여성은 네번째 아이를 곧 출산할 것이라는 이야기를 했다.

임신과 성관계에 대해 이야기하는 방식은 남성의 경우에는 달랐다. 우리가 출산과 출산 의례에 대해 물어봤을 때 이에 관해 이야기하기는 했지만, 남성들은 자세한 내용에는 관심이 없었고 그에 대해 잘 몰랐다. [...] 수정에 관한 것을 제외하고 남성은 아이의 출생, 산전 건강관리, 분만, 영아 및 어린아이들의 양육과 거의 혹은 전혀 관

련이 없었다. [...]

　샨티 나가르의 비교적 부유한 가정에서조차도 여성은 분만 때까지 가정이나 밭에서 일을 했다. 임신 마지막 달에만 일을 조금 줄일 뿐이었다.[4]

출산 후 여성은 오염된 상태가 된다. 인도 히말라야 지역 라다크의 티베트 불교도인 장스카르 ^{Zangskar} 사람들은 출산의 오염에 대해 다음과 같이 이야기한다.

　출산을 하면 어머니와 새로 태어난 아이는 사회적으로 카스트에서 추방되며, 마을을 오염시키지 않기 위해 갇힌다. 출산 후의 감금 기간은 마을의 신의 뜻에 달렸는데 일주일에서 한 달 동안 계속될 수 있다. 어머니는 집 안에 머무르면서 마을의 재단이나 절을 마주하고 있는 창문을 지날 때는 웅크려야 한다. 집 안에서는 난로를 멀리해야 하고, 개별적인 컵과 접시로 식사를 해야 한다. 극단적인 경우, 이들은 자신의 방에서 방문을 통해 음식과 물을 받으며 수감자와 다름없는 생활을 해야 한다. 탯줄을 자른 남성 인척이나 남편만이 이런 의례적 감금에 함께한다. [...] 집 자체도 이 감금 기간 동안 오염이 되며, 씨족 구성원을 제외한 모든 마을 사람들은 이 집에서 먹는 것이 금지된다. 출산 일주일 후, 집은 다시 문을 열고 사람들이 드나들 수 있는 장소로 돌아간다. 그리고 스님을 초대해 정화의례를 시행한다.[5]

장스카르 여성들이 그들이 살고 있는 남편의 집이 아닌 자신의 부모 집에서 출산하는 것은 금지되어 있다. 이 규칙을 어긴 한 여성은 분만 도중 열두 시간에 이르는 극심한 허리 통증에 시달렸다. 이 여성은 "팔이 네 개 달린 출산의 신 마하칼라를 원망했다. 이 신은 오염 관습과 관련해 특별히 엄격한 것으로 알려져 있다."[6]

출산 오염의 구체적인 내용과 관련해서는 남아시아 내에서도 매우 다양한 차이가 존재한다. 네팔의 농촌 힌두교 신자들 사이에서는 아이가 아닌 어머니들만 오염되며, 오염의 기간은 탯줄이 잘릴 때부터 출생 후 열한번째 날까지 지속된다. 점성술사가 아이가 아버지에게 적대적인 표시를 하면서 태어나지 않았다는 것을 확인해준 이후에야 아버지는 아이를 볼 수 있다.[7]

남아시아의 임신과 출산에 관한 의례를 간단히만 살펴보아도 우리는 문화적 상징이 어머니들의 출산 경험에 얼마나 깊이 개입할 수 있는지 알 수 있다. 이 개입은 특히 종교의 성서 전통이라는 맥락에서, 때로는 성직자의 권위에 의해 강제된 매우 구체적인 규칙에 따라 일어난다. 우리가 아프리카에서 관찰한 것처럼, 이 출산 경험에는 부정적인 감정들, 특히 두려움이 존재한다. 이런 환경에서 어머니와 아이 모두가 상당한 정도의 죽음의 위험을 마주한다는 점을 고려한다면, 이러한 두려움은 현실을 반영한 감정이라고 할 수 있다. 그러나 마법, 여성 오염, 화가 난 신과 관련된 관념을 수반하는 문화적 서사와 상징들이 부가적인 두려움을 일으킨다. 이 두려움은 생물의학적 관점에서 실재하는 생존의 위험이라기보다는 어머니와 아이를 위협하는 사람과 영혼이라는 관점에서 존재하는 두려움이다. 이때 그들을 보호하는 목적을 지닌 의례를 행함으로써 그들에게 감정적인 안정을 가져다줄 수 있다.

산파의 책임: 멕시코와 중앙아메리카

멕시코와 중앙아메리카의 원주민 사회에는 여성의 임신과 출산 경험을 지도하는 산파가 있다. 과테말라 마야 사회의 원주민 종교에서 산파는 신성하게 여겨지며, 출생 시 산파 역할을 하게 될 운명을 나타내는 특정한 표식을 갖고 태어나는 사람이 산파가 된다.[8] 임산부는 임신 다섯 달째가 되면 산파를 찾고 산파는 산모를 마사지하고 산모의 행동과 관련해 엄격한 지침을 내린다. 임산부가 음식을 탐닉하는 것은 곧 태아가 음식을 먹고 싶어 하는 것이므로, 좋지 않은 결과를 면하려면 반드시 이 욕구를 해소해주어야 한다. 다른 지침들도 정신적·자연적 위험으로부터 태아와 어머니를 보호하기 위한 것이다. 출생 시 산파는 분만을 책임지며, 산파의 주요 기술 중 하나는 태아가 거꾸로 나오는 것을 방지하기 위해 태아를 뒤집는 것이다. 가정 내 남편이나 다른 남성들은 (남아시아의 사례와는 다르게) 분만에 함께하며, 유카탄 관습에서는 남편이 뒤에서 아내를 붙잡기도 한다. 그러나 여성이 해먹에서 분만을 하지 않고 바닥에서 분만하면 남성의 도움은 필요하지 않다. 오늘날 몇몇 산파들은 현대 의학 기술을 배우고 있으며, 종교적 산파를 대체해 의료인이 분만하거나 병원에서 분만하는 경우가 많아지고 있다. 마야 사례는 전문적인 산파(종교적이든 아니든 간에)가 분만에 참여하고 임신 과정을 지도하는 것이, 최근까지 그리고 현재에도 많은 농경사회에서 여성 친족에게 의존하는 것보다 산모들에게 더 낫다는 것을 보여준다.

다른 개발도상국들과 마찬가지로 멕시코 도시에서도 1980년대가 되면서 많은 여성들이 현대 의료시설에서 분만을 하게 되었다. 이 시설들에서 과도한 업무로 지친 의사들은 쿠에르나바카(멕시코 중부 모렐로스주의 주도) 어머니들이 세라에게 불만을 토로한 것처럼 시간이 오래 걸리는 자연분만을 기다리기보다는 매우 자주 제왕절개 수술을 했다. 그러나 세라가 종종 들은 바에 따르면, 농촌의 어머니들은 지쳐 있고 무신경한 (그리고 대부분 남성인) 의사들에게서 출산을 하고 싶어 하지 않았다. 따라서 교육을 받은 여성들이나 그렇지 못한 여성들 모두에게 산파는 출산을 도와줄 사람으로서 남아 있는 선택지였다. (우리가 1987년부터 1991년 사이 연구했던) 모렐로스 틸자포틀라 근교에 사는 가난한 여성들의 경우 정부의 조산사 관련 강좌를 수강했는지 여부를 알 수 없는 전통 산파들이 출산을 도왔다. 반면 형편이 나은 한 여성은 출산이 임박하자(가정에서 얼마나 많은 도움을 얻을 수 있는지에 따라 이 기간은 출산 예정일 일주일 전이 될 수도 있다.) 자격증이 있는 마을의 산파 두 명(산파 관련 교육을 추가로 받은 간호사들) 중 한 명과 함께 매우 넓은 "요양소"로 아이를 분만하기 위해 이동했다. 그녀는 분만 과정에서 문제가 생길 경우에만 인근 병원으로 옮겨져 의사에게 분만을 하게 된다.

병원으로 옮겨질 경우 거의 대부분 그들이 두려워하는 제왕절개 수술이 시행된다.

역산 Breech Births

출산에는 역사적 시기와 지역에 따른 많은 사회적·문화적 다양성이 존재한다. 드물지만(3, 4퍼센트) 모든 곳에서 일어나는 역산, 즉 아기가 머리가 아닌 발이나 엉덩이부터 나오는 현상을 예로 들어보자. 이는 결코 무시할 수 없는 일인데, 왜냐하면 역산 시 아기는 종종 비정상적으로 작고, 어머니와 아이 모두 위험에 노출되기 때문이다. 중요한 문제는 사람들이 이를 어떻게 이해하고, 이에 어떻게 대처하며, 이러한 문화적 다양성을 어떻게 활용해야 하는가이다. 여기에 타 문화의 세 가지 사례가 있다.

- 보츠와나: 보츠와나 칼라하리사막의 쿵산 부족("부시먼")은 아프리카 수렵채집인의 전통적인 사례로, 인류학자들은 그들의 출산 관습을 매우 자세히 연구해왔다.[9] 쿵 여성들은 평균적으로 4년마다 출산을 하며, 그사이 막내는 포대기에 넣어서 데리고 다닌다. 이 사회에는 도움 없이 출산하는 것에 대한 문화적 이상이 존재한다. 임신한 여성이 출산에 임박해 자궁수축을 느끼면 여성은 숲에 가서 조용히 혼자 출산을 한다. 역산을 하게 되면 여성은 아이를 땅에 묻고 마을로 돌아온다. 한 쿵산 남성은 인류학자 멜빈 코너 Melvin Konner에게 역

산으로 태어난 아이를 보호하면 "사람들이 이에 대해 수군거릴 것이고, 어차피 거꾸로 태어났기 때문에 신경 쓸 이유가 없다"고 이야기했다.[10] 기형으로 태어난 다른 아기들도 같은 식으로 버려진다.

• 케냐: 구시 여성이 역산을 하게 되면(혹은 쌍둥이, 백색증을 가진 아이, 또는 단순히 미숙아를 낳았을 때도 마찬가지이다.) 이는 남편의 조상들이 고통스러운 상태라는 징조로 읽히며, 따라서 정교한 의례를 행하지 않으면 임산부에게 더 심각한 재앙(불임이나 죽음, 자녀가 장애를 가지는 것)이 올 것이라고 여긴다. (난산에만 오는) 지역의 산파와 집안의 나이 든 여성들은 어머니와 아이를 보호하기 위해 (집에서) 의례적 격리에 들어가야 한다고 결정을 내린다. 의례는 같은 비정상적 출산 경험을 한 뒤 추가적인 교육을 받은 오모코레라니omokorerani라는 공인된 전문가 여성이 감독한다. 우리는 구시 공동체에서 이러한 전문가들이 감독하는 한 번의 역산과 두 번의 쌍둥이 출산에 관한 의례를 관찰했다. 어머니와 태어난 아이는 이웃의 잠재적인 악의에 매우 취약한 것으로 여겨지며, 그들은 집에서 태반 옆에 머무르는데 이때 태반은 종지에 넣어 풀잎으로 덮고 밤낮으로 불을 지핀 화덕에 보관된다.[11] 어머니와 아이를 따뜻하게 하는 것이 목적으로, 태반이 상징적으로 이들을 해로움으로부터 보호해줄 수 있다고 여겨지기 때문이다. 종종 지역 밖 멀리서 일을 하는 남편이 집으로 돌아올 때까지 태반을 땅에 묻지 않는다. 태반을 묻은 후에는, 태반을

보호하는 기간 동안 어머니와 아이를 방문했던 사람들 말고는 그 누구도 이들을 방문할 수 없다. 어머니는 일상적으로 해야 하는 일을 하지 않아도 되며, 아이가 언제든지 젖을 먹을 수 있도록 아이를 안고 있다. 이러한 관습들(즉 어머니와 아이의 지속적인 접촉, 잦은 수유, 따뜻함)은 유니세프UNICEF가 미숙아 출생 시 권고하는 "캥거루식 미숙아 돌보기"와 기본적으로 동일하다. 실제로 역산으로 태어난 아이나 쌍둥이는 작고 미숙한 상태로 태어나며 허약하다. 남편은 점쟁이와 상의해서 종족 내 남성 연장자가 제물로 바칠 색깔이 맞는 염소를 사고, 긴급한 의례를 행해 어머니와 아이를 친족들과 이웃들에게 소개한다. 의례를 함으로써 조상들을 달래고, 어머니와 아이는 회복되어 이웃의 악의로부터 보호된다.

• 중앙아메리카: 중앙아메리카의 농경민 마야인들은 역사적으로 중앙집권화된 정치체제를 가지고 있으며, 마야 사회에는 산파를 포함한 많은 전문화된 역할 수행자들이 있다. 산파는 태어날 때 주어지는 신성한 소명으로 마야의 산파들이 임신과 출산을 관리하는 기술은 유명하다. 그 기술 중 하나는 태아의 위치를 미리 살펴 파악하는 것이고, 또 다른 하나는 "역아외회전술", 즉 분만 전 산모의 복부를 마사지해 태아의 머리가 아래로 향하도록 하는 기술이다. 이 기술은 스페인 선교사들의 기록에 따르면 마야인들뿐만 아니라 다른 메소아메리카 사람들 사이에서도 1547년부터 시행된 것으로 나타나며,

20세기 사회과학자들은 이를 사진으로 기록하기도 했다.[12] 마야의 산파들은 역산이 일어난 후 대응하기보다는, 역산이 일어나지 않도록 미리 예방했던 것이다.

역산을 관리하고 이에 대응하는 다양한 방식을 해석할 수 있는 한 가지 방법은 이를 "진보"의 관점에서 보는 것이다. 신생아를 내다 버리는 것 이외에는 문제를 해결할 방법이 없었던 "미개한" 과거의 수렵채집인들부터, 정교한 의례를 통해 연약한 아이를 신체적으로 보호하는 좀 더 "진보된" 아프리카의 농경인들. 이러한 진보는 산과의 문제를 예방하는 현대 의학에 가까운 전문화된 기술을 지닌 "가장 진보된" 마야인들에서 정점을 찍는다.

이러한 진보 서사는 일견 세 문화의 비교 결과에 잘 들어맞는 것처럼 보인다. 그러나 더 많은 증거를 가지고 살펴보면 이 서사는 문제가 많다. 우선 이 서사는 각 관습들이 그것이 행해지는 지역의 맥락에 맞게 적응한 결과라는 것을 무시한다. 쿵산 부족에게 영아를 선택하는 관습은 그들의 환경에 맞게 적응한 것으로 볼 수 있다. 출산 간격이 길어(4년) 여성들은 식량채집을 위해 돌아다닐 수 있었는데, 이런 환경에서 여성들은 어떤 자식을 살아남도록 할 것인지 선택해야 했다. 쌍둥이를 가진 어머니는 두 명을 다 키우지 않는데 왜냐하면 둘은 그녀의 활동에 지장을 줄 것이기 때문이다. 따라서 한 명은 땅에 묻어야만 했다. 선천적인 문제를 지니고 태어난 아이는 어머니의 자원을 투자해도 살아남을 확률이 적다. 더 나아가 영아 살해는 기술 및 사회경제적 발전에서 수렵채집 단계에 있는 사회에서만 발견되는 것이 아니다. 인도, 중국, 18세기 유럽에서도 영아 살해 관습이 있었고, 남아시아에서는 여전히 시행되고 있다.[13]

둘째, 이러한 역산을 다루는 방식의 차이는 비이성적인 상징체계로부터 이성적인 사고로의 진보를 의미하지도 않는다. 앞서 살펴본 역산에 대한 세 가지 대응 방식은 이성적이라고 할 수 없는 생각과 상징체계를 내포하고 있다. 예를 들어, 마야의 산파는 그 역할을 맡을 운명을 가지고 태어나며, 이 소명을 거부하면 초자연적 재앙을 입을 것이라고 이야기된다. 출산 참여자로 오랜 기간 일하면서 마사지로 태아의 머리가 아래로 가도록 돌리는 방법을 알게 되지만, 이것이 생의학에 기초한 것은 아니다. 산파는 영적인 전문가이며, 동시에 실증적 전문가이기도 하다.

진보에 대한 의문: 미국과 중국

현대 의학 기술을 가진 사회들이 항상 강점을 지니는 것은 아니다. 미국에서 산파는 의학이 전문화됨에 따라 20세기 초반 거의 사라졌고, 역산을 방지하기 위해 태아를 돌리는 산파의 기술은 위험을 수반하는 제왕절개 수술로 대체되었다. 이는 미국의 높은 제왕절개 비율을 비판하는 세계보건기구WHO와 다른 의학 단체들이 인정하듯 진보가 아니다. 세계보건기구는 제왕절개 비율을 10퍼센트에서 15퍼센트로 권고

하고 있지만, 미국에서는 이의 두 배 이상인 출산의 3분의 1이 제왕절 개로 행해지고 있다.

마야인들(그리고 다른 메소아메리카의 원주민들)이 역산의 문제를 전근대적 방식으로 해결하는 유일한 집단은 아니다. 전통 중국 의학에서 뜸은 쑥을 포함한 약초를 태운 열로 침 자리를 자극하는 방법이다. 거꾸로 선 태아를 가진 어머니의 경혈(침을 놓는 자리) BL67(새끼발가락 바깥쪽)인 지음에 뜸을 놓으면 태아가 머리를 아래로 하는 자세로 움직일 수 있도록 자극을 준다는 이야기도 있었다.

실증적 측면에서 이러한 관습은 타당한가? 프란체스코 카디니 Francesco Cardini와 황웨이신Huang Wiexin 박사는 중국 난창 지역의 거꾸로 선 태아를 가진 33주 산모 260명을 대상으로 무작위 대조시험을 시행하여 그 결과를 미국 의학협회지에 게재했다.[14] 그들은 통제집단의 48퍼센트만이 태아가 머리를 아래로 하여 태어난 반면, 뜸 치료를 받은 산모 중에는 75퍼센트가 머리를 아래로 한 아이를 출산한 것을 발견했다. 이는 태아가 자연적으로 다리나 엉덩이를 아래로 한 자세에서 머리를 아래로 한 자세로 움직인다는 사실로 미루어 보면 매우 의미 있는 차이이다. 다시 이야기하자면, 고대의 출산 관습은 최소한의 위험(엄격한 현대 미국 의학의 맥락에서 출산을 하는 여성들에게는 일반적으로 주어지지 않는 해결 방식)만으로 역산을 예방한다고 볼 수 있다.

이러한 비교를 통해 우리는 과학에 있어 진보는 없다고 결론 내려야 할까? 그와는 반대로 지속적인 향상이라는 의미에서의 진보는 문화에 적용될 경우 잘못된 일반화를 가져올 수 있는 과학의 속성 중 하나다. 생물학적 사실로서의 태아의 거꾸로 선 자세(출산 과정에서 이 자세의 의미와 출산까지 지속될 경우 이것이 가져오는 위험성)는 한 세기 전보다 현재의 과학으로 더 잘 이해할 수 있다. 그러나 역산을 다루는 실재적인 방식은 특정 문화들의 상징적 의미와 사회경제적 제도들의 요구에 기초하고 있다. 출산이 "의료화^{medicalize}"되면서, 즉 서구 기준에 의해 병원, 의원, 공중보건 프로그램이 제도화되고, 이것이 지난 한 세기 동안 전 세계 대부분으로 퍼지면서, 출산이 일견 과학적 관점에서 합리적으로 변화한 것처럼 보일 수 있다. 그러나 산파들의 전문적인 지식을 버리고 제왕절개에 의한 출산을 지나치게 많이 하는 현상은 이와는 다른 이야기를 들려준다. 의료화되었든 그렇지 않든 간에, 부모의 임신과 출산 경험은 여성과 남성의 삶이 어떠해야 하는지에 관한 문화적 관념을 반영한다.

3장

영아 돌보기

수많은 질문들과 몇몇 대답들

1장에서 살펴본 바와 같이 미국과 영국의 부모들은 의사나 심리학자와 같은 전문가들이 과학적이라고 주장하는 연구나 임상적 경험에 기초하여 제시하는 조언에 많은 영향을 받는다. 이들의 주장 중 어떤 주장은 다른 주장보다 더 믿을 만한 것으로 여겨진다. 저명한 정신과 의사가 아이의 건강한 신체를 위해 비타민 D가 필요한 것처럼 "어머니의 사랑"이 중요하다고 이야기할 때, 어머니들은 이러한 주장을 말 그대로 해석해야 하는지 아니면 과장이라고 생각해 무시해야 하는지 결정해야 한다.[1] 영양학은 음식과 햇빛을 통해 비타민 D를 섭취하는 것이 아이의 건강에 어떤 영향을 미치는지 보여주고, 비타민 D가 결핍되었을 때 어떤 일이 일어나는지, 즉 장애를 초래하는 질병인 구루병이 생긴다는 것을 알려준다.

그러나 아동 발달에 있어 "어머니의 사랑"이 미치는 영향에 대한 과학적 지식은 이러한 방식으로 확립되어 있지 않으며, 좋은 양육과 나쁜 양육에 대한 도덕적 판단과 쉽게 분리되지 않는다. 정신의학 및 심리학 전문가들은 종종 우리의 아동 양육 기준과 관련된 익숙한 가정에 기반하여 미국 부모들에게 조언을 한다. 그런데 건강한 감정 발달을 위해 무엇이 필요한지에 대한 그들의 조언은 신뢰성의 측면에서 아이의 건강한 신체 발달에 필요한 필수적인 영양소에 관한 전문가의 조언과 같지 않다.

영아:
태어난 첫해에 마주하는 위험들

영아기에는 이 시기만의 위험이 존재하는데, 이는 실재하는 동시에 상상된 것이기도 하다. 가장 명백한 위험은 생의학에서 파악되었듯 전염병이다. 한때 전염병은 영아의 20퍼센트 혹은 그 이상을 사망에 이르게 했으나, 지난 1세기 동안 사망률이 개발도상국(농업국가)에서는 평균 5퍼센트로, 미국과 다른 선진 국가들에서는 더 낮은 수준, 즉 0.5퍼센트로 획기적으로 줄어들었다. 이에 따르면 영아사망률에는 여전히 큰 지역적 차이가 존재한다. 대부분 농업국가인 가난한 지역의 영아들은 오늘날 현대 도시 산업 사회의 영아들보다 10배 이상의 비율로 사망한다. 인도와 그 인접 국가에서 이 비율은 가장 발전한 국가들보다 12배 이상이며, 사하라사막 이남의 아프리카에서는 거의 20배 이상에 이른다.[2] 유엔UN은 새천년개발목표Millennium Development Goals에서 집중적인 양육 및 아동보건 프로그램을 통해 이 차이를 좁힐 계획을 수립했다.[3]

영아기 아동의 건강 위험을 고려하는 것은 중요하지만, 미국 부모들이 자신들에게 익숙하지 않고 잘 알려지지 않은 타 문화의 영아 양육 관습이 자신들의 관습보다 더 위험하다고 가정하는 것은 잘못이다. 더 잘못된 것은 아이의 사회적·심리적 환경이 감염의 위험처럼 (주로 서구 심리학자가 정한) 보편적인 기준에 의해 측정 가능하다고 가정하는 것이다. 위험은 미국인들이 영아사망률이 높은 가난한 나라의 양육 관습이 의학적으로뿐만 아니라 심리적으로도 아이들을 위험에 빠뜨릴 것이 분명하다고 가정하면서(혹은 그러한 지역의 어머니들은 위험에 빠진 아이들을 절대 구할 수 없는 결정을 내린다고 가정하면서) 자신들의 현재 관습에 기초한 양육 기준을 다른 문화적 맥락에도 적용할 때 발생한다.

여기서 첫번째 질문은 아이들이 처한 위험을 도덕적 관점에서 볼 것인지에 관한 것이다. 그렇다. 19세기 서구의 사회운동들은 다른 집 아이들의 성장 환경을 향상시키기 위한 도덕적 캠페인이었다. 발전된 지역과 발전이 이루어지지 않은 지역의 차이를 구성하는 중요한 요소인 정수, 하수 처리, 쓰레기 수거, 우유의 저온살균이 서구 국가들에서는 적어도 1세기 전에 모든 시민에게 보급된 반면, 많은 개발도상국에서는 이러한 공중위생 기준들이 빈곤층 대부분에게 제공되지 않는다는 것 또한 사실이다. 도덕적 관점을 확대 적용하여 20세기 후반 영아사망률 감소를 가져온 "아동생존혁명Child Survival Revolution"은 1980년부터 1995년까지 유엔아동기금 유니세프의 대표였던 제임스 그랜트James Grant가 유엔과 힘이 있는 국가들에게 끊임없이 수치심을 느끼도록 하여 개발도상국 아동들의 삶을 구원하는 것을 우선시하도록 한 도덕성 회복 운동에 따라 추진되었다.[4]

이것이 서구인들이 개발도상국 아동을 그들의 부모들보다 더 생각한다는 것을 의미하는가? 그렇지는 않다. 서구인들이 개발도상국 아동을 구하는 데 전념하게 된 명시적인 도덕적 신조만을 알고, 개발도상국 어머니들의 도덕성을 같은 깊이로 알지 못한 채 이러한 설명을 하는 것은 타당하지 않다. 역사학자들은 아동사망률이 높았을 당시 유럽 어머니들에게 아이의 사망은 일상적인 사건이었고 그들은 슬퍼하지 않았다고 가정하곤 했다. 이는 우리가 관찰한 높은 영아사망률을 지닌 사회의 어머니들의 경우와는 다르다. 따라서 우리는 과거 유럽 어머니들의 반응을 전 세계 모든 어머니들에게 적용하는 것에 회의적이다. 우리는 서구인들이 죽음을 도덕적 관점에서 바라보는 경향이 있다는 것을 알기 때문에, 자료가 가부를 평가해주기 전까지는 판단을 유보하고자 한다.

이러한 우리의 입장이 많은 지역과 역사에서 시행되고 용인되어온 영아 살해, 아이 유기, 여아의 선택적인 방치의 증거를 부정하는 것은 아니다. 미국인이나 다른 서구인들이 다양한 지역의 양육 관습을 어떻게 해석해야 하는지에 관한 충분한 지식 없이, 학대와 방치에 관한 도덕적 판단을 성급히 내리고 있다고 주장하는 것이다.

예를 들어, 포대기나 지게식 요람(북미 인디언 여성들이 영아를 업는 데 사용하는 지게식 기구)은 영하의 기온을 정기적으로 경험하는 환경에 사는 사람들만 사용하는 것으로 알려져 있다.[5] 이는 이 기구들이 환경에 적응할 수 있도록 도움을 준다는 것을 시사한다. 하지만 이러한 기구들이 아동 발달을 지체시키거나 어머니와 아이의 관계를 방해할까? 미국 남서부의 호피족과 나바호족에 관한 연구는 지게식 요람이 운동 발달을 지연시키지 않으며, 지게식 요람을 사용하는 아동과 그렇지 않은 아동 사이에서 발견되는 차이 또한 "일시적"임을 보여준다.[6] 지게식 요람의 사용이 아동의 심리적 발달에 영향을 미친다는 것을 증명할 증거는 어디에도 없다.[7]

나이지리아:
하우사 어머니들의 절제

말라리아가 발병하는 북동 나이지리아와 같은 영아 사망의 위험이 높은 지역의 부모들도 단순히 아이가 생존하거나 건강하기를 바라는 것 이상의 관심을 지니고 있다. 서문에서 이야기한 것처럼, 세라는 이러한 점을 하우사-풀라니족 어머니들이 수유 중 아이와 얼굴을 마주하는 것을 회피하는 것을 보면서 처음 알게 되었다. 아동 심리치료사로 훈련받은 세라에게 이것은 "모성 결핍"으로 비추어졌다. 이러한 하우사의 관습은 쿠냐라고 불리는 사회적 규칙에 기인하는데, 이 규칙을 대표하는 것은 아내가 남편의 이름을 입에 올리면 안 된다는 제약이다. 예를 들어, 여성은 병원에 갈 때 직원에게 자신을 대신해 남편의 성을 이야기해줄 수 있는 큰 자녀를 데리고 가야 했다. 하우사-풀라니족 어머니들에게 쿠냐란 아이를 돌볼 때 눈 맞춤, 놀이, 이야기하는 것을 금하는 것을 의미했다. 아이들은 젖을 뗀 후(2세경) 멀리 떠나 친족에 의해 길러지고 몇 년간 어머니를 보지 못할 수도 있다.

하우사에서 쿠냐는 매우 중요한 문제이다. 이는 "창피함"이나 "수치심"을 의미하지만, 도덕적 가치를 의미하기도 한다. 도덕적 인간으로서의 지위를 유지하기 위해서는, 적어도 공공장소에서는 이 규칙을 따라야 한다. 쿠냐는 피라코^{filako}라고 불리는 고통과 역경에도 감정적 절제를 유지하는 더 넓은 문화적 규칙과 관련되어 있는데, 이 문화적 규칙 때문에 하우사-풀라니 어머니들은 병원에서 분만 시 절대 울지 않는 것으로 유명해졌다. 젊은 여성이 어머니가 될 시기가 되면 이러한 규칙을 완벽히 내재화한다. 세라가 하우사 어머니들을 관찰한 결과는 쿠냐가 영아의 사회적 삶에 어떠한 영향을 미치는지 보여준다.

인도의 첫번째 아이인 움마라는 이름의 딸아이는 내가 처음 관찰했을 때 11개월이었다. 인도는 15살에 결혼했고 우리가 그녀를 만났을 때 아직 18살이었다. 알하지 아부의 가장 최근에 결혼한 네번째 아내인 그녀는 거의 스무 명이 사는 컴파운드에서 많은 집안일을 맡고 있었고 쉴 새가 없었다. 그동안 어린 움마는 인도의 동료 아내들이 적극적으로 보살폈고, 움마는 그 집 안에 사는 열두 명이 넘는 배다른 형제자매들과 놀았다.

인도를 따라다니면서 나는 그녀가 회피 규칙을 어기는 것을 한 번도 목격하지 못했다. 청소나 빨래를 하거나 음식을 준비하는 동안 옆에 있는 아이가 엄마에게 관심을 보였지만, 엄마인 인도는 급히 가버렸다. 베란다에 앉아 콩 껍질을 까고 있을 때 움마가 기어 오자, 인도는 아이를 자신의 두 발 사이에 끼고 밖을 바라보도록 앉힌 채 하던 일을 계속했다. 움마가 울거나 다른 아이들이 움마와 함께 놀아주지 못하면, 인도는 젖을 주었다. 그러나 움마가 엄마의 얼굴을 만지기 위해 손을 뻗어도 아래를 쳐다보지 않았다. 마당에 있을 때 인도는 다른 어른이 말을 걸면 이야기했지만 스스로 대화를 시작하지는 않았다. 간단히 말하자면 그녀는 가구 내 위계에서 지위가 낮은 "신부"이자 어린 어머니에게 요구되는 규칙에 따라 행동하고 있었다.

아주 드물게 인도의 작은 방에 나와 인도, 움마만 있는 경우가 있었는데, 그때 인도가 움마에게 보여주는 쾌활함은 그녀가 밖에서 보여주는 절제된 모습과 매우 달랐다. 그녀는 4년간 학교 교육을 받았고, 책 읽는 것을 즐겼으며, 결혼 이전의 삶에 관해 나에게 많은 이야기를 했다. 인도는 밖에 있을 때보다 자기 방에 혼자 있을 때 더 자주 움마를 안았지만, 그렇다고 방에서 움마에게 더 애정 어린 태도를 보인 것은 아니다. 내가 그녀에게 왜 어린 딸에게 이야기하지 않는지 묻자, 그녀는 의아해하면서 다음과 같이 대답했다.

"말도 할 줄 모르는 아이에게 왜 이야기를 하나요?"

움마가 18개월에서 22개월 사이쯤 되었을 때, 아버지 알하지 아부는 젖을 뗄 시기라고 생각했다. 그러자 인도는 다른 마을에 사는 그녀의 어머니에게 움마를 데리고 갔다. 움마는 나에게 이렇게 말했다.

"어머니가 제 딸을 데리고 있고 싶대요. 앞으로 움마가 젖을 먹겠다고 해도 주지 않을 거예요. 움마를 어머니 집에 두고 저는 이곳으로 돌아올 거예요. 움마의 아버지가 이 마을에서 움마를 키우기를 원하지 않는 한, 움마는 결혼할 때까지 우리 어머니랑 살 거예요."

나는 물었다.

"이러한 결정에 대해 당신은 어떤 말도 하지 않을 건가요?"

"세라, 당신은 아이가 어디에 살고 누구랑 살 것인지를 아버지가 결정해야 한다는 것을 모르나요?"

쿠냐의 제약이 어머니와 영아의 상호작용에 미치는 영향은 상황에 따라 변한다. 남편의 집 안에서는 공적인 상황일수록 아이와 얼굴을 마주 보는 상호작용을 피하는 반면, 어머니가 자신의 부모 거주지에 있는 경우는 더 자유롭게 행동하는 경향이 있다. 아이가 첫째 아이가 아니면 어머니는 집 안의 다른 사람들보다 아이와 접촉하는 빈도가 훨씬 적다. 세라는 7개월이 된 19명의 아이들이 각각 그들의 어머니와 함께 이 시기를 지내는 것을 세 번에 걸쳐 관찰했고, 이 중 몇몇과는 더 많은 시간을 보냈다.[8] 이를 통해 세라는 아이가 울거나 누군가를 부를 때, 쿠냐의 제약을 받는 어머니를 대신해 곧장 응대할 수 있는 성인 여성이 집 안에 평균 서너 명 정도 있음을 발견했다. 결국 집 안의 여성들은 어머니를 대신할 수 있는 집단으로, 이들이 있기에 어머니가 사회적 상호작용을 절제할 수 있는 것이다.

이러한 하우사-풀라니 어머니들의 영아 양육 관습은 미국인들에게 낯설 뿐만 아니라 비이성적이고 독단적이며 힘든 일처럼 보인다. 물론 영아에 대한 걱정이 많은 우리 사회의 부모들은 우리가 우리의 자식들과 상호작용하는 데 이러한 비이성적인 감정들이 개입하도록 허락하지 않을 것이다. 어쩌면 아닐 수도 있지만.

내 아이를 어떻게
수유해야 할까?

몇몇 어머니들은 타인이 자신의 아이를 수유하도록 했지만, 인간이 존재한 후 첫 20만 년 동안 어머니들은 위 제목과 같은 질문을 할 필요가 없었다. 그러다 1867년 독일의 선구적 화학자 유스투스 폰 리비히Justus von Liebig(유기화학의 창시자이자 "비료산업의 아버지")가 모유를 대체할 수 있는 제조분유를 고안했다. 리비히의 "아기들을 위한 물에 녹는 음식"은 곧 제품으로 생산되었고, 영국과 미국, 특히 의사들의 영향을 받은 도시 중산층 및 중상계층 여성들 사이에서 사용되었다. 1870년대 이후에는 아이에게 영양분을 공급하고 영아사망률을 감소시키기 위한 목적으로 고안된, 그러나 대부분 효과가 없었던 다양한 분유들을 가지고 실험이 진행되었다. 이 분유들은 아이들이 취약한 치명적인 박테리아 감염을 해결하지 못했기 때문에 사망률을 감소시킬 수 없었지만, 그럼에도 불구하고 병에 담긴 분유로 수유하는 방법은 눈길을 끌었다. 특히 이는 빅토리아시대의 도덕성과 잘 맞아떨어졌다. 병에 분유를 타서 먹이는 방식은 서구인들이 영아 양육을 생각하고 느끼는 방식에 장기적인 변화를 가져왔다. 많은 어머니들이 젖병을 사용하게 되면서 모유 수유는 수치스러운 것이 되었고, 적어도 1960년대까지 많은 어머니들은 심지어 모유 수유에 관해 이야기하는 것도 피했다. 1952년 보스턴에 거주하는 한 어머니는 인터뷰에서 다음과 같이 이야기했다. "저는 젖병 이외의 방법으로 수유하는 것을 원하지 않아요. 모유를 먹이는 것은 사적인 공간이나 집에서 하는 것이고 다른 사람들 앞에서는 하지 않아요. 사람들이 언제 예고 없이 들어올지 모르잖아요. 제 생각에 저는 이 문제에 유난스럽지 않은 편인데도, 사람들이 제가 모유 수유하는 것을 보는 건 싫어요."[9]

밥이 나이지리아대학교의 여학생들에게 이 인터뷰를 보여줬을 때, 학생들은 처음에는 어리둥절해하다가 곧 재미있어했고, 결국은 실망했다. 모든 어머니들이 하는 방식으로 아이에게 젖을 먹이는데 왜 창피한가요? 보이지 않는 곳에서 홀로 수유하는 것이 얌전함의 표시라고 생각하다니 이 어머니는 도대체 무엇이 잘못된 것일까요? 모든 미국인들이 그렇게 생각하나요? 밥이 1951년에서 1952년 수행한 보스턴 지역조사에서 어머니들의 60퍼센트가 전혀 모유 수유를 하지 않았고, 24퍼센트는 아이가 3개월이 되기 전에 모유 수유를 중단했다. 반면, 밥이 당시 가르치고 있던 서부 나이지리아 도시의 요루바족 어머니들은 평균 2년 동안 모유 수유를 했다. 거리나 시장을 조금만 돌아다녀도 공공장소에서 모유를 먹이는 것이 사람들의 관심을 끌지 않고 또한 어머니들의 걱정거리도 아님을 알 수 있었다. 나이지리아 대학생들은 밥이 미국 대중문화에서 여성의 가슴은 에로틱한 의미를 지닌다고 설명하자 눈을 크게 뜨고 밥의 설명을 들었다. 학생들은 어머니의 애정 어린 돌봄과 다른 사람들에게 숨겨야 하는 수치스러운 것을 분간하지 못하는 미국 여성들의 괴팍함에 질겁했다.

20세기 중반 미국과 영국 어머니들은 종종 모유 수유를 할 수 없었다고 보고했다. 보스턴 조사에서는 26퍼센트의 어머니들이 아이에게 모유 수유를 할 수 없었다고 이야기했다. 병원에서 출산하거나 산파와 함께 집에서 출산한 영국 어머니들은 공식적으로 모유 수유를 해야 한다는 압박을 받았지만, 며칠 동안만 모유 수유를 했다. 심리학자 존 뉴슨John Newson과 엘리자베스 뉴슨Elizabeth Newson은 1959년에서 1960년 노팅엄 지역의 어머니들 709명을 대상으로 설문조사를 진행하여, 병원에 있는 시기인 출산 후 4일까지 83퍼센트의 어머니들이 모유 수유를 하거나 "적어도 모유 수유를 하려고 시도한다"는 사실을 발견했다.[10] 그러나 병원에서 퇴원하거나 산파가 정기적인 방문을 중단하는 2주 후가 되면 여전히 모유 수유를 하는 비율은 60퍼센트로 줄었고, 아이가 1개월이 되면 54퍼센트의 어머니들만이 모유 수유를 했다. 왜 모유 수유를 하는 비율이 이렇게 적을까? 뉴슨 부부는 직장이 원인일 것이라 생각했지만, 실제 직장에 나가는 어머니는 거의 없었다. 미국 어머니들과 마찬가지로 모유 수유를 하지 않거나 중간에 그만둔 노팅엄 어머니들은 모유 수유를 할 수 없었다고 주장했다.

보스턴 지역 연구자들처럼, 뉴슨 부부는 가슴을 성적 상징으로 생각하는 것에서 유래한 가슴 노출에 대한 수치심이 모유 수유를 회피하는 이유이며, 어머니들이 수치심을 인정하는 것이 창피하기 때문에 신체적으로 모유 수유가 불가능했다고 주장한다고 결론지었다. 다시 말하자면, 20세기 영국과 미국의 이 어머니들은 북부 나이지리아 하우사-풀라니 어머니들처럼 양육에 영향을 미치는 매우 복합적인 도덕적 감정을 지니고 있는 것이다.

미국의 모유 수유와 젖병

1950년대 미국과 영국 부모들의 모유 수유에 대한 지나친 예민함은 19세기 후반의 문화적 유산이다. 역사학자 질 레포어Jill Lepore에 따르면 이미 "미국의 수유 실패 유행병"이라는 보고서가 존재했다.[11] 의사들이 어머니들에게 모유 수유를 권했지만 그 의사들은 빅토리아시대의 남성들이었고, 이 남성 의사들이 어머니들의 가슴을 만지지 않고 어머니들이 모유 수유를 시작할 수 있도록 돕는 것은 불가능했다. 따라서 여성들은 아이에게 모유를 수유할 수 없다고 생각하게 되었다.[12]

분유 수유를 선호하는 어머니들은 집 밖에서 일하는 직업을 가지고 있지는 않았지만, 보통의 인간이 느끼는(그리고 대부분의 농경 사회에 남아 있는) 수치심이나 혐오를 근거로 들어 자신들이 분유 수유를 선호하는 이유를 설명했다. 19세기 말, 20세기 초 미국과 영국의 빅토리아 시대 문화의 성적 전시에 대한 금기를 고려하지 않고는 이러한 역사적 변화를 설명할 수 없다.

그러나 문화적 영향은 뒤바뀔 수도 있다. 모유 수유가 감소하기 시작한 지 한 세기가 지난 1960년대 말에서 1970년대 초, 미국과 영국의 어머니들은 이제 "자연스러운" 모성에 대한 새로운 문화적 코드와 의학적으로 합의된 모유 수유의 장점에 영향을 받아 반대 방향으로 변화하기 시작했다. 1952년 보스턴 지역 설문조사에서는 60퍼센트의 어머니들이 모유 수유를 하지 않는 것으로 나타났지만 2008년 매사추세츠 전체에서 모유 수유를 하지 않는 비율은 미국 전체 비율과 유사한 23.1퍼센트로 감소했다. 즉 매사추세츠와 미국 전역의 70퍼센트가 넘는 어머니들이 이제는 모유 수유를 시도했고, 44.3퍼센트는 모유만 먹이는 것은 아니었지만 6개월이 되어서도 여전히 모유 수유를 하고 있었다.[13] 다시 한 번 이야기하지만, 이러한 변화는 어머니들의 취업으로는 설명되지 않는다. 왜냐하면 어린아이를 둔 일하는 여성의 비율은 모유 수유하는 여성의 비율이 증가하는 시기인 1970년대 이후 급격히 증가했기 때문이다.[14] 모유 수유로 돌아가기 위한 노력은 의학 전문가들이 점점 더 많은 어머니들에게 아이의 건강을 위해서는 모유 수유가 필요하다는 것을 설득하면서 결실을 맺었다.

이 모든 이야기들은 아이 양육이 아무리 인간의 유전적 요소와 관련되어 있다 할지라도, 시대와 문화에 따라 다양한 모습을 띠는 문화적 이념, 기술, 정보, 전문가의 조언에 영향을 받는다는 것을 보여준다.

19세기 후반에서 20세기 초 미국과 영국의 여성들은 모유 수유를 할 수 있는지 혹은 하고 싶은지에 관해 고심했던 반면, 농경 사회의 여성들은 인간이 오랜 기간 동안 했던 방식대로 했다. 즉 다른 대안은 상상조차 해보지 않고 젖을 먹였다. 풍족한 국가들과 급속한 도시화가 진행된 라틴아메리카의 여성들만 선택의 가능성이 있었다. 우리가 이를 가능성이라고 표현한 것은 그들의 실제 선택은 동료나 의학 전문가의 압력에 의해 결정되었기 때문이다.

1950년부터 2000년까지 두 세대에 걸쳐 미국의 어머니들은 대다수가 모유 수유를 하지 않는 집단에서 70퍼센트가 모유 수유를 시도하는 집단(2011년 79퍼센트가 모유 수유를 시도하는 것으로 조사되었다.)으로 변화했다. 또한 어머니와 아이 사이의 애정과 상호작용을 매우 중시하는 새로운 양육 관념이 확립되었다. 이 두 세대는 서로 다른 조건에서 부모가 되었다. 세라는 1964년 미혼인 사회복지학 전공 학생으로 아동치료센터에서 일할 당시 첫번째 시기를 경험했다.

세라는 시카고 공원에서 치료센터의 한 아이가 모래 놀이터에서 진흙 파이를 만드는 것을 지켜보고 있었다. 이때 같은 놀이터에서 놀고 있는 아이의 어머니가 세라에게 물었다. "딸이 참 귀엽네요. 딸에게 젖을 먹이나요?" 세라가 (아이가 자신의 아이가 아니라는 사실은 밝히지 않은 채) 모유 수유를 하지 않았다고 이야기하자 그 어머니는 "흠, 다음 아이에게는 꼭 젖을 먹이세요."라고 강조했다. 그러곤 자신을 국제모유수유연맹La Leche League의 멤버라고 소개하면서 당시에는 일반적이지 않았던 모유 수유의 중요성에 대해 일장 연설을 시작했다. 세라가 안나를 낳은 1970년에 세라의 친한 친구 두 명도 아이를 낳았는데 그들은 첫번째 아이에게는 하지 않았던 모유 수유를 매우 열심히 했다. 세라도 친구들의 격려를 받으며 아픈 젖꼭지에 연고를 바르면서 그들을 따라 모유 수유를 시도했다. 세라는 자신의 노력이 흔들릴 경우를 대비해 우유병 여섯 개와 이를 소독할 수 있는 주전자 그리고 다량의 분유를 쌓아두었지만, 노력은 흔들리지 않았다. 안나가 1개월이 되었을 때 소아과 의사가 "밤에 깨지 않고 자도록 하려면" 시리얼을 한 숟가락씩 주라고 권했다. ("배가 찬" 안나는 고맙게도 시리얼을 먹기 시작한 지 6주가 지난 후부터는 밤 11시부터 아침 4시까지 쭉 잤다.) 세라는 3개월이 되었을 때 사과로 만든 거버 이유식을 시작했고, 6개월이 되자 "핑거 푸드", 즉 손으로 집어먹을 수 있는 작은 음식들을 주었다. 9개월이 되어 모유에 관심이 없어지자, 안나는 "일반식"을 먹고, 혼자서 들 수 있는 컵에 소의 우유를 담아 마셨다. 물을 마시는 것 외에 안나는 우유병으로 아무것도 마시지 않았다. (세라는 수유 기간 동안 밖에서 일하지 않았기 때문에 쌓아놓은 분유에는 손을 대지도 않았다.)

다음 세대, 즉 1970년대 이후에는 점점 더 많은 어머니들이 집 밖에서 전일제로 일하기 시작했고 이는 아이를 먹이는 방식을 복잡하게 만들었다. 대리로 돌보는 사람이나 기관(유모, 가정보육시설, 탁아소 등)에서 아이에게 우유병에 담긴 분유를 주도록 할 수 있었지만 어머니들은 모유가 가장 좋다고 더더욱 확신했다(혹은 전문가의 권위에 눌려 그렇게 믿었다). 따라서 그들의 선택은 집에 머물면서 직장을 잃을 위험을 감수하거나(그 당시 미국에서 유급 육아휴직은 법적으로 의무화되어 있지 않았다.) 1991년 이후에는 유축기를 구해 다른 사람들이 아이에게 모유를 먹일 수 있도록 하는 것이었다. 양육 부담은 크게 증가했다. 의학 전문가들의 모유 수유(혹은 적어도 모유를 먹이는 것)에 대한 요구와 일에 대한 고용주의 요구를 만족시키는 것은 어머니들에게 힘든 일이었다. 잠재적으로 상충되는 두 요구를 해결할 수 있는 즉각적인 대안은 없었다. 어머니들은 스스로 혼자서 이 요구들을 해결해야만 했다. 어머니들이 유축기를 선택한다면, 모유 수유에 수반되는 것으로 이야기되던 아이와의 애착 형성과 상호작용은 어떻게 되는 것인가?

아프리카의 모유 수유와 위험한 영아 양육 관습들

1970년 이후 꾸준히 지속된 분유 회사들의 노력에도 불구하고 사하라 남쪽 지방 대부분의 어머니들은 모유 수유를 한다. 이 사실이 이 지역의 모든 전통적 양육 관습이 아이들의 생존율을 높이고 환경에 잘 맞는 방식이라는 것을 의미할까? 반대로 다수의 사하라 지역에서는 갓 태어난 아기에게 초유 먹이는 것을 거부하거나 귀리죽을 억지로 먹이는 등의 위험한 관습들이 발견된다(쌍둥이를 죽이고 영아에게 매일 관장을 하기도 한다).

초유는 임신 후기와 출산 직후 모유가 나오기 전 어머니의 가슴에서 분비되는 묽은 액체다. 초유는 감염 없이 아이에게 수분을 공급하고, 독성 물질을 몸에서 빠져나오게 하는 배출 효과가 있으며, 그리고 가장 중요하게는 태어난 첫날 아이에게 감염으로부터의 면역력을 전달한다. 그러나 아프리카를 포함한 많은 수렵채집 및 농경 사회 중 모유 수유를 하루에서 일주일까지 미루는 관습을 가진 곳이 많은데, 이는 아이가 초유를 먹음으로써 더 높은 확률로 생존할 수 있는 기회를 차단한다.

귀리죽을 억지로 먹이는 관습은 동부와 서부 아프리카에서 고무젖꼭지가 달린 젖병이 널리 사용되기 전까지 행해졌다. 어머니는 아이의 코를 손으로 막고 아이가 공기를 마시기 위해 숨을 쉬면 입에 귀리죽을 넣었다. 어머니는 아이가 입에 넣은 귀리죽 일부만을 삼키기를 의도했겠지만, 아이가 기도로 숨을 쉬기 위해서는 다 삼켜야만 했다. 밥은 서부 아프리카의 요루바족 어머니가 억지로 아이에게 귀리죽을 먹여 아이가 몇 분 동안 숨이 막혀 식식거리는 것을 목격한 적이 있다. 이것을 보는 것은 공포스러웠고 아이의 생명을 위험에 빠뜨리는 것처럼 보였다. 그러나 과거 케냐 구시족과 많은 아프리카 사회에서는 어머니뿐만 아니라 다른 양육자들 또한 이러한 관습을 매일 시행했다. 초유를 먹이지 않는 것과 마찬가지로, 억지로 먹이는 것은 그렇지 않아도 이미 위험한 환경에 있는 아이들의 영아사망률을 높인다. 이 관습이 왜 널리 행해지고 있는지 이유를 설명할 수 없지만 이것은 (영양실조로 이어지는 식이요법과 함께) 분명히 적절치 않으며, 민속 지식이나 관습이 대체로 아이들에게 도움이 된다는 생각을 방증한다.[15] 이전 장에서 논의한 것처럼 구시족의 캥거루식 돌봄이나 마야 산파들의 역산을 방지하기 위한 마사지는 아이와 산모의 목숨을 구할 수 있는 유용한 관습들이다. 그러나 이러한 도움이 되는 사례들이 모든 민속 관습에 일반적으로 적용될 수 있는 것은 아니다.

아프리카 어머니들은 그럼에도 불구하고 모유 수유를 하는데, 이는 그들이 젖병으로 먹이는 것보다 모유 수유가 더 건강하거나 자연스러운 방식이라고 믿기 때문이 아니라 모유 수유가 양육과 관련된 다른 측면들, 특히 잠과 울음을 다루는 데 있어 당연하고 필수적인 것으로 여겨지기 때문이다. 대부분의 아프리카 아이들은 1년에서 3년에 이르는 긴 기간 동안 모유를 먹지만 그 기간은 지역마다 다르며, 아프리카 여성들이 교육을 받고 수입을 갖게 되고 도시로 이주하면서 이 기간은 줄어드는 추세다. 많은 아프리카 사회에서 여성은 아이가 젖을 떼기 전까지는 성관계를 회피하는데, 이는 대체로 정액이 모유를 오염시킨다는 믿음에 근거한다. 어떤 경우에는 새롭게 임신한 것이 분명해질 때까지 젖을 떼는 것을 미루기도 한다. 세라는 그가 일한 어떤 공동체에서도 어머니가 동생이 태어난 이후 손위 형제자매에게 모유 수유를 하는 것을 본 적이 없다. 그렇게 하면 동생에게 주는 모유가 오염된다는 것이 그들의 설명이다.

아이가 태어난 이후에는
어떻게 자야 할까?

이 질문에 대한 미국 부모들의 가장 일반적인 답은 다음과 같다. 당신은 그게 언제가 되든지 간에 아기가 밤새 깨지 않고 잘 때까지는 어차피 자지 못한다. 잠을 자지 못해 기진맥진한 상태는 이제 막 부모가 된 사람들이 자신의 경험을 이야기할 때 흔히 하는 이야기다. 부모가 힘든 점은 아이가 밤에 계속 깨는 것 때문이 아니라 피로가 다음 날 일을 방해하고 끝날 기미가 보이지 않기 때문이다. 게다가 아기들은 처음으로 밤새 깨지 않고 잔 이후에도 오랜 기간 동안 종종 부모를 깨운다. 그러나 피할 수 없기 때문에 부모들은 이 고된 경험을 견디는 것 외에는 선택이 없다. 과연 다른 선택이 있을까?

　이제 막 태어난 아이를 가진 미국 부모들이 피곤한 이유는 (대부분의 서부 유럽에서도 발견되는) 집 안에서의 일반적인 잠자리 배치 방식 때문이기도 하다. 즉, 아기가 부모의 침대에서 떨어진 아기 침대나 아기 방에서 부모와 떨어져서 자는 것과 관련이 있다. 어머니는 쉽게 모유 수유를 할 수 있을 만큼 아기 가까이 있지 않으며, 어머니와 아버지 모두 아기의 울음에 곧장 반응하기도 쉽지 않다. 아기는 먹고 싶거나 손길이 필요할 때 우는데, 아기 잠자리가 떨어져 있으면 부모가 반응하는 것이 힘들고 결국 부모는 지치고 만다. 왜 부모들은 아기 잠자리를 떨어진 곳에 따로 만들까? 짧게 대답하자면, 이런 방식이 아이에게 좋다고 생각하기 때문이다. 아기를 자신들의 침대에 같이 재울 때 일어날 수 있는 위험한 상황을 피할 수 있을 뿐만 아니라 향후 미국과 영국 문화에서 중요한 가치인 독립성을 기를 수 있다는 것이다. 더 자세히는 소아과 의사와 정신과 의사들이 부모와 아이가 함께 자는 것이 아이의 생존과 이후 정신건강에 위험하다고 지속적으로 주장하는 것과 관련이 있다. 이에 관해서는 이 장의 마지막에서 다룰 것이다. 우선 다른 문화의 사례를 짧게 들여다보자.

부모와 함께 자기 대 아이 혼자 자기

아시아, 아프리카, 라틴아메리카, 태평양 제도의 농경 사회 사람들은 아기와 함께 잔다. 그리고 대규모 현대 국가인 일본에서도 부모는 영아와 함께 자지만, 그들의 영아사망률은 1,000명당 2.8명으로 미국의 6.2명에 비해 낮고, 세계에서 가장 낮은 축에 속한다. 일본의 영아돌연사증후군SIDS 비율 또한 미국의 반에 불과하다.[16] 일본의 사례만 보아도 미국인이 가지고 있는 어머니와 영아가 함께 자면 위험하다는 생각은 과장되었음이 분명하다.

생물인류학자인 제임스 매케나James McKenna는 태어난 직후부터 아이가 부모와 함께 자는 것이 인간이 진화해온 관습이며 농경 사회에서는 보편적임을 오랫동안 주장해왔다. 노트르담대학교 어머니-아기 수면연구소Mother-Baby Sleep Laboratory의 소장인 매케나는 구체적인 증거들을 들어, 아기를 다른 방에서 혼자 자도록 하는 관습과 달리 어머니와 아기가 함께 자게 되면, 특히 어릴 때 함께 자고 모유를 먹이면, 어머니와 아기의 생리적 측면에 동기화가 일어나고 이로 인해 안전한 측면들이 생겨난다는 점을 보여준다.[17]

그러나 매케나의 주장에 소아과 의사들은 반대한다. 2005년 미국 소아과학회는 부모와 아이가 함께 자는 것을 "침대 함께 쓰기[bed-sharing]"라고 부르면서, 이에 반대하는 정책을 공표했다. 소아과 의사들의 주장은 전적으로 안전에 집중되어 있다. 그들은 어머니가 침대에서 자신과 아이를 안전하게 배치할 수 있다는 것을 불신하는 반면, 아기 침대는 제조사의 인증된 기준을 만족하도록 하면 된다고 생각했다. 소아과 의사들은 함께 자는 것으로 얻을 수 있는 좋은 점들을 인정하고 싶어 하지 않았다. 그러나 그들은 미국 소아과학회 테스크포스 팀의 2011년 기술 보고에서 놀랍게도 다음과 같은 사실을 인정했다.

부모와 아기가 침대를 함께 쓰는 것은 흔한 일이다. 국가 단위의 한 조사에 따르면, 45퍼센트의 부모가 지난 2주 동안 어느 시점에서는 아기(8개월이나 그보다 어린 아이들)와 침대를 함께 썼다고 대답했다. 어떤 인종이나 종족의 경우 일상적으로 침대를 함께 쓰는 비율이 더 높을 것으로 예상된다. [...]

부모와 아기가 침대를 함께 쓰는 문제는 지속적으로 논란거리다. 비록 매케나의 전기생리학적·행동학적 연구들이 침대를 함께 쓰는 관습이 모유 수유를 촉진한다는 매우 강력한 증거를 보여주었고, 많은 부모들이 아기와 침대를 함께 쓰면서도 자는 중에 아기에 대한 경계를 늦추지 않는다고 믿지만, 역학 연구들은 침대를 함께 쓰는 것이 어떤 조건에서는 위험할 수 있음을 보여주었다.[18]

위에서 말하는 조건들에는 부모가 침대에서 담배를 피우거나 "질식, 기도 폐쇄, 떨어짐, 목 졸림과 같은 갑작스러운 부상이나 죽음"의 위험에 노출되는 것이 포함된다.[19] 또한 이러한 위험들은 가난, 알코올중독, 흡연과 관련된 것으로, 이는 결국 (비록 미국 소아과학회는 그렇게 말하지 않았지만) 함께 자는 것 자체는 해롭지 않다는 것을 의미한다.

캘리포니아에서 노르웨이에 이르기까지 아이와 함께 자는 서구 부모들을 대상으로 한 연구는 함께 자는 것의 병적이고 문제적인 결과를 애써 찾으려고 했다. 그러나 결국 어떤 문제가 될 만한 결과도 찾아내지 못했다. 어떤 조사들은 부모와 아이가 함께 자는 것이 아이의 "불면"과 상관관계가 있음을 발견했지만, 더 자세한 연구는 침대를 함께 쓰는 것이 아이의 불면을 가져온 것이 아니라 반대임을 보여주었다. 아이가 잠에 들지 못했기 때문에 부모 침대로 와서 함께 자게 된 것이다.

함께 자는 것이 아이의 독립성을 방해한다는 주장은 어떠한가? 미국 부모들은 아이가 부모와 함께 자는 것으로 인해 "나쁜 습관"을 갖게 되는 것보다는 혼자 아기 침대에서 자면서 세상에 좋은 첫걸음을 내딛기를 바란다. 이는 20세기 초 소아과 의사들이 위생에 대한 걱정과 미국 개인주의의 영향을 받아 전문가로서 내놓은 조언이다. 제2차 세계대전 이후 벤저민 스폭이나 토머스 베리 브레이즐턴T. Berry Brazelton 과 같은 유명 소아과 의사들은 정신분석학의 영향을 받아 서로 다른 이유로 같은 조언을 하곤 했다. 정통 프로이트 이론은 아이가 부모의 성교를 목격하게 되면 "원색 장면primal scene"•을 통해 이후 트라우마가 되거나 정신적으로 문제가 생길 수 있다고 이야기한다.[20] 심리학자 폴 오카미Paul Okami는 부모의 나체나 성교에 노출된 아동에 관한 연구들을 검토하고 분석하여 다음과 같이 이야기한다.

> 놀랍게도 많은 의학서적에서 이 행동을 맹렬히 비난한 것과 달리, 이 행동이 심각한 결과를 낳는다는 증거는 거의 없다. 부모의 나체에 노출되는 것과 관련하여 매우 적지만 이용 가능한 증거들은 나체에 노출되는 것이, 특히 남자아이들의 경우는, 대체적으로 아무런 관계가 없거나 심지어는 긍정적인 측면이 있다는 것을 보여준다. 성교 장면을 목격한 경우, 청소년기나 사춘기에 접어든 아이들은 불쾌하게 받아들이고, 더 어린 아이들의 경우 재미있게 생각하거나 또는 이해를 하지 못하는 것으로 나타났다. 이 모든 경우를 통틀어 그런 경험들이 이후의 심리적 폐해와 관련이 있다는 어떠한 경험적 증거도 발견되지 않았다.[21]

• 부모의 성교 장면에 대한 아동기 회상이나 환상을 가리키는 정신분석학적 용어

이후 오카미는 인류학자 토머스 위즈너Thomas Wiesner가 반문화(히피) 가족들과 전형적인 두 부모 가족들을 비교한 가족 생활양식 연구Family Lifestyles Project에서 조사한 1975년 캘리포니아 출생 아동들에 대한 18년간의 추적자료를 분석했다. 그는 부모의 나체와 성관계에 노출된 아이들의 6세 및 18세의 자료를 분석했는데, 병적 이상을 보이는 어떤 증상도 발견하지 못했다.

> 이 연구나 다른 경험적 연구들에서도 부모의 나체 노출과 성교 장면이 해로운 영향을 미친다는 증거가 없다는 것에 미루어 보자면, 이어지는 질문은 다음과 같다. 왜 미국이나 다른 유럽 국가들에서는 이러한 경험이 아이의 정신건강에 치명적이라고 널리 일관되게 믿어왔던 것일까? 그것은 [...] 아마도 근거 없는 믿음이라고 보는 것이 적합할 것이다.[22]

이후 널리 퍼진 프로이트 이론과 미국 개인주의를 혼합한 버전의 정신분석학에서, 함께 자는 것은 아이의 "분리-개인화" 과정을 방해하고 아이가 어머니에게 지나치게 의존하는 "공생" 관계가 되는 데 영향을 미치는 것으로 간주되었다.[23] 달리 이야기하자면, 아이와 함께 자는 부모는 아이가 독립적인 습관을 가지는 것을 방해할 뿐만 아니라 아이의 정신건강도 위험에 빠뜨린다는 것이다. 그런 위험을 감수해야 할까? 따라서 스폭이나 브레이즐턴 모두 이를 옹호할 수는 없었던 것이다.

일본의 어머니와 아동의 상호의존

인류학자 윌리엄 코딜William Caudill은 1960년대 초 일본 부모들이 아이와 함께 자는 것을 관찰하여, 이러한 관습이 아이와 어머니의 심리적 "상호의존"을 촉진하며, 이러한 상호의존은 병적인 것이 아닌 문화적인 것으로, 일본의 맥락에서 상호의존은 정상적인 것이라고 주장했다.[24] 수년 후, 미국의 일본 연구자인 크리스틴 그로스로Christine Gross-Loh는 도쿄에서 자신의 아이를 키운 경험을 바탕으로 2013년『국경 없는 양육Parenting Without Borders』이라는 통찰력 있는 책을 썼는데, 이 책은 이 문제와 관련하여 매우 좋은 논의를 펼친다. 그녀는 열 살인 토모를 "낮에는 성숙하고, 믿을 만하며, 독립적인 아이"이자 "밤에는 어른과 함께 자는 아이"라고 묘사한다.

> 일본에는 토모와 같은 아이들이 매우 많다. 오랜 기간 동안 일본을 오가며 살면서 남편과 나는 대부분의 아이들이(심지어 우리 아이들도) 어린 나이에 스스로 자기 자신과 물건들을 챙기고, 또래와의 다툼을 스스로 해결하고, 성숙한 사회적 행동과 자기 규제를 보여주는 것을 목격했다. 일본 부모들은 아이들이 스스로를 챙기고 사회적으로 책임감 있게 행동함으로써 독립적인 사람이 되기를 바란다. 그들은 아이들이 유능하고 자립적인 사람이 되어 가정이나 학교 공동체에 공헌하기를 기대한다.[25]

위와 같은 모습은 우리가 정신분석학적 관점에서 병리라고 본 것과는 달라 보인다. 모든 것을 다 고려한다 할지라도, 우리는 매케나의 결론에 동의할 수밖에 없다. 어머니와 아이가 함께 잠으로써 얻을 수 있는 증명된 이득은 상상된 위험보다 훨씬 크다. 아이를 밤에 다른 방에 재우는 것은 아이의 향후 성격 발달이나 안전에 대해 어떤 보장도 하지 못한 채 부모를 힘들고 지치게 하는 유럽과 미국식 문화적 관습이다.

이것이 우리가 인류학자로서 내린 결론이다. 하지만 잠자리에 관한 논쟁은 소아과 학회지들에서도 계속되었다. 2016년 매케나는 『악타 패디아트리카Acta Paediatrica』 저널에 게재한 논문에서 "모유 수유하며 재우기breastsleeping"라는 새로운 개념을 제안하여, 최적의 건강 상태를 위해서나 인간 진화의 측면에서도 아이와 함께 자는 것과 모유 수유는 연관이 있음을 보여주었다.[26]

인도, 미국, 멕시코: 아이와 함께 자는 것과 성sex

그러나 부모들에게 잠자리를 어떻게 하는지와 같은 문화적 관습은 어떤 것이 효과가 있는지 발견해낼 수 있는 실험이 아니다. 이는 따라야만 하는 도덕적 원칙이다. 이것은 인류학자 리처드 슈웨더Richard Shweder가 인도 오리사주(현재는 오디샤주) 오리아의 힌두 부모들과 시카고 부모들이 선호하는 잠자리 형태를 비교한 후 주장한 것이다.[27] 인도 부모들은 아이들이 부모 중 한 명과 같이 자는 등 다양한 잠자리 방식에 개방적이었지만, 시카고 부모들은 슈웨더가 "성스러운 커플"이라고 표현한 것처럼 남편과 아내가 함께 자는 데 주로 관심이 있었다. 이러한 문화적 관습에는 부부관계를 보호하고자 하는 태도가 반영되어 있다. 미국 부모들은 침대에서 남편과 아내의 관계를 유지하는 것을 우선시한다. 그들에게 사랑하는 아이와 함께 자는 것은 그들이 우선시하는 관계를 침범하는 것으로 여겨질 수 있다.

농경 사회와 과도기적 사회의 부모들이 우선시하는 것은 매우 다르다. 세라는 중앙멕시코의 작은 마을에서 대학 교육을 받은 부부를 알고 지냈는데, 그들은 방이 세 개인 집에 살았지만 세 명의 아이들과 한 방에서 함께 잤다. 어머니는 딸과 아직 어린 아기인 아들과 잤고, 아버지는 다른 침대에서 큰아들과 함께 잤다. 섹스를 하고 싶을 때는 아버지가 큰아들을 다른 형제자매와 함께 자도록 어머니의 침대로 보냈고, 어머니가 아버지의 침대로 갔다. 이런 잠자리 방식은 미국인들에게는 아이에게 "정신적 외상을 줄 수 있는" 것은 물론이고 번거롭게 보일 것이다. 그러나 이런 방식은 대부분의 농경 사회에서 일반적이다. 농경 사회 부모들은 이러한 방식이 문제라고 보지 않으며, 모유를 먹는 아이는 침대에 있는 것이 편하다고 생각하며 그들과 몸을 부비는 것을 즐긴다.

수유와 잠자리 관습은 그 자체로가 아닌 다른 양육 관습에 대한 부모의 관점을 고려해야만 제대로 이해될 수 있다. 더 정확히 이야기하자면, 겉으로 관찰 가능한 행동에 표현된 양육 전반에 대한 문화적 이상이라는 측면에서 이해되어야 한다. 이 장에서는 미국 부모들이 소아과 전문의들의 조언을 따라 의심스럽고 불확실한 결과를 위해 스스로에게 부여한 부담들을 살펴보았다.

다음 장에서는 감정적 상호작용과 관련하여 아프리카 어머니들이 서구 어머니들과 어떻게 다른지 살펴보고자 한다. 5장에서는 다른 농경 사회들을 살펴볼 것이다.

4장

어머니와
영아의
상호작용

얼굴 마주하기와 살갗 접촉하기

미국인들에게 아기를 향한 "애정"을 말이나 행동으로 표현하는 것은 저절로 자연스럽게 일어나는 긍정적인 현상이다. 어머니들은 자신의 아기에게 애정을 표현하지 않는 것은 생각할 수도 없으며, 애정을 표현하지 않는다면 아마도 비난을 받을 것이다. 어떤 어머니가 도대체 자신의 아이를 향한 애정을 참을까? 아마도 그런 어머니는 의학적으로 정신적 고통을 겪고 있는 사람일 것이다! 우리가 애정이라고 간주하는 어머니들의 행동이 다른 문화에서는 다르게 보일 수 있다고 상상하기는 어렵다. 즉 이 애정 어린 어머니들의 행동이 불손하거나, 위험스러울 정도로 잘난 체하거나, 아기에게 지나치게 흥분하는 것으로 보일 수도 있을까? 그러나 감정 표현에 관한 상이한 문화적 규범은 우리가 "애정"이라고 여기는 것에 다양한 의미를 부여하며, 표현을 할 때 절제할 것을 요구하기도 한다.

미국과 서구 사회의 상호작용:
얼굴 대 얼굴

서구인들이 영아를 돌볼 때 애정이라는 것이 무엇을 의미하는지는 미국 어머니가 아기와 상호작용하는 사진에 잘 나타나 있다. 사진에는 얼굴 대 얼굴, 즉 얼굴을 마주하는 것을 기반으로 한 상호작용이 담겨 있다. 어머니의 얼굴 표정이 아기에게 보이고, 아기의 얼굴 전체도 어머니가 볼 수 있다. 어머니와 아기가 눈 맞춤을 하거나 서로 시선을 나누는 것은 가장 중요한 요소로, 아마도 둘의 상호작용에서 가장 감정적인 측면일 것이다. 아기의 미소를 끌어내기 위한 어머니의 미소 또한 중요하다. 어머니는 한쪽의 행동이 다른 한쪽의 행동을 촉발하는 상호작용이 일어나기를 기대하면서, 아기의 모든 행동이나 얼굴 표정에 즉각적으로 반응한다.

비교문화적 관점에서 보자면, 이 문화적 관습의 또 다른 중요한 측면은 이것이 직접적인 신체 접촉 없이 멀리 떨어져서 일어난다는 것이다. 장난감을 사용하거나 아기가 점점 더 긍정적인 반응을 하도록 말로 자극하는 것도 마찬가지다. 이렇듯 유럽계 미국인들의 문화적 관습에서 어머니와 영아의 면대면 상호작용은 눈 맞춤, 미소, 그리고 다른 먼 거리에서 행해지는 (접촉이 없는) 감정 표현, 장난감이나 다른 물건들의 사용, 만일의 사태에 대한 대비, 말하기, 아기 자극하기 등을 수반한다.

아프리카의 상호작용:
살갗 대 살갗

아프리카 어머니들에게 모유 수유와 신체 접촉은 영아를 돌보는 데 있어 주요한 측면이다. 어머니는 아기를 자신의 무릎이나 다리 위에 앉히는데, 이때 아기는 어머니와 같은 방향을 바라본다. 이러한 상호작용 방식은 예상치 못한 만일의 사태에 취약한 것처럼 보인다. 그러나 관찰을 해보면 어머니들이 아기의 울음에 재빠르게 반응하여 수유를 하거나, 아래위로 흔들어주거나, 어머니의 몸에서 아이의 위치를 바꾸어주고 있음을 알 수 있다. 어머니가 아기에게 얼마만큼 말을 하는 지는 상황에 따라 다르지만, 분명한 것은 상호작용에 있어 어머니의 말은 핵심이 아니며, 서구적 기준에서 보았을 때는 말을 매우 적게 한다는 것이다. 어머니들은 아기를 각성시키기보다는 아기의 평온함을 유지하는 데 더 힘을 쏟는다. 미국의 인류학자 월터 골드슈미트^{Walter Goldschmidt}는 이러한 방식의 어머니와 아이의 상호작용을 담은 사진들을 분석하여 우간다 세베이^{Sebei}족 어머니들을 "감정이 결핍되었다"고 표현했다. 그러나 은소^{Nso} 부족 출신으로 자신이 속한 사회인 은소 부족을 연구한 카메룬의 심리학자 렐린다 욥시^{Relindis Yovsi}는 이를 "즉각적인 반응을 자제하는 것^{responsive control}"이라고 표현했다.[1]

아프리카의 양육 패턴이 미국적 기준에서 무엇이 부족한지를 찾는 대신, 아프리카 아기들이 일상적으로 지내는 모습과 농경 사회 어머니들의 양육 목표를 살펴볼 필요가 있다. 사진 속 아기는 어머니의 가슴에서 밤새 자고, 낮에는 어머니의 몸이나 자신을 돌봐주는 형제자매의 등에서 시간을 보낸다. 모유 수유는 아기가 태어난 첫해뿐만 아니라 그 이후에도 계속되며, 어머니는 아기가 곁에 있을 때 아기가 울면 즉시 젖을 준다. 달리 이야기하자면, 살갖의 접촉이 거의 항상 지속되는 것인데, 이는 어머니와 떨어져 잠을 자는 미국 아기들과는 매우 대조적이다. 놀이를 할 때 아기를 즐겁게 해주는 장난감이나 물건들도 없다. 아프리카 어머니들은 지속적인 상호 눈 맞춤, 미소, 이야기 등을 통해 아기를 흥분시키기보다는, 아기를 평온하고 차분한 상태로 유지하기를 원한다. 그들의 목표는 물건보다는 사람들에게 더 민감한, 말을 잘 듣는 아기로 키우는 것으로, 향후 공손한 어린이, 그리고 더 자라서는 순종적인 아이가 되는 것을 목표로 한다. 다시 이야기하자면, 이는 미국 어머니들의 목표와는 매우 다르다. 상이한 목표와 전략이 아이들의 성장과 발달 환경을 다르게 만들고 있는 것이다.

은소 어머니들을 대상으로 한 초점집단 연구에서 연구자가 독일 아기들은 어머니와 떨어져서 잔다고 이야기하자, 은소 어머니들은 믿을 수 없다는 반응을 보였다. 그런 학대가 그렇게 널리 퍼져 있을 리 없다는 것이다. 은소 어머니들은 만약 그것이 사실이라면 은소 어머니들을 독일에 보내 그러한 관습을 그만두라고 설득해야 한다고 이야기했다.[2]

아기와 함께 잠을 자고 낮 시간 동안 아기를 자신의 곁에 두는 아프리카 어머니들의 이러한 반응은, 어머니의 감정이 서구에서 흔히 볼 수 있는 어머니와 영아의 모방 대화mock conversation와 같은 극적인 에피소드들을 통해서만 표현되는 것이 아님을 보여준다. 오히려 아프리카 어머니들은 일상에서 기능적으로 아이를 돌보고 있으며, 살갗을 접촉할 수 없는 예외적인 상황에만 다른 식으로 감정을 표현한다. 미국이나 독일 어머니와 같은 방식으로 애정을 표현하지 않기 때문에 "감정적으로 결핍된" 것이 아니라, 오히려 항상 감정적이다. 단지 다른 방식으로, 즉 꾸준히 살을 접촉하며 아이들에게 믿음을 주는 방식으로 감정을 표현하는 것이다. 하이디 켈러$^{Heidi Keller}$와 그녀의 동료들이 수행한 정교한 연구에 따르면, 생후 첫 12개월 동안 독일과 은소 아기 모두에게서 주고받는 방식의 상호작용이 증가했다. 그러나 독일 어머니들은 은소 어머니들보다 면대면 상호작용을 더 오래 유지했고, 독일 아기들은 첫 3개월 동안 어머니와 눈 맞춤이 증가한 반면 은소 아기들은 그렇지 않았다.[3] 이는 문화에 따른 양육 방식이 매우 어린 아기들에게 영향을 미치고 있음을 시사한다. 그리고 실제 은소 아이들은 2세가 되면 어머니의 목표대로 독일 아이들보다 더 순종적이고 순응적이 된다. 이 부분은 다음 장들에서 살펴볼 것이다.

은소와 독일의 비교 결과는 우리가 구시와 미국 중산층 어머니들의 양육을 비교한 결과와 일치한다. 물론 서부 아프리카 국가인 카메룬에 사는 은소족과 동부 아프리카 국가인 케냐의 구시족은 멀리 떨어져 있지만, 은소와 구시는 모두 농경 사회이며, 독일 뮌스터와 미국 보스턴은 모두 후기 산업 사회인 현대의 서구 도시이다. 이러한 환경이 각자 양육 방식에 반영된 것이다.

자극하기 대 달래주기

우리는 2년간 케냐 고산지대 농경인인 구시족의 영아 양육을 연구하여 그들의 관습을 미국 중산층과 비교했다. 인류학자뿐만 아니라 소아과 의사와 다른 의사들도 참여한 이 연구에서 우리는 28명의 구시 영아와 그들의 어머니를 생후 30개월간, 즉 태어난 직후부터 아기가 2세 반이 될 때까지 관찰했고, 보스턴 지역 20명의 미국 중산층 어머니와 그들의 아기를 관찰했다.[4]

우리는 구시와 미국 부모들이 아기가 무엇을 필요로 하는지, 아기가 어떻게 자라는지, 아기의 삶을 어떻게 준비해주어야 하는지에 관한 관점에 있어서 매우 다르다는 것을 발견했다. 구시 어머니들은 자신의 영아 양육 목표나 전략을 명시적으로 잘 이야기하지 않았다. 따라서 우리는 세라와 우리 연구에 참여한 다른 구시 및 미국 연구자들이 오랜 기간 집에서 구시 부모와 아기들을 관찰하고 인터뷰한 결과에 기초하여 구시 부모들의 관점을 파악해야 했다. 구시 어머니들이 아기를 보살피는 행동의 대부분은 달래기라고 표현될 수 있는 것들이다. 어머니들은 아기가 평온하고 조용한 상태를 유지하도록 다양한 방법을 사용했다. 밤낮으로 아기를 몸에 안거나 또는 손위 형제자매가 아기를 안게 했고, 아기의 옹알이에는 대응하지 않았지만 보챔이나 울음에는 즉각적으로 반응했으며, 아기가 원할 때 언제나 모유 수유를 했다. 그리고 우리가 구시 아기들과 면대면 상호작용을 하기 위해 아기를 아기의 자에 앉혀놓으면, 아이가 흥분했을 때는 아이를 되돌려 앉혔다. 아기와 놀거나 아기를 자극하기 위해 장난감이나 다른 물건을 사용하는 경우는 없었다.

반면 미국 어머니들이 아기를 안는 비율은 훨씬 적었다. 아기가 3개월일 경우 구시 어머니의 절반 정도, 9개월일 경우 4분의 1 정도의 비율로만 아기를 안았다. 미국인들은 아기가 3개월과 6개월이 되었을 때 구시인에 비해 두 배, 9개월이 되었을 때는 두 배 반 정도 더 자주 아이에게 이야기를 했으며, 아기의 울음을 더 잘 견뎠다(3개월의 경우 두 배 이상으로). 우리는 이를 "견뎠다"라고 표현했는데, 우리가 구시 어머니들에게 미국 어머니가 기저귀대에서 울고 있는 6주 된 아기의 기저귀를 갈고 있는 비디오를 보여주었을 때, 구시 어머니들은 아기가 우는 모습을 견디기 힘들어했고, 아기가 우는데 어떤 즉각적인 신체 접촉도 하지 않고 몇 초간이라도 방치하는 것에 대해 항의했다.

그러나 구시 어머니들의 반응과 아기를 달래주는 관습은 미국인들이 "응석을 받아주는" 태도라고 부르는 것과는 다르다. 구시 어머니는 아기가 자신이 생각하는 순응의 기준을 넘어설 때 말로 심하게 야단치며, 아기에게 키스를 하거나 우리가 애정이나 사랑의 표현이라고 여기는 어떤 행동도 하지 않는다. 게다가 그들은 위험으로부터 스스로를 보호하기 위해 아기가 두려움을 배워야 한다고 믿으며, 때로는 홀쩍거리며 우는 아이에게 개를 부르는 시늉을 하면서 겁을 주기도 한다.[5] 가장 중요한 것은, 그들이 지속적으로 피부가 닿는 접촉을 하는 것(어머니나 돌봄 제공자들이)이나 아기의 울음에 즉각적으로 답하는 것(밤낮으로 수유를 하는 것을 포함한)을 아기의 욕구나 충동을 "받아주는 것"이라고 보지 않는다는 점이다. 우리가 "달래기soothing"라고 부르는 관습은 구시 어머니들에게는 구시의 양육 기준을 적절히 이행하는 어머니의 최소한의 의무일 뿐이다. 그들의 관점에서 보자면, 이는 합리적이고 적절한 행동이지 결코 감정적으로 응석을 받아주는 행동이 아니다.

반면 미국 어머니들은 아기가 깨어 있을 때 아기를 안정시키거나 달래기보다는 자극하고 흥분시키기를 원했다. 그들은 아기의 정신적·사회적 발달을 위해서는 자극이 필요하고, 아기와의 필수적인 관계를 형성하기 위해서는 아기와 어머니의 재미있는 상호작용이 필요하다고 믿었다. 미국 어머니들은 비록 구시 어머니들보다 아기를 덜 안고 젖을 적게 먹이지만, 아이를 바라보거나 아이에게 이야기할 때 애정을 표현하고 명시적으로 이 상호작용을 즐겼다.

그렇다면 "응석 받아주기"란 "애정", "따뜻함", "정서적 안정감" 등과 마찬가지로 관찰자의 관점에 따라 결정되는 관념이다. 이 용어들은 우리의 문화적·이론적 가정에 기반하고 있으며, 따라서 다른 문화에 적용하면 잘 맞지 않는다. 달리 이야기하자면, 구시의 영아 양육 관습을 "응석 받아주기"라고 부르는 것은 구시 어머니들에게 우리 관점의 감정적 태도(이 감정적 태도는 달래주는 행동을 수반할 수도 있지만 꼭 그렇지도 않다.)를 잘못 부여하는 것일 뿐만 아니라 추측에 의존한 프로이트식 만족과 과대만족의 개념을 주입하는 것이다. 구시 어머니들을 보고 "차갑게 응석을 받아준다"거나 "애정 없이 응석을 받아준다"고 이야기할 수 있을까? 우리는 그들의 행동을 달래주기라고 부르는 것이 더 적절하다고 생각하며, 어머니의 행동은 문화에 따라 서로 다른 감정적 태도와 의도를 수반한다고 본다.

구시와 미국, 은소와 독일의 대조적 모습에는 아프리카와 서구 어머니들의 서로 다른 목표가 일부 반영되어 있다. 예를 들어, 구시 사람들은 평온하고 순응적인 아이를 원하며, 이러한 아이로 키우기 위해 달래기를 사용한다. 미국인들은 감정적, 적극적, 독립적인 아이를 원하며, 이러한 아이로 키우기 위해 아기를 자극하고 흥분시킨다. 30개월이 된 미국 아이들은 순응적인 30개월의 구시 아이들보다 훨씬 활동적이고 수다스럽고 제멋대로다. 결국 두 문화의 어머니 모두 자신이 속한 문화의 초기 아동 행동 발달 목표를 달성하는 데 성공한 것이다. 이 부분에 대해서는 이후 장에서 다시 살펴볼 것이다.

구시와 미국의 영아 양육 관습에는 어머니들이 아이를 기르는 인구학적 맥락의 차이도 반영되어 있다. 평균 열 명 정도의 아이를 출산하는 구시 어머니들에게, 출생한 아이는 평균적으로 다음 아이가 태어나기 전인 21개월 동안만 주요 양육 관심 대상이다. 이 기간 동안 어머니는 아기가 큰 도전들 속에서도 살아남을 수 있도록 주의를 기울여야 할 뿐만 아니라, 아기가 유아가 되어 나이 많은 형제자매 그룹에 들어갈 수 있도록 준비시켜야 한다. 이때 형제자매 그룹은 어머니가 농작물을 경작하고 음식을 준비하고 시장 거래를 할 수 있도록 하나의 팀이 되어 양육을 포함한 어머니의 가내 활동을 돕는다. 어머니가 일하는 동안 형제자매가 등에 아기 동생을 업고 다니며, 이후 아기가 더 크면 아기는 형제자매 그룹에 속해 그들로부터 의사소통, 집안일, 가축 돌보기 등의 기술을 전수받는다.

  구시 어머니들은 아기의 울음에 즉각적으로 반응하는 반면, 첫 반 년 동안 아기의 옹알이나 눈 맞춤에는 상대적으로 반응이 없다. 우리 의 연구에 따르면, 9개월에서 10개월 사이 아기의 옹알이(괴로움을 호 소하는 것이 아닌)에 구시 어머니들의 5퍼센트가 말로 반응하는 반면, 미국 어머니들은 20퍼센트가 말로 반응하는 것으로 나타났다. 같은 시기 어머니가 아기에게 하는 행동을 분석해보면, 구시 어머니들의 경 우 아이를 바라보는 행동은 전체 행동 중 단 1퍼센트만을 차지했으며, 미국 어머니들의 경우는 43퍼센트였다. 이 시기 보스턴 어머니들은 아 기가 어머니를 응시하는 것(8퍼센트)의 세 배 이상(28퍼센트)으로 자주 아기를 응시한 반면, 구시 어머니들은 아기가 자신들을 응시하는 것과 같은 비율(9퍼센트)로 아기를 응시했다. 우리는 구시 어머니들이 한 번 도 아기를 쳐다보지 않고 아기에게 말을 걸지도 않으면서 아기를 자신 의 무릎 위에 얼굴이 밖을 향하도록 앉혀놓고 사회적 상호작용을 하 는 것을 종종 관찰했다. 그들은 다른 어머니들과 대화를 나누면서 아 기에게 젖을 먹이기 위해 아기를 돌려 앉히기도 했는데, 이때도 아기를 쳐다보거나 아기에게 이야기하지 않았다. 그들이 모유 수유를 아기와 사회적 상호작용을 하는 기회로 간주하지 않음은 분명해 보였다. 9개 월에서 10개월 아기에게 어머니가 하는 행동 중 이야기하기는 보스턴 어머니들의 경우는 29퍼센트인 반면, 구시 어머니들은 11퍼센트에 불 과했다.[6] 이러한 빈도에 있어서의 극적인 차이는 아기에게 무엇이 필요하며 "평범한 헌신적인 어머니"(영국의 정신분석학자이자 소아과 의사인 도널드 우즈 위니콧^{D. W. Winnicott●}의 표현에 따르자면)가 이러한 아기의 욕구를 어떻게 만족시켜주어야 하는지에 관해 다른 가정을 하고 있음을 보여준다.[7] 세라의 관찰에 따르면 구시 어머니들은 공유하는 행동 규칙이 있었지만, 실제 행동에서는 개별적인 차이를 보였다.

> 나는 찰스와 마리세라(결국 일곱 명의 아이를 낳았다.)의 다섯번째 아이인 저스틴이 6주가 되었을 때부터 첫돌이 막 지날 때까지 3개월 간격으로 그를 관찰했다. 저스틴의 부모인 찰스와 마리세라는 매우 제한적인 관계였는데 이는 대부분의 아버지들이 "멀리 떨어진" 곳에서 일하는 이 같은 마을에서는 일반적인 상황이었다. 저스틴의 아버지는 800킬로미터 떨어진 케냐 해안에서 일했고 2년 정도마다 집에 왔으며, 그사이 돈을 보내는 경우도 거의 없었다. 저스틴은 30세인 그의 어머니와 형제자매들(4세에서 13세까지)과 함께 할아버지가 집안어른으로 있는 큰 농가에서 살았다. 소 열네 마리의 많은 신부대금을 내고 찰스와 결혼한 마리세라는 인척들에게 열심히 일하고 아들 넷을 낳은(그중 첫째는 벌써 열세 살이었다.) 고마운 사람이었다. 찰스는 남편으로서 변덕스럽고 제멋대로 행동했지만, 그의 부모는 마리세라에게 헌신적이었고 그들의 아들이 당연히 제공해야 하는 물

● "충분히 좋은 부모"라는 개념을 통해 부모 자신의 직관에 의존한 자연스러운 육아를 강조하고, 당시 전문가들의 지나친 육아 조언을 경계했다.

질적·사회적 지원을 대신 기꺼이 제공했다.

마리세라는 몇 킬로미터 떨어진 지역에서 자라고 학교를 다니지 않았지만 마을 사람들은 그녀를 매우 좋아했다. 그녀는 어른들을 상당히 밝은 태도로 대했다. 그러나 집에 아이들과 있거나 혼자 있을 때는 자기 자신에게 푹 빠져 있는 듯했고 우울해 보였다. 어린 아기인 저스틴은 항상 엄마와 함께 있었는데, 마리세라는 저스틴에게 젖을 먹이고 씻기는 것 이외에는 전혀 관심을 가지지 않는 것처럼 보였다. 저스틴이 소리를 내면, 마리세라는 그 소리가 괴로워서 내는 것이든 아니든 관계없이 젖을 주었다. 저스틴이 먼저 요구하지 않으면 어머니 마리세라는 어떤 사회적 상호작용도 하지 않았다. 시간이 지나면서 사회적 상호작용은 더 줄어들었다. 저스틴이 한 살이 되어 원기 왕성해졌을 때 하루 동안 관찰을 하면서 비디오 촬영을 했는데, 그때도 저스틴이 계속해서 어머니의 관심을 받으려고 했음에도 마리세라는 잠시 그의 아들과 눈을 마주칠 뿐 모든 상호작용을 피했다. 이들의 행동과 관계를 관찰하고 촬영하는 동안, 우리는 이를 지켜보는 것이 매우 고통스러웠다. 주로 저스틴을 돌보는 누나 제인도 저스틴과 놀아주지 않았다. 저스틴이 울면 잠시 그에게 입을 비빌 뿐 대부분 그를 아래위로 흔들어주거나, 어머니가 밭에 나가거나 맥주를 마시기 위해 나가기 전에 준비해놓은 귀리죽을 먹였다. 농가에 머무는 다른 거주자들(모두 31명이었다.)도 대충 형식적으로만 저스틴에게 관심을 보였고 부계 할머니와 두 살 사촌만이 그와 가끔 놀아주었다.

  마리세라는 그녀의 어린 아들과 감정적 교류를 피하는 것처럼 보였다. 나와 우리 연구팀 멤버들은 그녀의 무관심을 걱정했지만, 우리는 그녀의 친구나 친척들이 그녀의 행동을 비난하는 것을 한 번도 본 적이 없다. 그녀가 이웃의 다른 여성들처럼 어린 자녀에게 즉각적으로 반응하지는 않았을지 모르지만, 그녀는 아이를 신체적으로 건강한 아이로 키우고 있었다. 따라서 구시 사회의 관점에서 보자면, 그녀는 충분히 제 역할을 하고 있는 어머니였다.

세라가 9개월에서 21개월 사이 3개월 간격으로 관찰을 한 에번스라는 아이의 경우는 위의 저스틴과 달랐다.

  에번스는 어린 부모의 두번째 아이였다. 27세인 아버지 조슈아는 중등교육을 받았고 스와힐리어와 영어를 유창하게 구사했다. 24세인 어머니 엘리자베스는 5년의 초등교육을 받았고 정기적으로 스와힐리어 신문을 읽었다. 조슈아는 정부기관에서 감독관으로 일했고 주말에만 집에 왔다. 그동안 엘리자베스는 유럽 스타일 가구로 채워진 그들의 작은 집을 세심하게 청소하고 뜰의 잔디를 깔끔하게 정리하면서 지냈다. 명랑하고 에너지가 많은 엘리자베스는 걸핏하면 싸우려드는 시집 식구들을 잘 다루었고, 지역에서 어린 축에 속하는 다른 또래들에 비해 이웃 내에서 상대적으로 높은 위상을 지니고 있었다. [...] 그녀는 높은 울타리를 방패 삼아 이웃들의 눈을 피해 아기를 즐겁게 해주고 아기가 자신을 즐겁게 해주는 것도 즐겼다. 에번스 위에는 네 살인 폴이 있었다. 엘리자베스는 지금 에번스와 노는 것처럼 폴과도 놀았고, 폴은 자신의 생각과 느낌을 아주 잘 표현하는 아이였다. 폴이 상당히 조숙했기 때문에 엘리자베스는 이웃 사람들이 폴을 질투하고 그에게 악의를 품을 것을 걱정하여 폴을 집 안에 두려고 했다. 폴이 대문을 넘으면 엘리자베스는 그를 데리고 와서 심하게 야단쳤다.

엘리자베스는 많은 시간을 집에서 아이들과 보냈지만, 그녀가 밭을 돌보는 동안은 초등교육을 마치고 결혼을 하기 위해 "기다리고" 있는 시누이 두 명을 불러 아이들을 돌보도록 했다. 에번스는 9개월이 되었을 때 어머니와 형, 고모들에게, 아버지가 집에 있을 때는 아버지에게 보살핌을 받는 것에 상당히 익숙해져 있었다. 더 크자 에번스는 어른들이 하는 것처럼 놀이를 먼저 시작하기도 했다. 그러나 이렇게 활발했던 에번스는 엘리자베스가 임신을 하면서 17개월쯤 젖을 떼기 시작하자 완전히 바뀌었다. 에번스는 눈에 띄게 집착했고 이러한 불안한 감정이 오래가지는 않았지만 어머니가 수유를 할 때보다 더 자주 집을 비우자 이 활기 넘치던 작은 소년은 훨씬 더 조용한 아이가 되었다.

구시의 기준에서 보자면, 엘리자베스는 매우 명랑한 어머니이다. 집안일이 상당히 많았지만 그녀는 아기 에번스에게 사회적·신체적 관심을 많이 주었다. 좀 더 전형적이고 전통적인 그녀의 이웃들은 에번스가 젖을 뗀 후 그렇게 슬퍼하는 것은 놀라운 일이 아니라고 이야기할 것이다. 만약 엘리자베스가 그렇게 지나치게 명랑하지 않았다면 어땠을까? 그녀가 어머니가 아닌 할머니처럼 행동하고, 애초에 관심에 대한 에번스의 기준을 높이지 않았더라면 어땠을까? 어차피 새 아기가 태어나면 시간과 에너지가 충분치 않아 에번스에게 관심을 예전처럼 많이 줄 수 없을 테니까 말이다. 또 다른 한편으로는, 그의 형인 폴이 젖을 뗀 지 4개월이 지나자 다시 명랑해진 것으로 보아 에번스의 슬픔과 소극적 태도는 단순히 일시적 단계일 수 있다. 결국 에번스는 새로운 평정을 되찾고 그의 형 폴처럼 사회적으로 자신감 있는 아이가 되지 않을까?

아프리카:
애정 많은 수렵채집인들

아프리카의 수렵채집인들은 분명 감정 표현에 관한 규범이나 관습에 있어서 구시와 같은 동부 아프리카 농경인보다 덜 억제되어 있으며, 이러한 성인들의 규범과 관습의 차이는 그들의 영아 양육에도 영향을 미친다. 인류학자 멜빈 코너는 보츠와나 칼라하리사막의 쿵산 부족에 관해 다음과 같이 보고한다.

어머니가 아기를 포대기에 싸서 엉덩이에 걸쳐 업고 서 있을 때, 아기의 얼굴은 열 살에서 열두 살 정도의 소녀들과 같은 눈높이에 있었다. 모성이 가득한 이 소녀들은 아기에게 종종 다가가 미소를 건네며 짧고 집중적인 면대면 상호작용을 하곤 했다. 아기가 포대기에 있지 않을 때는 모닥불 주변에서 어른이나 아이들이 아기를 서로 돌려 안으며 위와 같은 상호작용을 했다. 사람들은 아기의 얼굴, 배, 성기에 입을 맞추고, 노래를 불러주고, 아래위로 흔들어주고, 즐겁게 해주고, 흥분시키기도 하고, 심지어는 아기가 말을 알아듣기 훨씬 전부터 길게 이야기하기도 했다. 첫 1년 동안 이러한 관심과 사랑은 마르지 않았다.

미소와 관련해서, 코너는 다음과 같이 이야기한다. "아기가 적어도 2개월이 되면 사람들은 반복적으로 면대면 상호작용을 하며 아기를 흔들거나 볼을 쓰다듬으면서 아기의 사회적 미소를 끌어내고자 했고, 이 중 몇몇 시도는 성공했다."[8]

　　미국 인류학자 마저리 쇼스탁Marjorie Shostak은 자신의 책 『니사Nisa』에서 유사한 상호작용을 보고한다. "아이가 포대기에 있지 않을 때, 어머니는 아이를 즐겁게 해준다. 흔들어주고, 노래하고, 이야기한다. [...] 관대하고, 다정하고, 헌신적인 쿵 아버지들 또한 자식들과 매우 강도 높은 상호 애착을 형성한다. [...] 아버지는 범접할 수 없는 권위를 지닌 인물이 아니며, 아버지와 아이들과의 관계는 어머니와 마찬가지로 친밀하고, 애정 어리며, 신체적으로도 가깝다."⁹ 이 인용구들과 내가 쿵산족에 관해 본 다른 정보들이 의미하는 것은 쿵산족의 아기들과의 상호작용 방식이 미국적 관점에서 보자면 상당히 "애정 어리고 다정하다"는 것이다(물론 미국 관습과 동일하지는 않지만). 어떤 관찰자도 쿵산 부모들이 아기를 대할 때 "감정적으로 결핍되어 있다"고 비난하지 않았다.

인류학자 배리 휼렛Barry Hewlett은 중앙아프리카의 숲에 거주하는 수렵채집인인 아카 부족 부모들은 "하루 종일 아기들과 상호작용하고 아기들을 흥분시킨다"고 보고한다. 그들은 낮 시간 동안 아기에게 말을 걸고, 아기와 놀고, 아기에게 애정을 표현하고 생존 기술을 전수한다.¹⁰ 그러나 그는 아카 사회가 미국처럼 아동 중심 사회가 아니며, 오히려 부모들이 아기에게 관심을 주기 위해 활동을 멈추지 않는다는 점에서 어른 중심 사회라고 지적한다. 휼렛의 연구에 의해 밝혀졌듯, 아카는 양육에 있어 아버지의 역할이 중요한 사회로 잘 알려져 있다. 휼렛은 "어머니는 영양분을 공급하거나 아기를 이동시키는 역할을 주로 하는 반면, 아버지는 아기를 안아주고, 입맞춤하고, 씻기는 역할을 주로 한다"고 이야기한다.¹¹ 전체적으로 아카 부족은 우리가 "애정 어리다"라고 특징짓는 방식으로 아기에게 감정 표현을 하는 것처럼 보인다. 아프리카 농경 사회에서 일반적으로 보이는 감정적 절제나 응시에 대한 혐오는 아프리카 수렵채집 사회에서는 발견되지 않는다.

서아프리카

사하라 인근 인구의 다수가 거주하는 서아프리카 연안 산림지역의 코
트디부아르의 벵 부족이나 나이지리아의 요루바 부족과 같은 농경 사
회 사람들은 우리가 연구한 케냐 사람들보다 아이를 대할 때 훨씬 덜
절제하는 편이다. 그러나 그럼에도 불구하고 위계적인 관계에 따른 절
제는 양육에 영향을 미치는 것으로 보인다. 농가가 산발적으로 흩어져
있고 어머니와 아이로 이루어진 가구들이 서로 고립되어 존재하는 구
시나 다른 동아프리카 지역 사람들과 달리, 서아프리카인들은 사교적
인 친밀성을 가지기 쉬운 환경인 집들이 모여 있는 마을과 사람들로 가
득 찬 컴파운드에서 살아간다. 언제든 다른 사람들 앞에서 긍정적인
감정을 드러내며, 때로는 소란스럽게 표현하기도 한다. 이러한 측면은
이들이 일견 아무런 제약도 받지 않는 거리낌 없는 사람들이라는 인상
을 주지만, 실제로는 자신들만의 절제에 관한 규칙을 가지고 있다. 예
를 들어, 전통적인 요루바 가구에서 아들은 매일 가장에게 이마를 땅
에 대고 몸을 엎드린다. 이는 요루바 가족의 위계와 관련된 다양한 일
상 중 하나에 불과하다. 요루바 사람들은 상당히 사교적이고 아기들
을 매우 "따뜻한" 대인관계 속에서 키우지만, 위계와 관련된 많은 일
상생활도 존재한다.

인류학자 알마 고틀리프Alma Gottlieb가 벵족의 영아기에 관해 문화적
으로 설명한 바에 따르면, 벵족은 아기들에게 매우 자주 그리고 많이

말을 하고(뱅족은 아이가 전생의 영혼 세계에서 태어나므로 어떤 언어든 알아들을 수 있다고 믿는다.) 미소와 눈 맞춤을 수반한 면대면 상호작용을 한다. 그러나 고틀리프는 다음과 같이 이야기한다. "뱅 어른들은 어린 아기들에게조차도 어른의 말을 끊지 말라고 훈육한다. 왜냐하면 아이는 어른을 존경해야 하기 때문이다."[12] 이렇듯 어른들이 감정적으로 따뜻하고, 사교적이며, 아기에게 말을 많이 하는 농경 사회에서조차 어른을 향한 존경은 태어난 첫해부터 요구된다. 아프리카 농경 사회 사람들은 감정 표현에 있어서 다양한 모습을 보이지만, 그들은 모두 가내 위계 체계 내에서의 지위에 대해 관심을 가지고 있으며, 이는 어머니와 아이의 관계에 영향을 미친다.

멕시코와 잠비아

세라는 1980년대 쿠에르나바카, 1990년대 초 마켓타운인 틸자포틀라에서 멕시코 어머니들과 그들의 영아들을 오랜 기간 비디오로 촬영했다. 그녀는 이 연구에서 어머니들이 공식 교육을 전혀 받지 않았거나 거의 받지 않았으며 아기에게 거의 말을 하지 않는다는 것을 발견했다(하우사나 구시 어머니들처럼, 그들은 "아이가 말을 할 줄도 모르는데 왜 벌써 아이에게 말을 하나요?"라고 말했다). 뒤이어 세라는 잠비아의 구리광산 도시에서 어머니와 영아들을 비디오로 촬영했는데, 이곳에서 세라는 어머니들이 자신이 이미 연구해 익숙한 북부 나이지리아, 케냐, 멕시코의 어머니들과 매우 유사한 방식으로 행동하고 있음을 발견했다. 그러나 이 잠비아 어머니들은 모두 학교를 다녔고(그중 일부는 고등학교를 졸업했다.) 밀집된 도시 환경에서 현대적인 콘크리트 집에 살았다. 그들은 많은 소비재들을 소유하고 있었고, 대부분은 신실한 그리스도교 신자였으며, 정기적으로 교회 활동에 참여했다. 더욱이 여러 종족이 살고 있는 이 구리 생산 지역에서는 사회성을 매우 중요하게 여겼는데, 여성들은 하루 종일 이웃과 떠들고 남 이야기를 했다. 그러나 이들은 아이에게 명령을 하는 것을 제외하고는(아기에게는 "먹어.", 좀 더 나이가 있는 아이에게는 "양동이 가져와." 하는 식으로), 아이에게 거의 말을 하지 않았다.

멕시코와 잠비아의 도시 환경에서 사는 이들은 내륙 지역에서 최근에 이주한 사람들로, 세라는 그들이 농촌에 사는 자신의 어머니가 자신들에게 했던 것과 같은 방식으로 행동하는 것이라 결론지었다. 그들은 자신의 어머니와는 매우 다른 도시적 환경에서 아이를 양육하고 있었고(게다가 일곱여덟 명이 아닌 두세 명의 아이를 키웠다.) 학교에서 기술을 배웠지만, 그들은 농경 사회에서 자란 그들의 어머니와 할머니가 했던 것처럼 아이를 대했다. 즉, 아이가 가구 경제에 쉽게 적응할 수 있도록 하기 위해 순응과 복종을 가르쳤다. 그들은 (아직) 우리가 "교육적 어머니pedagogical mothers"라 부르는 어머니는 되지 않았다.

전 세계적으로 교육적인 어머니가 대두되고 있는데, 이는 학교 교육을 받은 여성들이 많아지는 것에 기반하고 있는 것 같다. 그러나 이 것이 아동기 경험에 영향을 미치는 양육 관습의 문화적 다양성이 사라진다는 것을 의미하지는 않는다. 챠바아이Chavajay와 로고프Rogoff 가 과테말라의 마야인들의 사례를 통해서, 그리고 펑과 밀러Miller가 타이완의 사례를 통해서 보여주듯, 높은 교육을 받은 이곳의 어머니들조차도 미국 중산층 어머니와 매우 다른 방식으로 자신들의 아이를 대한다. 이러한 차이는 그들의 역사적·문화적 전통을 반영한다.[13]

또한 그들이 시골에서 이주한 첫번째 세대인지 이후 세대인지에 따라서도 차이가 나타난다.

아프리카 문화들의 비교:
구시와 하우사

서론에서 세라는 하우사의 어머니가 쿠냐 규칙에 따라 영아를 회피하는 현상이 아동 발달에 부정적인 영향을 미칠까 염려했었지만, 대학생인 무사를 알게 됨으로써 누그러졌다고 이야기했다. 세라가 관찰한 북부 나이지리아의 다른 아이들처럼, 무사도 영아 시절 어머니에게 회피를 당했고, 젖을 떼면서 어머니로부터 분리되었다. 그러나 무사는 초기 아동 발달에 관한 유명한 정신의학 이론들이 예측한 어떤 사회적·

감정적 문제도 지니지 않은 청년으로 성장했다. 이는 세라가 알게 된 구시와 멕시코의 다른 많은 젊은이들도 마찬가지였다. 농경 사회에서 바쁜 어머니들은 영아기 동안 아이와 놀아주지도 아이들에게 자극을 주지도 않았고, 젖을 뗀 후 손아래 동생이 태어날 쯤에는 아이와 친밀한 접촉을 거의 하지 않았지만, 그들의 아이들은 무사처럼 어떤 지적 결함이나 감정적 장애를 보이지 않는 성인으로 성장했다. 이 점은 우리가 마지막 장에서 살펴보고자 하는 부모가 영아기 아기에게 끼치는 영향력이라는 문제에 근본적인 의문을 제기한다.

구시 어머니들은 볼비와 에인스워스의 애착이론에 따르자면 영아의 신호에 충분히 "민감하지" 않으며, 따라서 "불안정한 애착"을 형성한 것처럼 보일 수 있다.[14] 그러나 이는 아기와 상호작용하는 미국적 방식, 즉 멀리서 아기의 신호에 말로 응답하거나 눈을 맞추며 반응하는 것이 아기의 발달에 최선이라는 가정에 기반을 둔 것이다. 구시 어머니들처럼 끊임없이 살갗을 접촉하거나 아기 울음에 즉각적으로(신체적으로) 반응하는 것은 감정적 안정과 애착을 형성할 수 있는 상호작용의 형식이 아니라는 것이다. 우리는 우리의 문화적 관점으로 왜곡된 성급한 결론을 내리기보다는, 애착이론에서 말하는 것이나 아동 발달 연구자들이 포착한 것보다는 훨씬 다양한 방식의 어머니의 민감성 maternal sensitivity이 존재함을 가정하고자 한다.

세라의 관찰에 따르면, 하우사와 구시 어머니가 아기와 거리를 두는 이유는 다르다. 하우사 여성은 집 안의 다른 여성이 아기와 노는 자신을 보면 수치심을 느끼기 때문에, 혼자 있을 때만 자신의 아기와 놀거나 아기를 바라본다. 그렇게 하지 않으면 여성은 친족 간 회피 규범에서 강조하는 도덕적 감정을 결여한 사람으로 낙인찍힌다. 구시에서 어머니는 다른 여성들의 질투로부터 자신을 보호할 수 있는 울타리가 필요하다. 임신을 했다고 공표하거나, 자신의 아기를 "지나치게 많이" 노골적으로 사랑하거나, 자신의 아이가 말을 잘하는 조숙한 아이라면 다른 여성들이 질투를 할 수 있다. 즉 자신의 아이와 관련된 즐거움을 드러내거나 자신의 재생산 성과와 관련하여 관심을 끄는 모든 행동들은 자랑으로 여겨질 수 있고, 자신과 자신의 아이는 이웃의 악감정(마법으로 이어지는)에 노출될 수 있다. 따라서 이 두 아프리카 문화에서 어머니와 아이의 면대면 상호작용을 자제하는 데는 다른 의미와 원인, 동기가 있다. 하우사 어머니는 자신에게 도움을 주는 다른 여성들의 인정을 받고 그 인정을 유지하기 위해 노력하는 반면, 구시 어머니는 집이나 이웃의 다른 여성들을 경계하고, 대신 자기 아이들의 도움을 받는다.

현대 미국의 관점에서 보자면, 굳이 애착이론과 관련짓지 않아도 구시 어머니들이 아기의 신체적 돌봄에만 관심을 갖고 아기에게 이야기를 하지 않고 아기를 쳐다보지도 않는 것은 감정적 방치처럼 보인다. 세라가 처음 하우사 아기들을 관찰했을 때의 반응처럼, 이러한 판단에는 현대 미국인들이 아기에게 표현하는 애정의 형태가 세계 모든 아기들에게 필요하며, 아프리카 아기들(구시, 세베이, 키프시기스, 그리고 아마도 은소)에게는 그러한 형태의 애정이 결핍되어 있다는 가정이 내재되어 있다. 하지만 과연 이 가정이 맞을까? 1953년, 비타민이 향후 아이의 신체적 건강에 필요한 것처럼 영아기 어머니의 사랑은 아기의 향후 정신건강을 위해 반드시 필요하다고 주장한 정신과 의사 볼비에 따르면 그렇다. 그러나 60년 후, 볼비의 이러한 주장은 발달심리학에서 논쟁거리가 되었으며, 미국을 제외한 세계의 다른 곳에서 발견된 증거들은 볼비의 주장에 점점 더 심각한 의문을 제기한다.[15] 미국 부모들도 다른 문화의 영아 양육을 자신의 문화적 판단 기준에 의거하지 않고 바라볼 수 있어야 한다.

영아 돌봄에 있어서의
감정 표현

감정을 표현하는 방식이 다양하다는 것은 자명한 사실이다. 각 문화는 이러한 다양한 감정 표현 방식 중 일부는 부모와 아이의 관계에서 허용 가능한 것으로 표준화하는 반면, 또 다른 일부는 낙인을 찍는 문화적 규범을 만들어낸다. 따라서 한 가지 규범을 지닌(우리는 모두 한 가지 규범을 지니고 있다.) 관찰자들은 다른 규범에 의해 구성된 행동들을 해석할 때 오류를 범할 수 있다. 그러나 양육에 있어서 우리 서구인들은 감정 표현과 관련된 우리의 기준이 더 좋을 뿐만 아니라, 모든 영아들이 정상적으로 성장하려면 이러한 감정 표현이 꼭 필요하다는 것이 과학적으로 밝혀졌다고 믿는다. 우리와 감정 표현의 기준이 다른 곳에서는 아기들이 말이나 눈 맞춤이 아닌 촉각과 접촉에 의해 "감정적 안정감"을 얻는다는 사실을 간과한 것은 아닐까? 또는 만약 모든 아이들이 정말 감정적 안정감이 필요하다면, 영아기 이후에, 또는 어머니가 아닌 다른 사람과의 상호작용을 통해 감정적 안정감을 얻을 수는 없는가? 사실, 미국과 영국의 정신과 의사들과 아동심리학자들은 다른 대안적인 가능성들을 간과했다. 우리는 이들의 이론을 넘어서서 다른 문화의 부모들이 자신들의 기준에 따라 아기를 돌볼 때 어떻게 감정을 표현하거나 혹은 자제하는지를 더 깊게 살펴볼 필요가 있다.

눈 맞춤으로
아기 흥분시키기

눈 맞춤의 의미는 문화적으로 매우 다양하다. 미국 어머니들은 어린 아이들과 상호 눈 맞춤을 추구하는데, 서구 연구자들은 아기를 감정적으로 흥분시키는 이러한 상호작용이 아기의 심리적 발달에 좋다고 믿는 경향이 있다. 그러나 구시와 은소에서 어머니들은 의도적으로 자신의 아기와 눈 맞춤을 피한다. 실제로 은소 어머니들은 면대면 접촉을 피하기 위해 자신을 쳐다보는 아기의 얼굴을 때린다고 보고했다. 그들은 다른 여성들이 아기를 잘 보살펴주지 않으면 일을 끝낼 수가 없다고 주장했는데,[16] 상호 눈 맞춤으로 어머니와 아이가 독점적인 관계가 될까 우려한 것이다. 가내 위계가 분명한 구시와 은소 사회에서, 아기와 같이 지위가 낮은 사람과 어머니를 포함한 높은 사람의 눈 맞춤은 무례한 것으로 규범화되어 있다. 어머니가 아기가 눈 맞춤을 하도록 유도하는 것은 아기의 무례한 버릇을 길러주는 것이며, 부모로서 매우 소중한 목표 중 하나를 이루지 못하는 것이다. 이때 소중한 목표란 가족 위계 내에서 존경심을 도덕적 선으로 보고 이를 고취하는 것이다. 반면 현대 서구 부모들은 아기와 평등한 관계를 추구하면서 부모와 아이의 지위 차를 줄이고 아기의 성향에 맞추어 자신들의 행동을 조절한다. 서구 부모들은 아이와 눈 맞춤을 한다. 왜냐하면 이들은 아기와의 상호 눈 맞춤을 즐기고(상호 눈 맞춤은 신나고 심지어 황홀하기도 하다.) 상호 눈 맞춤이 자신이 아이와의 관계에서 원하는 사회적 관계를 구축한다고 보기 때문이다.

아기 돌봄에 있어서 이러한 시각적 측면은 우리 문화의 일부로, 서구 정신의학은 이러한 우리의 문화적 관습을 지지하면서 아이의 정신 건강을 위해 이보다 더 좋은 것은 없다고 이야기한다. 예를 들어, 정신분석학자인 하인츠 코헛Heinz Kohut은 어머니가 아기의 행동을 따라 하는 "미러링mirroring"이 아이의 건강한 자기 존중감 발달을 위해 필수적이라고 주장했다.[17] 이에 따르면 도덕적, 실제적 이유 때문에 상호 눈 맞춤이나 서구식 어머니들이 하는 영아와의 상호작용을 회피하는 구시와 은소 어머니들은 자신의 아이들의 정신건강을 위태롭게 만들고 있다는 것을 의미한다. 그러나 장기간의 아동 발달을 이런 방식으로 추측하는 것은 다른 문화의 다양한 발달 경로들을 고려하지 않은 것이며 심지어 우리의 방식과는 다른 대안이 있다는 것을 상상하지 못하는 것이다.

결론 및 생각들

구시의 살갗을 매개로 한 영아 양육 방식이 현대 미국이나 영국 중산층의 면대면 방식보다 아이를 더 순응적으로 길러내는가? 하이디 켈러는 영아 발달에 관한 비교문화적 연구를 통해 그렇다고 대답한다. 켈러와 그녀의 동료들은 카메룬의 농경 사회 은소의 아기들을 태어나서부터 3개월까지 관찰하고, 코스타리카와 그리스의 중산층 아기들과 비교했다. 18개월이 되었을 때, 그들은 같은 아이들을 대상으로 순응 정도를 측정하는 실험을 진행했다. 아이들에게 작은 물건을 가지고 올 것을 요구하는 실험이었다. 이 실험에서 은소 아이들이 다른 아이들보다 훨씬 잘했고, 코스타리카 아이들이 그리스의 도시 아이들보다 더 나았다. 개별적 측면에서 보자면, 영아 시기 더 많은 몸의 접촉을 경험한 아이들일수록 실험에서 더 순응적인 것으로 나타났다.[18] 구시와 유사하게 은소 어머니들의 상호의존적인 영아 양육 방식은 아기가 농경 사회 가족의 가내 위계에서 중요시되는 순응, 존경심, 복종을 배우도록 유도하고 있는 것이다.

상호의존 대 독립

우리 연구의 공동연구자인 소아과 의사 수잔 딕슨Suzanne Dixon은 각각 18명의 구시와 미국 어머니들이 6개월에서 24개월 사이인 자신의 아이들을 가르치는 상황을 비디오로 촬영했다.[19] 이 실험이 미국 아이들을 위해 고안되었음에도 불구하고, 미국 아이들은 구시 아이들보다 훨씬 더 자주 눈에 띄게 괴로워했다. 게다가 "구시 아이들은 어머니들이 그들을 당기거나 밀어도 반항하지 않았지만, 미국 아이들은 거의 모든 경우 반항했다."[20] 구시 아이들의 이러한 상당한 정도의 순응성은 아기가 원할 때마다 젖을 주고 어머니와 아이가 함께 자는 구시의 관습을 "응석 받아주기"로 해석하는 외부 관찰자들에게는 이상하게 보일 것이다. 항상 원하는 대로 할 수 있는 아기들이 왜 비교 대상이 된 미국 아기들보다 더 반항적이지 않을까? 이 질문은 우선 구시 관습을 응석 받아주기로 해석하는 것이 처음부터 잘못되었음을 보여준다. 구시의 관습은 켈러가 주장하듯 양육의 목표가 상호의존에 있음을 반영한다고 보는 것이 더 적합하다.[21] 지속적으로 편안함을 제공하는 것(촉각적 접촉과 음식을 제공하는 것을 포함해)은 이른 시기 아기가 제멋대로 하는 것을 심화하기보다는 오히려 방지하는 것 같다. 독립을 양육 목표로 가진 미국과 독일 어머니들은 아기와 신체 접촉을 훨씬 덜 하고, 아기를 개별 침대나 방에 두어 아기가 스스로를 달랠 수밖에 없도록 만들며, 멀리서 면대면 접촉을 한다. 실험 상황에서 어머니의 지시에 더 자주 저항하는 아기는 이들의 아기들이었다.

생후 첫해 그리고 그 이후에도 아기를 질병이나 사고로부터 보호하는 것은 분명 구시 어머니들의 최우선 과제이다. 그러나 구시 부모들은 몸의 접촉을 수반하는 달래기나 음식 주기를 통해, 그리고 아기들을 흥분시킬 수 있는 면대면 상호작용을 회피함으로써, 아기를 차분하고 배부르고 흥분하지 않은 상태로 유지시키고, 이를 통해 순응이라는 양육 목표를 달성하는 데도 성공했다. 이 순응이라는 양육 목표는 농경 가족의 가내 위계에서 아동이 경제적 역할을 하고 성과를 내는 데 매우 중요한 부분이다. 구시 어머니들은 아기가 어머니가 원하는 바에 맞추고 미국 아기들보다 어머니 자신에게 훨씬 짐을 덜 안겨주기를 원하는데, 결국 대부분 그런 아기를 갖게 된다.

우리가 구시 어머니들에게 아기가 밤새 깨지 않고 쭉 자는지 물었을 때, 그들은 우리가 무슨 이야기를 하는지 알지 못했다. 왜 아기가 자다가 중간에 깨는가? 그리고 구시에서는 "미운 세 살" 대신 작은 물건들을 지시에 따라 옮기고 손위 형제자매들의 집안일을 흉내 내는 아이들을 볼 수 있다. 구시와 미국 어머니들을 비교해보았을 때, 더 복잡하고 힘들게 영아를 양육하는 것은 아기를 독립된 방의 독립된 침대에서 자도록 함으로써 아기가 울 때 부모가 잠을 방해받을 수밖에 없는 미국인들이다.

그렇다면 구시와 은소 어머니와 같은 농경 사회 사람들이 미국과 영국 중산층 부모가 그토록 아기들에게 원하는 언어적 기술과 감정적 민감성 대신 양육에서 함양하고자 하는 것은 무엇일까? 한 가지 답은 그들은 상당한 생존 위협이 존재하는 환경에서 영아들의 건강과 신체적 성장을 함양하고자 한다는 것이다. 또 다른 답은, 그들이 중요시하는 순응은 위계적인 특성을 지닌 식량 생산 가구 구조에 적응하기 위해 필수적인 부분이라는 점이다.

살갗을 접촉하는 방식의 양육이 가져올 수 있는 또 다른 긍정적인 효과가 있을까? 심리학자 티파니 필드Tiffany Field는 오랫동안 이 문제를 연구했다.[22] 2010년 발표한 그녀의 문헌 연구에 따르면 접촉과 마사지를 많이 하도록 유도하는 실험적 프로그램들에서 개인의 행복감이 증진된 것으로 나타났다. 하지만 접촉이 아기의 기본적인 발달과 어떤 관련이 있는지는 아직 제대로 다루어지지 않았다. 다시 말해, 서구의 영아 연구자들은 서구에서 선호되는 언어적·시각적 상호작용 방식에 주로 집중했으며, 살갗을 접촉하는 방식의 양육이 발달에 가져올 수 있는 장점을 보여주는 연구들은 아직 수행되지 않았다.

5장

아이 함께
돌보기

엄마만으로는 충분하지 않다

어머니가 아기를 홀로 기르는 경우는 거의 없다. 미국 사회는 뚜렷한 경계가 있는 고립된 가내 공간에서 아버지, 할머니, 아기 돌보미, 혹은 보육기관의 보조적인 도움을 받거나 혹은 받지 않는 채로 어머니에게 아기를 전적으로 책임지게 한다는 측면에서 매우 예외적인 경우이다. 전 세계적으로 보면 다수의 사람들이 양육에 참여하는 관습에는 다양한 형태가 존재한다. 확대가족 또는 결합가족 내에서 성인 여성들이 협동하는 경우, 아기의 손위 형제자매가 돌봄에 참여하는 경우, 아버지가 참여하는 경우, 양자로 보내거나 입양하는 경우, 즉 다른 가족(관계가 있는 가족일 수도 있고 아닐 수도 있다.)에게 아기를 보내는 경우, 유모를 고용하는 경우, 1990년 이전 이스라엘 키부츠 공동체와 같이 공동 양육을 하는 경우 등 다양한 모습이 있다.

남의 집 아이
젖 주기?

농경 사회에서는 어머니 외 다른 사람들이 항상 영아 양육에 관여하고 있다. 같은 집에 사는 하우사 성인 여성들은 심지어 서로의 아이들에게 젖을 주기도 한다. 한 젊은 하우사 여성이 다른 아내의 아기에게 젖을 주는 것을 보고, 세라는 그녀에게 종종 그렇게 하는지 물었다. "당연하지요. 이번 주가 이 아이의 엄마가 집안사람들을 위해 음식을 하는 차례예요. 그러니 그녀가 바쁠 때 그녀의 아기가 울면 내가 젖을 줘야지요. 그리고 내가 음식을 하는 주에는 내가 바쁠 때 그녀가 내 아이한테 젖을 줘요." 아프리카의 손위 아내들은 종종 "새 신부"를 질투하기 때문에 세라는 이러한 이야기를 듣고 놀랐다. 그러나 이후 세라는 남편 한 명과 아이 넷을 가진 이 나이 든 여성이 집안일을 도울 사람이 필요해서 젊은 친척 중 자신의 남편과 결혼할 여성을 골랐다는 사실을 알게 되었다.

구시의 손위 형제자매와 아이들은 어머니가 밭에서 일을 하거나 시장에 물건을 사고팔러 나갔을 때 일상적으로 아기를 돌본다. 구시 어머니들은 다른 여성이 자신의 아기에게 젖을 준다는 생각에 경악했지만, 아프리카에는 서로의 아기에게 젖을 주는 문화가 다수 존재한다.[1] 중앙아프리카의 수렵채집인인 에페 피그미족의 아기들은 동네 대부분의 여성들의 젖을 먹고 자란다. 이러한 방식의 "함께 젖 주기wet nursing"는 서아프리카 코트디부아르의 벵 사회에서도 흔히 발견되는 관습이다. 이는 어머니에게서 초유만 나오는 생후 직후에 시작되며, 어머니는 자신의 어머니나 다른 수유 중인 친척에게 아이를 건네 수유를 맡긴다.[2] 이후에도 벵 아기들은 가끔 또는 일상적으로 다른 친척들이나 이웃의 젖을 먹으며, 늙은 여성의 마른 젖을 빨기도 한다.[3] 1980년대 멕시코 마을에서 한 여성이 세라에게 말하길, 자신이 아는 여성이 아기를 낳은 직후 사망했는데 분유를 살 돈이 없어 그 여성의 시어머니가 아기에게 젖을 주었다고 했다. 세라가 나이 든 시어머니는 젖이 안 나오는데 어떻게 그럴 수 있었느냐고 묻자, 이 여성은 아마 시어머니도 자신의 아기가 있었을 것이라고 대답했다. 당시 출산율이 급격히 감소하고 있었지만 시골 지역에서는 일고여덟 명의 아이를 갖는 것이 여전히 일반적이었다. 더 출산을 하지 않는다 할지라도 수유 경험이 있는 어머니는 다시 수유를 할 수 있다고 했다. 어머니가 해야 할 일은 아이가 젖을 빨도록 하는 것이었으며, 시간이 지나면 젖은 나오게 된다고 했다. 세라는 이 사실을 믿게 되었다.

아이의 어머니가 아닌 다른 여성들이 수유하는 관습을 연구한 인류학자들은 이러한 관습이 공동체 내의 아이들을 공동의 책임으로 생각하는 것과 관련이 있다고 본다. 이는 유럽이나 미국 역사에서 농촌 또는 하층계급의 여성들을 비용을 지불하고 가정에 유모로 고용하는 사례들과는 대조적이다. 다른 집 아기에게 수유를 한다는 것은 단순히 이론적으로 그것이 가능한 문제인지를 넘어서 몇몇 사회에서 제도화되어 있으며, 그 사회의 광범위한 사회적 태도와 관습을 반영하는 것이다.

신뢰와 나눔:
하우사 대 구시

세라가 연구한 하우사와 구시 어머니들은 아기 양육에 있어 누가 그들을 도와줄 것인가의 문제와 관련하여 매우 상반된 가정을 하고 있었다. 어린 하우사 어머니들은 그들이 대체로 거주하고 있는 남편 마을의 여성의 도움을 받든, 자신의 어머니 마을을 방문하든, 집안의 여성 어른들이 양육을 함께하는 것을 당연시했다. 그들이 이러한 기대를 할 수 있었던 것은 칸막이로 나누어진 큰 집에서 여러 명의 여성들이 함께 살면서 따뜻하고 협력적인 집단을 형성하여 함께 아이들을 키웠기 때문이다. 이런 식으로 집단이 구성되어 있기에, 이혼한 여성은(하우사에서 이혼은 매우 빈번한 일이다.) 친족관계에 있는 다른 사람들이 양육을 도와줄 것이라 기대할 수 있다.

반면 구시 어머니는 앞 장에서 살펴보았듯 밭 옆에 있는 개별적인 집에 살며 양육에 있어서도 다른 여성들의 도움을 거의 받을 수 없다. 구시 여성들은 자신의 결혼 생활이 영원히 지속될 것이라고 가정하지만(구시 사회에서 이혼은 드물지만 현재는 점점 더 증가하고 있다. 그러나 여전히 흔하지는 않다.) 집 안의 다른 여성들 중 누가 남편의 총애를 받는지, 그리고 미래에 누가 땅을 상속받을지와 관련해 날 선 경쟁을 벌인다. 따라서 여성들은 다른 여성들이 자신이나 자신의 아이에게 좋은 감정을 가질 것이라 믿지 않는다. 게다가 구시의 신화에 따르면 요리는 공동 아내들 사이의 질투 때문에 만들어진 것이다. 구시 사람들이 음식을 날것으로 먹었을 시절, 한 여성이 음식을 데우면 다른 아내를 독살할 수 있다고 잘못 믿게 되었고, 이를 통해 음식을 요리하게 되었다는 것이다.

공동 아내들과 동서들이 서로 잘 지내는 경우도 있지만, 가구 내 여성들은 하우사의 여성들과 비교해본다면 대체로 훨씬 서로를 덜 신뢰하는 경향이 있다. 구시 어머니들은 자신의 자녀 중 큰아이나 자신의 부모 집안에서 데리고 온 아이가 어린 아기를 돌보도록 한다. 형제자매 육아(오모레리 omoreri라고 불리는데, 보통 여자아이가 하지만 때로는 남자아이도 한다.)는 1970년대 전 세계적으로 학교 교육이 강제화되면서 문제가 되기도 했지만, 구시 어머니들이 매우 선호하는 형태의 돌봄으로 여전히 남아 있다.

　　가내 집단의 여성들이 공동으로 영아를 돌보는 것은 하우사뿐만 아니라 코트디부아르의 벵 사회나 다른 서아프리카 사회에서도 발견된다. 인류학자 알마 고틀리프는 벵 사회에서 아기가 태어난 직후부터 공동 양육이 시작된다고 강조한다. 어머니가 밭에 일을 하러 나가면 아동이나 성인 양육자들이 아기를 돌아가며 돌보고, 어머니는 저녁에 집에 돌아왔을 때 심지어 누가 자신의 아기를 돌보았는지도 모른다. 양육자들은 아기들과 명랑한 면대면 상호작용을 즐기고, 아기에게 질문을 하고 대답하는 척하는 모방 대화를 한다. 고틀리프가 관찰한 자발적 협력과 풍부한 감정 표현은 구시의 영아 양육에서 볼 수 있는 모습과는 매우 대조적이다.

인도와
인도네시아

가내 집단 내 어머니들이 공동으로 아기를 양육하는 관습은 인도나 다른 남아시아 국가에서도 발견된다. 이는 특히 형제가 결혼 후 함께 거주하면서 사회적으로 통합된 위계적 집단을 이루는 결합가족에 널리 퍼져 있다. 1993년에서 1994년 사이 인도 북부 뉴델리 인근의 하리아나주 샨티 나가르 마을에서 가정의 낮 시간을 관찰한 심리학자 디네시 샤르마^{Dinesh Sharma}에 따르면, 6~12개월 사이 아기들이 어머니의 돌봄을 받는 시간은 전체 시간의 40퍼센트뿐이었다. 할머니, 이모, 고모, 아버지 들이 또 다른 양육자로서 아이를 돌보았다.[4] 18개월이 지나면 어머니에 의한 양육은 급격히 감소하고, 아이가 두세 살 때 공동 양육이 매우 두드러지게 나타났다. 어머니 외의 성인 여성이 많지 않은 작은 가구의 경우, 아버지가 영아 양육에 더 자주 참여한다.

결합가족은 말이 매우 많은 환경이다. 인류학자 루스 프리드와 스탠리 프리드에 따르면, 샨티 나가르 마을이 현재보다 더 고립되고 학교 교육을 받은 어머니들이 적었던 35년 전(1958~1959년), "어머니와 형제자매들은 아기가 태어날 때부터 시작해 아기에게 끊임없이 이야기했다." 그들은 다음과 같이 보고한다.

아기 곁에는 항상 이야기하고 의사소통하는 어른들과 아이들이 있다. [...] 어머니와 대리모들은 아이들에게 무엇을 했는지 말해준다. [...] 그들은 아이들이 말을 하기 전에 말을 알아듣기를 기대하고 있는 것처럼 보인다.

어린아이나 아기에게는 명백한 애정 표시를 한다. 어머니는 아기의 얼굴에 키스를 하거나 아기를 안기도 하고, 유아기 아동에게는 애정을 더 자주 표현한다. [...]

대부분의 가정에서 손위 형제자매는 아기나 어린아이들에게 애정을 표현한다.[5]

이 농경 사회 부모들은 말이나 애정 표현과 관련된 영아 양육 관습에 있어서 구시나 은소보다 우리와 더 유사한 모습을 띠고 있다. 그러나 그들의 돌봄과 상호작용의 기준은 어른뿐만 아니라 아동도 어린아이들에게 다정한 하리아나 농촌 결합가족의 매우 사교적인 환경 속에서 발달한 것이다. 여하튼 아기에게 말하거나 입을 맞추거나 아기를 안는 것과 같은 개별적 관습들은, 영아 양육에 관한 서로 다른 문화적 관념에 내재되어 있을 수 있다.

인류학자 수잔 시모어Susan Seymour는 인도 북동부 오리사주(현재는 오디샤주)의 주도인 부바네스와르의 구시가지 결합가족에 관해 다음과 같이 보고한다.

영아기와 초기 아동기 동안 아이들은 여러 명의 사람에게 의존하는 법을 배운다. 아이는 다음과 같은 것들을 알게 된다. 어머니가 너를 들거나 안을 수 없으면 다른 사람이 들거나 안아줄 것이다. 동생이 태어나서 네 자리를 차지하면, 할머니나 고모가 너를 주로 양육하고 보살펴줄 것이다. 예를 들어, 할머니나 고모가 밤에 너와 함께 잠을 자고 아침에는 너를 씻겨줄 것이다. 너의 기본적인 욕구는 항상 충족될 것이지만, 대부분 이 돌봄은 어머니나 아버지가 아닌 다른 사람이 행할 것이다. 다수에 의한 공동 양육은 예외가 아닌 규칙이다.[6]

시모어는 자신이 조사한 부바네스와르의 영아 양육을 "상호의존의 사회화"라고 표현하면서, 아이가 누군가와 살갗을 접촉하고 밤에는 함께 자는 등 항상 타인과 함께하고 있음을 강조한다. 동시에 시모어는 이러한 관습들이 아동 중심의 "응석 받아주기"를 의미하지는 않는다고 주장한다. 왜냐하면 어머니는 결코 자신의 통제권을 포기하지 않기 때문이다. 예를 들어, 어머니는 아기가 울고 저항해도 이를 무시하고 매일 씻긴다. 따라서 인도 결합가족이 영아를 양육할 때 말을 하거나 애정을 표현하는 정도가 미국 중산층과 비슷할지라도, 인도 어머니의 양육 목표는 몸을 접촉하고 다수의 양육자가 돌볼 수 있도록 함으로써 결과적으로 상호의존성을 기르는 것이다. 이에 더해, 아기가 거부해도 위계적으로 해야 할 일을 한다는 측면에서 미국의 양육 관습과 차이가 있다. 시모어는 다음과 같이 이야기한다.

이 구시가지 어머니들은 아기가 울면 몇 초나 몇 분 사이에 반응하지만, 아기가 만족할 만큼 젖을 주지 않는다. 보통은 아기가 울면 아기를 들어 한쪽 젖을 몇 분간 물린다. 그리고 아기가 만족하기 전에 의도적으로 젖을 뗀다. 아기가 다시 울기 시작하면 다른 쪽 젖을 주고, 또다시 아기 배가 차기 전에 젖을 뗀다. 결국 아기가 울고 어머니가 지연된 반응을 하는 일련의 순서를 반복함으로써 어머니는 아이를 통제하고 아이는 계속 더 "요청"하는 방식이 형성되는 것이다.[7]

어머니의 통제에 관한 위와 같은 현상이 결합가족의 양육 관습에 내재된 농경 사회의 위계적 가치를 표현하는 것이라고 할 수 있을까? 그럴 수 있다. 그러나 만약 그렇다면 그러한 위계적 가치들은 문화에 따라 다른 모습을 띨 것이고, 인도에서는 인도의 맥락에 맞는 특정한 형태를 띠면서 다른 가치들(말로 하는 의사소통이나 애정 표현의 가치들)과 융합·결합되어 있을 것이다. 이러한 맥락을 넘어서, 인도나 서아프리카의 확대가족이나 결합가족은 공동 양육을 통해 상호의존성을 가진 아이로 자랄 수 있는 양육 환경을 만든다.

인류학자 비르기트 뢰트거뢰슬러Birgitt Röttger-Rössler는 인도네시아 남부 술라웨시의 마카사르에서 쌀농사를 짓는 농경인들에 관해 유사한 상황을 보고한다.[8] 초기 영아기부터 아이들은 다양한 친족들과 가까운 관계를 맺기를 기대받고 또한 그렇게 한다. 할머니는 특히 영아기 아동 양육에서 매우 중요한 인물로, 어린아이들은 종종 부모보다 할머니를 더 좋아하며, 심지어 부모를 떠나는 경우도 있다. 마카사르에서 공동 양육은 영아기에 필연적으로 일어나는 일로, 이러한 환경은 성장하는 아이의 삶에 매우 깊은 영향을 미친다. 이 아이들이 성장하면서 부계 및 모계 친족들과 맺는 관계는 이후 성인기의 중요한 자원이 된다.

형제자매들:
아기를 돌보는 아이들

형제자매가 아기를 양육하는 관습은 아프리카, 동남아시아, 태평양 제도, 북미 인디언 사회와 같은 농경 사회에서 널리 퍼져 있다. 그러나 5~9세 소녀가 아기를 돌보는 매우 전형적인 형태의 형제자매에 의한 양육은 현대 미국 사회에서는 아동 방치 범죄로 간주될 수 있으며, 이를 시행한 부모들은 체포되거나 징역형을 살 수도 있다. 이는 다음과 같은 질문을 제기한다. 농경 사회에서는 매우 널리 퍼져 있는 관습이 왜 우리 사회에서는 범죄로 간주되는가? 답은 이웃 부모나 다른 성인이 서로의 아이들을 감독할 수 있는 농촌 마을과 감독이 불가능하고 공장에서의 아동 착취가 빈번한 익명의 도시라는 차이에서 시작된다. 유럽과 미국에서 도시화와 산업화가 진행되면서 아동을 보호하기 위한 법률이 필요해졌고, 지난 세기 동안 아동을 돌보는 것은 온전한 부모의 책임에서 법적 보호의 영역으로 넘어가게 되었다.

그러나 농경 사회에서 도시 산업 사회로 변화했다는 것만으로는 대답이 충분치 않다. 농경 사회의 6세 소녀는 현재 우리 사회의 소녀보다 아기를 책임질 준비가 훨씬 더 잘되어 있다. 우리 미국 사회의 아이들은 놀고 스스로 즐기도록 길러진다. 우리는 덜 위계적이며, 불복종을 용인한다. 우리 아이가 아기를 혼자 돌보는 것과 같은 심각한 일을 할 수 있다고 믿지 않는 것이 당연할 수도 있다. 반면 구시나 다른 농경 사회 사람들은 소녀가 아기를 돌보도록 할 때, 소녀를 위험에 거의 노출시키지 않는다. 소녀가 짧은 시간 동안만 아기를 업게 하거나, 아기를 돌볼 때 무슨 일이 생기면 언제든지 어른을 부를 수 있는 멀지 않은 곳에 머물도록 하고, 간단한 지시 사항을 준다. 이 소녀들은 어린아이 때부터 존경과 복종이 가장 중요하다는 것을 배웠고 따라서 부모의 지시 사항에 주의를 기울인다. 여전히 위험은 존재하며, 우리는 이 위험을 감수하지 않으려고 할 수 있지만, 그들은 그렇게 할 수밖에 없다. 출산율이 높은 아프리카 사회에서 아동은 즉시 사용할 수 있는 노동력이다. 인류학자들은 형제자매의 양육이 영장류학자들이 "혼합 연령 집단multi-age group of juveniles"이라고 부르는 환경을 만들기 때문에 어린아이들에게 서구 학교와 같은 연령 단계별 환경보다 더 나은 교육 환경을 제공한다고 주장해왔다. 이 부분은 나중에 살펴볼 것이다.[9]

아기 돌보는
아버지들?

아버지가 영아를 돌보는 데 참여하는 경우는 매우 드물지만, 여전히 정도에 있어서는 상당한 차이가 있다. 대부분의 동아프리카(구시나 다른 농경 사회와 같은)와 같이 아버지가 영아와 거의 접촉이 없는 극단적인 사례부터 중앙아프리카 공화국의 아카 수렵채집인과 같이 아버지가 아기의 일상적인 양육에서 매우 중요한 위치를 차지하는 경우에 이르기까지 다양하다.[10] 마찬가지로, 브로니슬라브 말리노브스키는 초기 민족지적 보고에서, 멜라네시아 트로브리안드 사회의 아버지들은 지속적으로 사랑스럽게 자신의 아기를 돌본다고 기술했다.[11] 대부분의 인간 사회는 두 가지 극단적인 형태의 어딘가에 놓여 있다. 아버지들은 일상적인 양육에는 책임이 없고, 영아기 아동에게 관심이 있을 수도 있고 없을 수도 있다. 인도의 아버지들은 결합가족의 영아 양육에 있어 주된 역할은 아니지만 매우 중요한 역할을 한다. 우리의 현지조사 경험에 의하면, 중앙멕시코의 아버지들은 자신의 어린 아기나 아이들에게 아낌없이 애정을 주는 것으로 유명하다. 유럽과 미국의 경우, 국가에서 아버지에게 육아휴직을 제공하지 않는데도 불구하고 점점 더 많은 아버지들이 영아 양육에 참여하고 있다.

위탁 양육과 입양:
아기를 타인에게 보내기

서아프리카는 "아이 한 명을 키우려면 한 마을이 필요하다."라는 속담이 탄생한 곳이다. 이때 "마을"은 반드시 장소가 아닌 아이 돌봄을 위해 멀리서도 부르면 올 수 있는 여성들이 존재하는 친족 및 타인의 사회적 연결망을 의미하는 것으로, 이 연결망은 먼 농촌 지역에서 주요 도시로까지도 이어질 수 있다. 서아프리카는 장거리 교육, 도제제도, 도농 간 이주, 빈번한 이혼을 배경으로 (20세기 후반에는) 아이가 없는 여성들이 다른 여성의 아이를 돌보는 특수한 역사를 지니고 있다.[12] 이러한 맥락에서, 타인의 아이가 어리거나 나이가 많거나 가까이 있거나 멀리 있거나에 상관없이 위탁하여 돌보는 것이 일반적인 모습이 되었다.

시에라리온의 멘데 사회를 대상으로 진행한 1975년 인구조사에 따르면, 이곳 몇몇 지역에서는 2세 미만 아동의 반 이상이 어머니 외의 다른 사람들에 의해 길러지고 있었다.[13] 인류학자 캐롤라인 블레드소 Caroline Bledsoe는 멘데 사회에서 4개월밖에 되지 않은 아기들이 위탁 양육되고 있으며, 멘데의 한 지역에서는 위탁 양육되는 아동의 40퍼센트가 23개월이나 그 이전에 위탁 양육을 위해 그 지역으로 왔다고 보고한다. 일반적으로 위탁 양육을 맡는 사람은 "할머니"인데, 이 "할머니"가 반드시 아이의 생물학적 할머니는 아니다. 이들은 주로 34세 이상의 여성들로, 자신이 이전에 받은 지원에 대한 호혜적 보답으로 아이를 맡아주기도 하며, 때로는 미래에 아이가 자신을 도와줄 것을 기대하고 맡기도 한다. 영아나 어린아이들은 주로 소도시에서 시골로 보내지는 반면, 좀 더 나이가 있는 아이들은 시골에서 도시로 보내져 기술을 배우는 등 교육적·직업적 이익을 얻을 수 있도록 한다. 어린 어머니들은 아이를 다른 사람들에게 맡김으로써 타운에서 쉽게 일할 수 있으며, 이혼 후에는 새로운 결혼도 할 수 있다. 아이를 맡게 되는 "할머니들" 입장에서는 어린아이가 외로움을 달래줄 수 있고, 집안일을 도와줄 수 있으며, 친족관계망 내에서 아이의 부모나 다른 사람들과 관계를 유지하는 데 도움을 주기도 한다.

서론에서 이야기한 것처럼, 위탁 양육은 하우사 사회에서 매우 흔하다. 거의 대부분의 아이들이 젖을 떼기 위해 다른 곳으로 보내지며, 짧은 기간이 지난 후에 어머니에게 돌아오는 경우도 있지만, 어떤 경우는 남아서 위탁모와 수년간 살기도 한다. 하우사에서 아이가 없는 부유한 여성이 집안 하인이나 어릴 때부터 친한 친구 등 가난한 지인의 아이를 입양하는 것은 매우 흔한 일이다. 하우사 사람들은 세라에게 다음과 같이 이야기했다. "당신은 아이가 하나도 없고 당신의 친한 친구는 아이가 여러 명 있다면, 당신이 아기를 맡겠다고 할 수 있어요. 당신의 친구는 거절할 수 없어요. 젖을 뗀 후에 친구는 당신에게 아기를 줄 거예요." 그 아이는 성인이 될 때까지 입양된 어머니의 집에서 길러지고, 그곳에서 결혼을 하고, 입양 어머니의 재산을 상속받는다. 다양한 형태로 이루어지는 친족 간 위탁 양육은 런던과 파리로 이주한 서

아프리카 이주민들 사이에서도 오랫동안 빈번히 이루어져왔지만, 이들의 영아기 위탁 양육에 대한 관찰연구는 현재까지 없다.

태평양 제도

친족집단 내 아동 입양은 폴리네시아, 멜라네시아, 미크로네시아를 포함한 태평양 지역에서 널리 발견된다.[14] 입양 중 일부는 지역의 친족 기반 공동체에서 아이가 많은 사람이 아이가 없지만 토지나 다른 가족 자원이 있는 사람에게 아이를 재분배하는 행위로 볼 수 있다. 이들은 소규모 공동체이기 때문에 아이가 있는 이혼한 여성이, 아이를 갖기를 원하지만 아이가 없는 여성에게 아기를 주는 일이 쉽게 이루어진다. 이런 방식으로 아이를 입양한 사람은 어린아이를 데려다 자신의 아이로 기름으로써 사회적 연대를 촉진하고 친족 내 유대를 강화하는 사람으로 여겨진다. 이렇게 입양된 대부분의 아이들은 자신의 생물학적 부모가 누구인지를 안다. 비록 오세아니아 사회의 영아 입양에 대한 관찰연구는 없지만, 입양된 아이와 생물학적 자녀를 다르게 대하지는 않는 것으로 보인다.

서아프리카나 태평양 제도에서 위탁 양육이나 입양을 통해 아주 어린아이를 입양하는 사람들은 대부분 결혼한 커플이거나 아이의 생물학적 할머니처럼 가임기 혹은 폐경기의 성인 여성들이다. 이런 점에서 보자면 여기에는 진화적인 요인이 작용하고 있을 수도 있다. 아기들은 아동이나 청소년에게는 절대, 싱글인 남성에게는 거의 전혀, 그리고 관계가 없는 이방인에게는 거의 입양되거나 위탁 양육되지 않는다. 그러나 서아프리카에서 친족 간 위탁 양육의 빈도가 높고 태평양 제도에서는 입양이 흔하다는 점은, 비록 인구집단 간 편차에 한계가 있을 수는 있지만 어머니와 영아 사이의 상호작용 방식만큼 영아의 위탁 양육과 입양에 참여하는 사람들도 집단별로 다양함을 보여준다.

아기에게는 무엇이 필요할까?
이에 대한 생각들

우리가 지금까지 알아본 것처럼 문화에 따라 영아 양육 관습은 실로 다양하게 나타난다. 그렇다면 우리는 이에 따른 영아의 욕구에 대해 어떤 결론을 내릴 수 있을까? 우선, 누가 영아를 양육하는지와 관련해서는 사회들 간에 다양성이 많지 않다. 이는 이 문제와 관련하여 종 보편적인 제한이 있을 수 있다는 점을 시사한다. 영아의 주 양육자는 어머니를 대체하는 경우일지라도 성인 여성들이다. 형제자매나 다른 집 아이들이 주로 보조 양육자로서의 역할을 담당하고 있다는 사실은 이러한 점을 분명히 보여준다. 아이들에게는 영아를 돌보는 책임을 전적으로 맡기지 않는다. 아버지는 종종 간접적인 경제적 부양이나 사회적으로 보조적인 보살핌을 제공하는 등 영아 양육에 있어서 다양한 역할을 수행하지만, 결코 주 양육자가 되지는 않는다. 물론 이러한 제한에는 영아가 젖을 먹어야 하는 필요성이 반영되어 있지만, 140년 전 어머니를 아기의 수유로부터 해방해준 분유가 유럽과 미국에 소개된 이후에도, 몇몇 지역에서는 아버지들이 이전보다 더 큰 역할을 하기 시작했지만, 아버지가 영아의 주요 양육자가 되는 경향은 발견되지 않았다. 이것이 남성이 영아의 주 양육자가 되는 사회가 있을 수 없다는 것을 의미하는 것은 아니다. 아직까지 그런 사회가 생기지 않았다는 것이다. 따라서 우리가 살펴본 다양성에도 불구하고, 인간 종 내에서 누가 영아를 양육하는지에 관해서는 종 보편적인 제한이 있을 수 있다.

둘째, 영아 양육 관습과 관련된 문화적 다양성(수유 대 분유, 살갗을 접촉하는 상호작용 대 면대면 상호작용, 아기에게 말하기 대 말하지 않기)은 아동의 심리적·사회적 발달에 영향을 줄 수 있으며 아마도 주는 것 같다. 세계 다양한 지역의 영아들의 일상을 관찰한 내용을 많이 알게 될수록, 연구자들은 "호혜적 상호작용reciprocal interaction", "공동주의joint attention"와 같은 의사소통에 관한 범문화적 프레임과 특정 문화 내 영아들의 문화특수적 발달 경험을 구분하게 된다. 증거들은 어머니와 그 이외의 사람들이 점점 더 영아들에게 문화적으로 특수한 발달 경로를 제공하고 있다는 것을 보여준다.

셋째, 영아 양육 관습은 분명 부모가 속한 사회적·문화적·도덕적 환경의 영향을 받지만, 그 결과는 농경 사회 대 도시 산업 사회와 같은 이분법적 틀이나 부모에게 영향을 미치는 다른 조건들로 단순히 예측할 수 없다. 예를 들면, 아기에게 말을 하고 애정을 표현하는 것이 현대 도시 사회의 특성이지만, 이러한 점들은 서아프리카나 인도의 농경 사회에서도 발견된다. 코트디부아르의 벵 어머니나 인도와 네팔의 힌두교 어머니들은 영아에게 강도 높은 신체 접촉과 면대면 상호작용을 모두 제공한다(면대면 상호작용의 빈도가 미국이나 유럽과 비교했을 때 어떠한지에 관한 자료는 없다). 동시에, 농경 사회 부모들이 위계를 중요하게 여기는 관습은 구시나 은소뿐만 아니라 벵, 인도, 마카사르에서도 발견된다. 다음 장에서 우리는 영아기에 습득한 것들이 이후 유아기에서 어떤 역할을 하는지 살펴볼 것이다.

마지막으로, 우리가 연구한 지역들의 사례에 기반하여 발달심리학의 가정에 이의를 제기해볼 수 있을 것이다. 우리는 동아프리카의 영아기 아동을 향한 말이나 면대면 상호작용의 부재, 서아프리카의 영아기 및 유아기 아이의 친족 내 위탁 양육, 벵 사회의 영아 관장 관습(남아프리카 줄루족에서도 발견된다.), 미크로네시아나 타히티의 빈번한 입양 등을 기술하면서, 이러한 관습들이 서구 이론들이 예측하는 것만큼 병적인 영향을 미치는지에 관해 질문하지 않을 수 없다. 이러한 관습들이 아이에게 미치는 영향이 심각하지 않다면, 전문가들이 부모들에게 충고하듯 가르치는 이론들은 타당하다고 말할 수 있을까? 뢰트거뢰슬러가 암시하듯, 영아를 공동 양육하고 아기가 자신을 돌볼 사람을 선택하도록 허용하는 관습을 지닌 술라웨시의 마카사르나 다른 부족들이 미국이나 유럽 부모들보다 아이에게 심리적 안정감을 더 많이 제공하는 것은 아닐까? 그렇다면 이는 서구 심리학자들이 이러한 다양성을 인식하지 못한 채 심리적 일반화를 하고 있다는 것 아닌가? 이렇게 일반화된 결론은 보편적일 수 없지 않을까?

6장

유아
훈육하기

말하기, 배변 훈련, 떼쓰기, 일하기

미국 부모들과 조부모들은 유아가 귀엽고 사랑스럽고 재미있으며, 심지어 "눈에 넣어도 아프지 않다"고까지 생각한다. 유아를 훈육한다는 것은 잘못된 것처럼 보인다. 훈육은 강제적이고 고압적일 수 있으므로 우리는 아이를 훈육하지 않는다. 그저 아이를 소중히 여기며 아이가 성장하는 것을 돕는 것이다. 우리가 조부모로서 겪었던 경험을 사례로 들자면 다음과 같다.

어느 날 세 살인 손녀 로지가 어머니와 조부모를 포함한 어른들이 있는 자리에서 갑자기 큰 소리로 "어제 몬티가 나를 밀었어요."라고 이야기했다. 로지의 이런 행동에 어른들은 로지가 그들의 대화를 방해했다고 꾸짖거나, 로지의 실수를 바로잡거나(로지는 "어제"라고 말했지만 사실 한 달도 더 전에 있었던 일이었다.), 현재 어른들이 하고 있는 대화에 로지의 말은 적절하지 않다고 짚어주지 않았다. 대신 어른들은 이 아이의 잘못된 추론에 매료되었고, 이를 웃기고 사랑스럽다고 여겼다. 할머니인 세라는 로지에게 키스를 했다. 이러한 반응은 유아가 갑작스러운 말을 했을 때 미국과 영국 어른들의 전형적인 반응이다.

　때때로 유아의 말은 그들의 환경을 반영하는 것처럼 보인다. 예를 들어, 할아버지인 밥이 31개월 된 손녀 에바에게 빵을 잘라주자 에바는 할아버지에게 "참 잘했어요."라고 했다. 이 말은 에바의 엄마가 에바가 뭔가를 제대로 했을 때 할 법한 말이다. 밥이 29개월 된 손녀 벨라를 씻겨주자 벨라가 갑자기 "할아버지 정말 사랑해요."라고 이야기하기도 했다. 이 말 또한 비슷한 상황에서 엄마가 벨라에게 했을 법한 말이다.

물론 위와 같은 아이의 말은 우리를 즐겁게 한다. 그리고 이러한 상황들은 우리가 두세 살 무렵 수려한 이야기꾼이 되는 우리의 자녀와 손주의 어떤 점을 사랑하는지를 전형적으로 보여준다. 잠시 아이 집을 들르는 조부모나 방문자들은 아이의 귀여움만을 볼지 모른다. 그러나 부모들은 유아기 아동의 예측 불가한 변덕스러움과 부담스럽고 다루기 어려운 요구, 그리고 부모들을 지치게 하는 떼쓰기를 상대해야만 한다.

심리학자들은 우리가 걸음마기^{toddler period}나 초기 아동기를 어떻게 정의하든지 간에(이 시기를 출생부터 3세까지, 혹은 5세까지로 정의하곤 한다.) 가장 놀라운 점은 이 이른 시기 동안 정말 많은 학습과 발달이 일어난다는 점이라고 이야기한다. 그리고 미국 부모들은, 그들이 얼마나 평등을 지향하든지 간에, 유아기 아동 발달에 관한 문화적으로 특수한 그들만의 목표를 가지고 있다. 물론 문화와 가족 및 공동체에 따라 영아기 이후 이 시기의 양육 방식과 아이의 경험에는 차이가 있을 수 있지만 말이다.

캐나다:
이누이트(에스키모)의 유아

앞서 살펴본 우리의 손녀 로지의 세계는 인류학자 진 브리그스Jean Briggs가 연구한 캐나다 북극지방 배핀섬의 반유목민인 이누이트 수렵인 중 브리그스가 가장 좋아한 세 살짜리 여자아이 추비 마타의 세계와는 매우 다르다. 추비 마타의 부모는 그녀를 사랑하고 그녀를 보살폈지만, 두 살에서 네 살 사이 아이들을 향한 그들의 관습은 우리의 관점에서 보자면 놀랍다.

> 아이가 생각하고 무엇인가를 가치 있게 여기도록 자극하기 위한 방법 중 하나는 아이가 결코 무시할 수 없는 수준으로 강력한 감정적인 문제를 안겨주는 것이다. 이누이트 부모들은 아이가 질문을 하면 종종 아이에게 위험할 수 있는 내용을 되묻거나, 결과를 과장해서 대답한다. "왜 네 어린 남동생을 죽이지 않니?" "내가 너의 새 옷을 가질 수 있게 네가 죽는 게 어때?" "너의 엄마는 죽을 거야. 봐, 엄마가 손을 베었잖아. 너 나랑 같이 가서 살래?" 이런 방식으로, 어른들은 아이가 자신의 삶에 크나큰 영향을 미칠 것으로 생각하는 문제들을 자각하도록 만들고, 이 문제들을 아이에게 제시한다.[1]

이누이트 유아들은 일상에서 이러한 방식의 질문을 종종 받는다. 어른들은 "재미로 실제의 삶보다 더 부풀려진 이야기를 짜고, 이를 아이가 위험하다고 느낄 만한 극적인 요소와 딜레마를 가진 이야기로 바꾼다." 그러곤 "아이가 스스로 이 문제들을 해결하도록 내버려둔다."[2] 브리그스가 이야기하듯, 이러한 질문의 목적은 아이에게 익숙한 소재들을 사용하여 드라마를 만듦으로써 아이 스스로 생각을 하도록 하여, 결국 아이에게 인생의 복잡함과 모순을 알려주는 데 있다.

브리그스는 이러한 수렵 사회의 성인과 아이 간 놀이 패턴에 관해 생생하게 기술하지만, 이러한 문화적 관습이 추비 마타나 다른 이누이트 유아기 아이들의 심리적 발달과 학습에 미치는 영향에 관해서는 특정한 주장을 하지 않는다. 그렇다면 우리는 이누이트나 다른 곳의 사례를 통해 어떤 이야기를 할 수 있을까? 영아기 이후 걸음마 단계인 유아기 아동을 이해하는 데는 어려움이 따른다. 이는 이 초기 시기 동안 너무나 많은 일들이 일어나기 때문이다. 이 시기에 아이들은 언어를 습득하고, 언어를 사회적 맥락에서 어떻게 사용하는지를 배우고, 신체와 감정을 통제할 수 있게 되고, 영아기 동안 형성된 관계에 의존하면서도 새로운 관계를 맺기도 하며, 다른 사람에게서 배운 기술들을 사용하기도 한다. 이러한 일련의 일들조차도 사실 유아기 아동의 삶의 복잡성을 제대로 보여주지 못한다.

페루, 네팔, 멕시코의
유아 기르기

발달심리학자들은 대체로 유아기의 이러한 복잡성을 분석하는 데 관심이 없지만, 심리학자 바버라 로고프$^{Barbara Rogoff}$는 유아기 아동의 범문화적 학습 환경을 보여주기 위해 "인도된 참여$^{guided participation}$"라는 용어를 고안했다.[3] 아이는 성인이나 자신보다 손위인 다른 아이들의 인도를 받으면서 자신을 둘러싼 삶의 매일매일의 일상, 즉 이야기하기, 놀기, 일하기에 참여한다. 인도된 참여는 문화에 따라 매우 다양한 방식으로 일어난다. 다음은 페루 안데스의 케추아어를 사용하는 농경 공동체의 사례이다.

아이가 세 살쯤 되면, 아이는 집 안팎의 사소하고 작은 모든 일들을 할 수 있도록 허용된다. 대부분의 활동들은 형제자매나 어른들을 관찰하면서 배운다. 네 살배기 빅터는 심부름을 하고 어린 두 여동생을 돌보면서 마마니 집안을 돕는다. 빅터는 어머니에게 기저귀를 가져다주고, 밖에 나가 작은 담요를 털고, 여동생들이 마실 수 있도록 젖병을 잡아준다. 여섯 살이나 일곱 살이 되면, 빅터는 동물들을 풀밭에 데리고 가 풀을 뜯게 하고, 감자밭에서 일하고, 식사 준비를 돕고, 축제에 내놓을 좋은 코카^{coca}를 고르는 작업을 한다.[4]

유아를 돌보는 남성 양육자들

남아시아 힌두교도 결합가족에서는 다수의 사람들이 유아가 가족의 일상생활에 참여하도록 돕는다. 세라는 네팔 농촌의 경우 젊은 남성이 이러한 역할을 담당하고 있는 것을 발견하고 놀랐다. 다음은 세라가 카트만두 외곽의 고다바리Godavari 농경 공동체의 힌두교도 결합가족을 관찰한 기록 중 일부이다.[5]

나의 첫 현지조사에서 나는 부모, 아들들, 며느리들, 그리고 손자 손녀가 함께 사는 카르키 가족을 알게 되었다. 눈부실 정도로 아름다운 봄날 아침 나는 연구보조원과 함께 농가를 지나고 있었다. 그리고 그때 잘생긴 젊은 남성이 팔에는 아기를 안고, 나를 가리키며 옆에 앉은 작은 남자아이에게 말하고 있는 것을 목격했다. 며칠 후 연구보조원과 나는 다시 그 젊은 남성을 보았고, 이번에는 그 집 마당으로 들어갔다. 놀랍게도 나는 베란다에 여성 세 명과 10대 소녀 두 명이 앉아 있는 것을 보았다. 나는 궁금했다. 왜 그렇게 많은 여성들이 있는데 남성이 아기를 돌보고 있을까? 연구보조원의 통역 도움을 받아 나는 여성들은 이른 아침부터 논에 벼를 심고 지금 막 점심을 준비하기 위해 돌아왔고, 소녀들은 바구니를 짜고 야채를 준비한 후 지금 쉬고 있는 중이라는 사실을 알게 되었다. 아르준이라는 이 젊은 남성은 지금은 직장을 잃어 아이들을 돌보고 있으며, 그 전까지는 그의 여동생들이 아이들을 돌보았다고 설명해주었다.

이 남성의 어머니인 사누가 끼어들며 말했다.

"아르준이 하는 건 일이 아니에요. 그냥 노는 거지요."

어느 날 오후 나는 캠코더를 들고 카르키 가족의 집에 다시 방문해 아르준과 아이들을 촬영해도 되는지 물었다. 고등학교를 졸업한 22세의 아르준은 최근 결혼을 했다. 아르준은 집에 혼자 머물며(그의 여자 형제들은 다른 여성들과 함께 논에서 일을 했다.) 집 주변을 돌아다니는 16개월인 조카 수시마와 네 살짜리 조카 사싯을 책임지고 돌봤다. 그는 조카들이 큰 염소 위에 걸터앉고 염소에게 풀잎을 먹일 수 있도록 도와주고 있었다. 그러는 틈틈이, 너무 활동적이라 그의 할머니가 나에게 버릇없는 말썽꾸러기라고 표현한 사싯과 농담을 주고받기도 했다. 아이들의 어머니인 데비가 소여물 한 짐을 들고 마당을 가로질러 갔지만, 사싯과 수시마는 삼촌인 아르준과 노느라 정신이 팔려 엄마를 쳐다보지도 않았다. 수시마가 졸려 하자 아르준은 수시마를 베란다에 눕혔다. 수건으로 수시마를 덮어준 후, 수시마를 달래며 이야기를 해주고 수시마에게 다가오는 파리를 쫓았다. 수시마가 잠든 것이 분명해졌을 때에야 아르준은 사싯에게 관심을 돌려 책을 펴고 책 읽는 시간을 가졌다.

카르키 집 건너편 들판에는 비스타라는 또 다른 농경 가족이 있었는데, 이 가족은 장녀를 시집보낼 준비를 하고 있었다. 결혼식 날 아침 나는 결혼 과정을 촬영하고자 카메라를 들고 그 집으로 갔고, 그곳에서 300명의 손님 음식을 준비하기 위해 고용된 요리사들과 마당을 꾸미는 집안 여성들을 마주했다. 그동안 긴 줄무늬 티셔츠에 딱 붙는 검정 청바지를 입은 젊고 말쑥한 열네 살의 비스타 집안 아들 시브는 이 집안의 손자인 이제 막 걷기 시작한 람라자를 돌보고 있었다. 그는 람라자를 즐겁게 해주었다. 람라자를 먹이고, 옷을 갈아입히고, 데리고 다니면서 손님들에게 인사를 하도록 했다. 긴 결혼식 날 내내 시브는 기분 좋은 웃음을 지으며 다녔다. 심지어는 결혼의례 중 매우 엄숙한 순간에 그의 팔에 있던 람라자가 소리를 질러 람라자를 팔에서 내려놓았지만, 그때도 시브는 기분이 좋아 보였다.

어떤 열네 살짜리 미국 소년이 다섯 시간 동안 계속되는 결혼식 내내 어린아이를 이렇게 기꺼이 돌볼 수 있을까?

6년 후 내가 고다바리에 돌아갔을 때(이때는 네팔 언어를 훨씬 더 많이 알아들을 수 있었다.) 시브는 대학에 진학했고 람라자는 활달한 2학년이 되어 있었다. 그동안 아르준은 시내에서 일자리를 찾았고, 그 못지않게 잘생긴 남동생 프라사드가 아르준의 자리를 이어받아 아이들을 돌보고 있었다. 24세의 대학 졸업생인 프라사드는 결혼은 했지만 아직 직업은 없었고, 자신의 아이들뿐만 아니라 세 명의 아르준의 자녀들까지 돌보았다. 이 두 형제의 어린 자녀들은 한 살 정도였고 이제 막 걷기 시작했다. 내가 이전 체류 기간 동안 만나지 못했던 이 집안의 가장 타릭 카르키는 시내에서 하던 일에서 은퇴하고 집으로 돌아와 차 가게를 열었다. 타릭과 프라사드는 때때로 역할을 바꿔 했다. 프라사드가 차 가게를 볼 때면, 타릭은 아내인 사누의 도움을 받아 그가 좋아하는 일인 "아기 돌보기"를 했다.

　내가 고다바리의 이 파르바티야(브라민-체트리스) 가족을 알고 지낸 2년 동안, 나는 모든 연령의 남성들이 "집 안"의 어린아이들에게서 기쁨을 얻고 있음을 알 수 있었다. 아이가 자신의 아이든, 자신의 형제의 아이든, 손자 손녀든, (끝까지 집 안에서 함께할) 남자아이든, (결국 밖으로 시집갈) 여자아이든, 파르바티야 남성들은 아이를 온화한 애정과 인내, 그리고 기쁨으로 대했다.

이렇듯 농경 사회 유아의 대인관계 환경은, 어떤 활동을 하는지뿐만 아니라 아이를 가족생활에 참여하도록 안내하는 역할을 하는 어른의 성별이 무엇인지에 따라서도 매우 다양하다. 힌두 결합가족의 남성들은 타 문화와 비교하여 어린아이들의 삶에 상당히 깊게 관여하고 있으며, 세라가 관찰한 바에 따르면 모든 연령의 멕시코 남성들 또한 집 안의 어린아이들에게서 큰 기쁨을 얻는다.

　다양성이 드러나는 또 다른 측면은 유아를 달래고 먹이고 놀아주고 이야기하고 지도함으로써 아이와 장기적인 관계를 형성할 수 있는 집 안 성인의 숫자가 얼마나 되는가이다. 인도나 네팔과 같은 결합가족 내에서 유아는 이러한 관계를 형성할 수 있는 성인을 여럿 가지고 있다. 입양이나 위탁 돌봄이 많은 서아프리카나 태평양 제도에서도 마찬가지다. 이러한 사회들 중 일부에서 어린아이들은 그들이 특별히 좋아하는 친척 집으로 가서 살기도 한다. 반면 우리의 핵가족 가구는 상당히 고립되어 있고 양육의 모든 짐을 오직 어머니와 아버지에게만 지운다.

형제자매의 우애

세라는 네팔과 인도 남부 마을이나 1980년대 당시 대가족이 여전히 규범이었던 멕시코 농촌을 연구하면서 형제자매간의 끈끈함에 감동받았다. 세라는 멕시코 친구들이 지독하게 경쟁적인 세상에서 의지할 수 있는 것은 가까운 친척, 특히 형제자매뿐이라고 이야기하는 것을 종종 들었다. 세라의 자녀들은 어렸을 때 항상 다투곤 했기 때문에, 이곳의 부모들은 어떻게 평생 지속되는 형제자매간의 끈끈한 연대를 가르치는지 궁금했다. 이를 알기 위해, 세라는 로사네 가족을 포함한 틸자포틀라의 몇몇 멕시코 가족들을 아침부터 밤까지 하루 종일 관찰했다. 로사의 남편은 로사와 15개월에서 13세에 이르는 일곱 명의 아이들과 떨어져 캘리포니아의 다른 지역에서 일하고 있었다. 큰 아이들 네명은 학교를 다녔지만, 어린아이들인 네 살 파블로, 세 살 카를로스, 그리고 막 걷기 시작한 막내 재스민은 하루 종일 집에 있었다. 로사는 정말 바빴다. 로사는 나의 여왕이라고 부르는 눈에 넣어도 안 아픈 막내 딸 재스민을 씻기고 입히고 먹였는데, 나머지 시간 동안 재스민은 주방과 거실에서 자동차와 트럭을 가지고 노는 오빠들과 함께 지냈다. 집안일을 하는 동안 로사는 뭔가를 지시하는 것 이외에는 아이들에게 이야기하지 않았다. 재스민을 놀이에 끼워주지는 않았지만, 오빠들은 재스민이 놀이를 방해해도 매우 너그럽게 받아들였다. 재스민이 콘크리트 바닥에 배를 깔고 누워 있는 카를로스의 등에 올라타자, 카를로스는 온순하게 재스민이 올라타도록 내버려두었다. 카를로스가 가지고 놀던 차를 재스민이 가지고 가자, 카를로스는 그냥 재스민이 그 차를 가지고 놀게 하고 자신은 다른 차를 집어 들었다. 파블로는 휴대용 카세트에 전원을 연결하고 막내 여동생을 즐겁게 해주기 위해 음악에 맞춰 춤을 추었고, 카를로스는 여동생의 춤 상대가 되어 깡충깡충 뛰었다. 그렇게 아침 시간이 지나갔다. 큰 아이들이 학교에서 집으로 돌아오고 모든 식구가 점심을 먹기 위해 앉자, 재스민은 곧 부산스러워졌다. 어머니가 재스민을 바닥에 앉히자, 재스민은 식탁 주변을 돌면서 언니 오빠들이 입에 넣은 음식을 가로채며 그들을 괴롭혔다. 그들 중 누구도 재스민을 거부하거나 신경질을 내지 않았다.

열 시간 정도 집에서 관찰을 하면서 비디오카메라를 끌 때까지 세라는 아이들이 다투거나 주먹이 오고 가는 싸움을 하는 것을 보지 못했다. 종일 아이들은 재스민에게 관대하고 친절했으며, 여동생의 장난을 진정으로 즐기면서 함께 조용히 놀았다. 놀라울 정도로 온화한 이 아이들의 행동을 본 후, 세라는 카를로스도 한때는 어머니의 눈에 넣어도 아프지 않은 존재였을 것이라는 점을 떠올렸다. 그리고 그 전에는 파블로가 그랬을 것이며, 그렇게 거슬러 올라가 한때는 지금 열세 살인 마리아가 그랬을 것이다. 로사는 각각의 어린아이들에게 최선을 다했으나, 새로운 아기가 태어나면 그 아기에게로 관심을 돌렸다. 그렇다면 새로 태어난 아기의 형제자매가 정말 바쁜 어머니의 인정을 받는 유일한 방법은 현재 자신의 자리를 대신하고 있는 아기에게 잘하는 것이었다. 가족 "팀"의 온전한 구성원이 되기 위해서는 인내와 친절함을 배우고, 자신의 자리를 이어받은 아기를 좋아해야 하는 것이다. 세라가 관찰한 이날, 로사는 내내 아이들 가까이에 있었다. 로사가 시내에 가는 토요일에 집을 방문했어도 장녀인 마리아의 감독하에 이 "팀"이 매우 순조롭게 굴러가는 모습을 보았을 것이다. 아마도 열세 살짜리 아이가 종종 지시를 하고 동생들은 이에 따르면서, 나머지 시간은 함께 놀며 시간을 보낼 것이다.

결국, 이 사례들은 농경 사회가 유아에게 애정 표현을 억제하고 집안일의 책임을 맡기는 것뿐만 아니라, 형제자매의 우애와 남성을 포함한 다수의 성인들과의 정서적 관계를 고취하는 환경을 제공하고 있음을 보여준다. 미국 부모들이 위계적 가치를 중요시하는 대가족 농경 사회의 관습들을 단순히 모두 받아들일 수는 없겠지만, 그들로부터 배울 수는 있을 것 같다. 예를 들어, 농경 사회는 부모가 아이에게 책임감을 가르치는 것을 포기하지 않고도 아이에게 다정할 수 있음을 보여준다. 그러나 그러기 전에 초기 아동기 부모들이 마주하게 되는 특정한 문제들과 기회들을 좀 더 자세히 들여다볼 필요가 있다. 언어 습득, 배변 훈련, 떼쓰기, 책임감 배우기 등의 문제는 모두 문화에 따라 매우 다양하게 나타난다.

말하기

미국 부모들은 말을 매우 중요하게 생각하고 아이가 최대한 빨리 말하기를 원한다. 3장에서 우리는 미국 부모들의 아기를 향한 말하기 관습, 즉 부모가 아기를 대신해 질문하고 답하는 "놀이 대화play dialogue", "모방 대화", "원시 대화protoconversation"의 관습과 아기에게 말하는 것을 바보 같은 일이라고 생각하는 동아프리카 어머니들의 시각을 비교해보았다. 아프리카 어머니들은 아이가 두세 살이 되면 가르치지 않아도 말을 하고 알아들을 수 있는 능력을 습득하게 된다는 것을 알아차렸다. 민속 지식을 통한 이러한 발견은 20세기 중반 이후 아프리카로부터 멀리 떨어진 세계의 다른 한구석에서 언어 습득을 연구한 언어학자들에 의해 사실로 확인되었다. 지금까지 부모가 지역어를 가르치는 데 소홀하여 다수의 아이들이(혹은 한 아이라도) 말을 할 수 없게 된 사례에 대한 기록은 없다. 달리 이야기하자면 어린 시절(특히 18개월에서 36개월 사이) 문장을 만들고 이해하는 기본적인 문법적 능력을 습득하는 것은 인간의 변하지 않는 보편적 발달 단계로, 이 능력을 습득하는 데 있어서 부모들에게 요구되는 것은 거의 없다. 이는 특히 가족의 거주환경이 말하는 것(그 말이 대부분 아이들을 향한 것이 아닐지라도)을 보고 말하기에 참여할 수 있는 기회가 일상적으로 충분한 환경이라면 더더욱 그러하다. 동부 아프리카의 어머니와 아이로 구성된 가구들을 비롯한 다수의 농경 사회에도 이러한 기회는 충분히 있다. 손위 형제자매, 사촌, 성인 여성, 그리고 때때로 남성도 집 안팎에서 일상적으로 이야기를 한다. 어린아이는 집 안과 주변의 언어적 상호작용의 흐름에 둘러싸여 있다.

그렇지만 두 살짜리 첫째 아이가 거의 하루 종일 어머니와 단둘이 있는 현대 도시 사회와 같은 상당히 경계가 있고 종종 고립되어 있는 가구의 경우는 어떠한가? 농경 사회의 관점에서 보자면 이러한 환경은 아이에게 말을 습득할 기회를 충분히 제공하지 않는 것이다. 그러나 사실 현대 도시 사회에도 (자신이 어렸을 적에 그랬던 것처럼) 아이와 이야기하고 아이에게 이야기하고 싶어 하며, 또한 아이에게 끊임없이 말을 하는 환경을 만들어 아이가 지역어를 말하고 이해하는 능력을 빠르게 습득하기를 바라는 문화적 욕망을 가진 현대적 어머니가 있다. 그렇다. 미국 어머니가 유아기 아이에게 말을 하지 않고, 아이 돌보는 사람도 고용하지 않은 데다 유아원에도 아이를 보내지 않으면 아이의 언어 발달이 지체될 수도 있다. 그러한 어머니는 무능하고 정신적으로 문제가 있다고 여겨져 법적으로 "어머니로서 적합하지 않다"고 규정될지도 모른다. 우리는 어머니가 아이에게 이야기하고 싶어 한다고 자신 있게 단정하기 때문에 어머니를 유아와 고립된 환경에 두는 거주 규범에 내재된 위험을 인식하지 못한다. 사실, 미국인들의 입장에서 보자면 아이를 언어를 습득하지 못할 위험에 빠뜨리는 것은 유아기 및 그 이후 면대면 상호작용을 거의 하지 않는 아프리카 농촌 어머니들이다. 이때 미국인들이 생각하는 언어 습득이란 공동체에서 사용하는 언어의 습득이라기보다는 학교 진학 시 필요한 단어의 습득을 의미한다.

아이는 부모나 다른 사람들이 특별한 노력을 기울이지 않아도 말하기를 배운다. 그러나 아이의 문화특수적 언어 사용 기술이나 어휘들은 부모의 우선순위나 훈련의 영향을 받거나 이에 의해 확장될 수 있다. 우리는 이러한 과정을 "언어사회화"라고 부른다.[6] 세계 모든 부모들은 비록 어휘의 투입과 결과 간의 관계에 대해 알지 못할지라도, 자라나는 아이에게 문장을 만들고 이해하게 하는 것이 다가 아니라는 점은 알고 있다. 아이는 언어를 지역의 기준에 맞게 사용해야 하고, 무엇에 관해 이야기하는지를 알아야 한다. 세라가 연구했던 모든 지역에서는 제대로 인사하는 것을 가장 중요하게 여겼고, 어머니들은 아주 어린 시기부터 아이들에게 어떻게 인사하는지 가르쳤다. 6개월이 되면, 남아시아 아기들은 손바닥을 마주하고 머리를 숙여 인사하는 법을 배운다. 아주 잘 자란 미국 혹은 영국 아이가 인사를 할 줄 알기 훨씬 전부터 남아시아 아기들은 "나마스테"라고 이야기하는 것을 배운다. 그러나 인류학, 심리학 연구팀인 사라 하크니스Sara Harkness와 찰스 슈퍼Charles Super가 발견한 바와 같이, 인사 이외의 다른 종류의 언어적 교환을 완전히 익히는 것은 나이가 상당히 들 때까지 그다지 중요하지 않은 것으로 간주되기도 한다.[7]

케냐: 말하지 않고 복종하기

사라 하크니스와 찰스 슈퍼는 케냐의 키프시기스 부족(구시의 바로 동쪽에 있다.)을 연구하면서 3세 아동을 대상으로 질문에 대답을 하도록 하는 실험을 진행했다. 이 연구에서 연구자들은 아이들이 잘 아는 지역 여성으로 하여금 친숙한 환경에서 아이들에게 질문을 하도록 했는데, 아이들 중 10퍼센트만이 질문에 답을 했다. 연구에 참여한 이 아이들은 모두 연구자들과 매우 친했고 연구자들은 아이들이 서로 이야기하고 "떠들썩한" 놀이를 하는 것을 관찰했다. 그러나 어른에게 말을 해야 하는 실험을 시행하자, 아이들은 요구에 따라주지 않았다. 반면 맞는 답을 가리키라고 하자 대부분의 아이들이 주저 없이 따라주었다. 하크니스와 슈퍼는 키프시기스 아이들과 어머니의 일상적인 상호작용을 관찰하면서, 아이들이 어머니의 명령을 따를 때 아무런 말도 하지 않는다는 것을 발견했다. 즉, 아이들은 일상적으로 이루어지는 아이와 성인의 언어 사용 관습에 따라, 말을 하지 않으면서 지시를 따르는 것을 습득한 것이다. 지시를 따를 때 말을 하면 불손한 것이다. 하크니스와 슈퍼는 이러한 관습이 키프시기스 아이들이 농경 가족의 위계적 관계에 필수적인 복종과 존경을 습득하는 첫번째 단계라고 지적했다.

아이들은 2세에 언어 사용과 관련된 지역의 관습을 배우기 시작하며 3세가 되면 말하기 상황에서 이 관습을 사용한다. 이 시기가 되면, 아이들은 이미 어머니의 양육 목표가 반영된 관습의 영향을 받아 의사소통을 한다.

따라서 농경 사회의 어머니들은 유아가 불손하게 보일까 봐 걱정하고, 아이에게 낯선 어른들에게 존경을 표하는 인사 습관을 가르친다. 그러나 코트디부아르의 벵족과 같은 경우는 형식적인 인사를 가르치는 것을 넘어서서, 아기들이 태어나면서부터 다양한 타인들과 친해지도록 해 자연스럽게 낯선 사람들도 친절하게 대하고 인사도 하도록 유도한다.

중국: 직접적으로 가르치기

캐나다 밴쿠버에서 영어를 사용하는 어머니들은 국경 남쪽 영어 사용자인 미국인들과 마찬가지로 유아들에게 "대화 훈련conversational apprenticeship"이라고 불리는 것을 하는데, 같은 도시의 중국계 이민자 어머니들은 이러한 훈련을 하지 않는다. 언어 연구자인 주디스 존스턴 Judith Johnston과 애니타 웡Anita Wong은 다음과 같은 점을 발견했다.

중국 어머니들은 어린아이가 자기 이야기를 하도록 하지 않고, 아이와 함께 하지 않은 일은 아이에게 이야기하지 않는다. 그리고 아이가 가족 구성원이 아닌 다른 어른들과 이야기를 나누도록 한다. 이러한 행동은 아이를 잠재적인 평등한 대화의 상대로 보거나, 독립적이고 이른 언어 구사 능력을 보이는 아이로 자라기를 기대하는 것처럼 보인다. [...] 하지만 이러한 것들은 중국 부모들의 양육 목표가 아니다.

중국 부모들은 대신 사회적 상호의존성을 가치 있게 생각하며, 아이의 언어 수행 능력에 관해서는 큰 기대를 하지 않는다.[8]

중국계 이민자 어머니들에게 2세 아동을 동등한 대화 상대로 여긴다는 것은 있을 수 없는 일이다. 그들은 유교 이념에 따라 자녀를 연령별로 존경을 받는 위계 관계에 있는 연습생으로 본다. 타이완, 홍콩, 밴쿠버, 로스앤젤레스의 중국계 이주자들이 지니고 있는 이러한 관점은 근본적으로 농경 사회의 모델이다. 이 모델은 "다스리다"뿐만 아니라 "보살피다"를 뜻하는 중국어 "구안管"과 "훈련"뿐만 아니라 "부모의 관심"을 뜻하는 중국어 "지아오슌教訓"이라는 관념에 뿌리를 두고 있다. 이러한 중국의 문화적 관념에서 부모의 권위와 사랑은 함께 간다. 아이를 사랑하면 아이의 미래를 위해 아이를 제대로 훈육해야 하고 아이는 부모의 지시를 받아들여야 한다. 이러한 훈련은 매우 어릴 때 시작되며, 현대 미국 부모들이 보기에는 고압적으로 보이는 훈시적 지도didactic guidance의 형식을 취한다. 서론에서 우리는 하이디 펑이 연구한 대만 타이베이 어머니들이 세 살짜리 자녀가 도덕적으로 옳지 못한 행위를 했을 때 자녀에게 "열변을 토하면서 이야기하는 것"을 보았다. 이러한 방식은 어린아이들이 학교 공부에서 성과를 내도록 하기 위해 일상적으로 낱말카드 등을 활용해 학습을 시키는 것에서도 뚜렷이 나타났다. 중국 어머니들은 일견 1930년대 미국 어머니들이 썼던 "예전 방식"을 선호하는 것처럼 보인다. 하지만 그들은 사실 학문 훈련을 중시하는 중국의 전통에 근거하여, 이민국이라는 새로운 환경에서 그러한 훈련이 어떤 이득을 가져올 수 있는지를 계산적인 눈으로 보고 있는 것이다.

2001년 중국 교육부의 "유아원을 위한 지침서"에서 드러나듯, 중국 본토의 유아 교육기관은 "아동을 직접적으로 가르치는 것에서 아동 주도적인 활동"을 강조하는 방향으로 변화하고 있다.[9] 이러한 변화는 흔히 유럽의 영향을 반영한다고 이야기된다. 교육 분야 연구자인 조지프 토빈Joseph Tobin과 예이 쉐Yeh Hsueh는 1985년과 2003년에 수행한 베이징의 한 유아원 조사에서, 유아원 원장으로부터 다음과 같은 이야기를 들었다. "이야기하기는 유아원 활동 중 오래된 관습이에요. 예전에는 교사들이 이야기를 해주거나 읽어주고 아이들은 듣기만 했죠. 우리는 아이들이 이야기꾼이 되도록 이야기하기 방식에 변화를 주었어요. 아이들이 다른 아이의 이야기를 잘 듣도록 훈련하는 것이 정말 힘들었지요. 결국 아이들은…… 서로에게 질문을 하게 되었어요."[10]

그러나 이러한 변화에 대해 상반된 견해와 목소리도 존재했다. 쿤밍의 윈난사범대 리 교수는 다음과 같이 이야기한다.

저는 새로운 가이드라인이 우리의 미래를 보여준다고 생각하지 않아요. 그 가이드라인은 지나치게 서구화되어 있어요. 서구화된 교육은 개인성, 민주주의, 평등을 우선시하지요. 이러한 교육적 이상들은 우리의 유교적 전통과 상충됩니다. 서구로부터 유교적 땅에 옮겨

심어진 나무는 뿌리를 내리기 힘들어요. 유교적 전통이 중국 부모들이 자라온 경험과 부모들이 자녀의 교육에 바라는 바와 잘 맞아요. [...] 보통 사람들 사이에서 전통적인 교육법, 즉 유교적 문화를 되살리고자 하는 열망이 널리 퍼져 있습니다.[11]

토빈과 그의 동료들은 현대 중국에서 "놀이 중심적, 아동 중심적 접근이 우세하고, 훈시적인 접근은 일부 남아 있으며, 두 가지를 혼합한 방식이 새롭게 등장하고 있다"고 이야기한다.[12] 그러나 그들은 유아 교육의 이념적 경향성을 명확하게 정리해 이야기하기에는 실제 현장은 훨씬 더 혼란스럽고 예측 불가능하다고 주장한다. 사실 중화인민공화국의 "유교적 토양"은 이전 시기, 특히 1960년대와 1970년대 마오쩌둥에 의해 진행된 공자를 악마화하고 이후에는 "유학자"를 경멸한 문화대혁명 시기에 이미 훼손되었다. 그 사이 성리학이 타이완과 다른 지역의 중국 이주민들 사이에서 번창했다. 미국의 근대 사회로의 전환기에 대두된 유대-그리스도적 전통에 내재된 농경 사회의 가치에 대한 적대감과 중국에서 최근 일어나고 있는 유교에 내재된 농경 사회의 가치를 문제시하는 움직임 사이에는 매우 유사한 측면이 있다. 두 경우 모두 권위에 대한 복종으로부터 개인을 해방시키는 것이 주요 주제이다. 이러한 전환을 위한 노력이 일어나는 장소 중 한 곳은 아이가 처음 어른들과 상호작용하는 것을 배우는 환경이다. 그러나 페기 밀러Peggy Miller와 그녀의 동료들이 수행한 최근 비교연구에 따르면 유아기 자녀를 둔 미국 어머니들은 권위적이고 훈시적인 중국 어머니들보다 여전히 더 아동 중심적이고 평등주의적인 것으로 나타났다.[13]

농경문화 대부분이 유아와 일방적으로 의사소통을 하는 전통을 가지고 있지만, 모든 농경 사회가 같은 것은 아니다. 동아프리카(구시, 키프시기스) 어머니들은 아이에게 명령을 한다: 내가 이야기하고, 너는 내가 이야기한 것을 해야 한다(말로 대답하지 마라). 중국 어머니들은 아이가 주의를 기울이도록 한다: 내가 말하고, 너는 들어야 한다(네가 도덕적으로 성숙해지기 위해서). 동아프리카의 의사소통은 여성과 아동이 집중적인 노동력이 요구되는 농경일을 하는 환경에서 일어난다. 중국의 의사소통은 (고대 유교 사상을 개념화한) 도덕적 선, 배움, 효라는 맥락에서 일어난다. 따라서 중국 유아들이 의사소통을 학습할 때, 아이는 어머니로부터 자신의 행동의 기준이 되는 도덕적 메시지도 습득한다.

말하기와 감정에 대한 문화적 공식

앞서 살펴본 미국과 캐나다의 대화 훈련, 중국의 훈시적인 이야기, 동아프리카의 명령과 같은 언어적 관습들은 유아기 아동이 모국어를 배우면서 습득해야 할 수많은 문화적 공식의 일부 사례일 뿐이다. 이러한 언어적 관습들은 아이들이 말하기를 배우면서, 동시에 감정적·도덕적 의미를 지닌 문화적으로 특수한 의사소통 모형을 습득하게 됨을 보여준다.

아이들은 언어를 통해 문화적으로 특수한 관계에 수반되는 감정

을 배운다. 인류학자 밤비 쉐플린[Bambi Schieffelin]은 파푸아뉴기니의 카룰리 사회에 대한 연구에서 어린 소년들이 누나에게 도움을 요청하기 위해 "연민[pity]"으로 번역될 수 있는 특수한 친족관계 용어인 "아데[ade]"를 사용하며, 어머니들은 이 용어를 사용해 손위 자매들에게 보살핌의 태도를 가르치고 있음을 기술한다.[14] 언어학자 퍼트리샤 클랜시[Patricia Clancy]는 일본 연구에서 어머니들이 "고와이[怖い]"("두려운/무서워하는") 라는 단어를 사용해 아이들에게 성냥이나 불을 가지고 놀면 안 된다는 것을 가르치며, 또한 이 단어를 해롭지 않은 곤충에게는 사용하지 않도록 가르치고 있음을 발견했다. 이때 어머니들은 스스로 얼굴 표정과 목소리를 통해 두려움이라는 감정을 보여주었다(물론 성냥에 대해서는 두려움을 보여주지만 곤충에 대해서는 아니다).[15] 이 단어들은 아이의 언어의 일부가 될 뿐만 아니라, 아이의 행동 목록과 심리적 구조의 일부가 된다.

미국:
배변 훈련 "문제"

현대 미국 어머니들은 언제 배변 훈련을 할 것인지는 아이에 따라 다르다고 말하지만, 일반적으로 3세 혹은 좀 더 이른 시기에 아이가 배변 훈련을 할 것을 기대한다. 일회용 기저귀가 보급되어 편리해졌음에도 불구하고, 배변 훈련은 여전히 유아기 아동을 키우는 어머니들에게 불안감을 주는 영역으로 남아 있다. 이는 일정 부분 우리의 청결에 대한 염려와 관련이 있다. 얼마 전까지만 해도 "청결은 신을 공경하는 것 다음으로 중요하다."라는 말이 의미 그대로 자주 이야기되기도 했다. 이러한 불안감은 프로이트가 "항문기"를 강박신경증과 같은 감정적 문제를 일으키는 부모와 아동 간 갈등의 근원이라고 개념화한 것과 일부 관련이 있다. 이 관념은 경험적 근거 없이 거의 한 세기 동안 영향을 미쳤다(프로이트는 이 이론을 1905년에 만들었다. 우리는 그의 영향이 언제 사라졌는지, 또는 사라지기는 했는지 알 수 없다).

1930~1940년대 미국과 영국의 일부 어머니들(그리고 유모들)은 천 기저귀를 빨 세탁기가 없다는 이유로, 아이가 태어난 첫해에 아이에게 배변 훈련을 시켰다고 회고했다. 1950년대 초 시행된 보스턴 지역연구(2장에서 다룸)에서 어머니의 절반은 아기가 9개월이 되기 전에 배변 훈련을 시작했으며, 전체 표본의 60퍼센트가 19개월에 배변 훈련을 마친 것으로 조사되었다.[16] 심리학자 존 뉴슨과 엘리자베스 뉴슨의 연구에 따르면, 1959년에서 1960년 영국 노팅엄 지역 어머니의 83퍼센트가 12개월 이전에 배변 훈련을 시작했지만, 40퍼센트는 "아이가 2세가 된 이후에도 낮 시간 동안 기저귀를 뗄 것이라고 기대하지 않았다."[17] 그러나 두 사람은 다른 영국 연구들을 통해 배변 훈련 문제와 관련해 어머니들이 기억을 떠올려가며 말한 이야기에 의구심을 가지게 되었다(그들의 의구심은 어머니들의 인터뷰가 양육에 관한 신뢰성 있는 증거가 될

수 없음을 보여주는 후속 연구들에 의해 강력히 사실로 밝혀졌다[18]). 이 20세기 중반 연구의 흥미로운 지점은 연구에 참여한 수많은 어머니들이 이른 배변 훈련을 자신과 아이의 명예의 훈장쯤으로 여겼다는 점이다. 되돌아보면 대서양 양쪽의 연구자들이 그들의 연구출판물에서 배변 훈련을 양육의 매우 중대한 측면으로 다루었다는 것 또한 흥미롭다.

제대로 된 조사 자료는 없지만 1930년에서 1960년대까지 배변 훈련은 첫 18개월 동안 하는 것이 일반적이었고, 그 이후부터 1980년대까지는 24개월에서 36개월까지로 연령이 높아진 것이 거의 확실해 보인다. 이러한 트렌드에 영향을 미친 요소들로는 세탁기의 보급(그리고 이후에는 일회용 기저귀의 보급)과 "아동 중심적 접근"을 강조한 소아과 전문의들의 조언이 있었다. 1962년 이미 베리 브레이즐턴과 같은 소아과 전문의는 아이가 18개월이 넘어 준비가 되었을 때, 아이 스스로 배변 훈련의 시기를 결정해야 한다고 조언했다.[19]

중국과 인도

앞선 영국과 미국의 사례에 비추어 보자면, 영아나 어린 유아에게 배변 훈련을 시키는 것은 가능하다. 우리의 조상들이 그렇게 했었다. 이는 아주 어린아이에게 배변 훈련을 시키는 것이 일상화되어 있는 중국과 인도의 부모들에게는 놀라운 일이 아니다.[20] 어머니와 할머니는 "쉬이" 하고 소리를 내어 이 소리와 소변 혹은 배변 사이의 연관성을 만들어내고, 이후 아이가 이 소리를 듣고 배설을 하도록 한다. 이 농경

사회 사람들은 파블로프^{I. P. Pavlov}가 개를 연구하여 1906년 노벨상을
받은 조건반사의 원리를 발견한 것이다. 이러한 토착 과학을 실생활에
적용하여, 중국 부모들은 유아들이 배변으로 옷을 더럽히는 것을 방
지하기 위해 가랑이 부분이 트여 있는 옷을 입힌다. 그리고 청소하기
쉽도록 바닥에는 카펫을 깔지 않는다.

인류학자 루스 프리드와 스탠리 프리드는 뉴델리 외곽 마을에 대한
조사에 기초하여 인도의 배변 훈련에 관해 다음과 같이 보고한다.

> 몸의 분비물을 처리하는 것에 대한 사회화는 생후 첫 1개월의 끝 무
> 렵에 시작된다. 아이가 1개월이 되었을 때 어머니는 주기적으로 아기
> 를 그녀의 무릎 사이에 매달리게 한다. 어머니는 아기를 바로 선 자세
> 로 잡고 아기가 오줌을 누도록 하기 위해 지속적으로 "세, 세"라고 말
> 한다. 적어도 두 시간마다 일종의 조건부 반응 형식인 이 행동을 하며,
> 아기가 어쩔 줄 모르는 것 같거나 불편해 보일 때도 한다. 처음에는 소
> 변 훈련을 하다가 이후에는 같은 과정으로 배변 훈련도 진행한다. 아
> 기는 배변 훈련을 할 때 편리하도록 셔츠 한 장만 입고 있다. [...]
>
> 아기를 데리고 다니는 모든 여성은 주기적으로 무릎에 아기를 매
> 달리게 한다. 여성이 아기를 잡고 "세, 세"라고 이야기하면서 아기를
> 조금 흔든다. 어머니들은 자신들이 무엇을 요구하는지 "아이는 알
> 아들을 것"이라고 말한다.
>
> [...] 영아는 한 살 반 정도가 될 때까지 쭈그려 앉는 신체 동작을

할 수 없다. 그래서 어머니는 아이가 변을 볼 수 있도록 쭈그려 앉는 자세를 취하는 것을 도와준다. 샨티 나가르의 대부분의 어머니들은 아이가 2세가 되면 스스로 무엇을 해야 하는지 알며 이러한 습관 형성에 대해 더 걱정하지 않아도 된다고 주장한다. 어머니는 왼손을 사용해서 어떻게 그곳을 물로 씻어야 하는지도 가르쳤다. 언니나 누나가 어머니 대신 가르칠 수도 있다. 대부분의 어머니들은 아이가 2세에서 2세 반이 되면 스스로 닦을 수 있고 또한 닦는다고 이야기했다. 몇몇 어머니들은 어떤 아이는 3세가 되어서야 한다고 말했다.[21]

아마도 이 이야기에서 가장 흥미로운 지점은 배변 훈련이 태어나자마자 시작되지만 24개월에서 30개월까지 그리고 심지어 그 이후까지도 끝나지 않는다는 점이다. 물론 인도의 경우 배변 훈련이 "끝났다"는 것은 배변 후 왼손으로 물을 사용하여 그곳을 스스로 닦는다는 것을 의미한다. 시모어가 조사한 오리사주 부바네스와르에 대한 보고도 이와 유사하다.

아이는 자신의 속도에 따라 자란다. [...] 구시가의 영아들은 기저귀를 차지 않는다. 아기를 안고 있거나 데리고 있는 사람들은 아기가 오줌을 싸거나 변을 보려고 할 때를 눈치채고, 자신의 옷에서 아기를 떨어뜨려 쉽게 닦을 수 있는 흙 또는 시멘트 마당 바닥에 아기가 배설을 할 수 있도록 한다. 실수로 옷이 젖게 되면 침착하게 대응한다.

아이가 기고 걷게 되면 마당 모퉁이나 집 앞의 덮개가 열려 있는 하
수구에 배설을 하도록 한다.[22]

비록 맥락은 다르지만 브레이즐턴의 아동 중심적인 배변 훈련이 인도
에서 비롯되었다고 말할 수도 있을 것 같다. 인도 어머니들의 청결에
대한 걱정은 순수와 오염에 대한 종교적 관념에 기초하고 있으며, 이로
인해 어머니들은 아기를 매일 목욕시킨다. 게다가 예전 인도 마을의 집
들은 화장실이나 변소가 없었다. 어른들은 배변하기 위해 "숲", 즉 근
처 들판이나 목장으로 갔다. 아이들은 결국 어른처럼 하는 것을 배우
게 되지만, 그동안 일어나는 사고들은 아무렇지 않게 다루어졌다. 서
구의 관점에서 보자면 인도인들은 오염과 순수에 지나치게 집착하는
것으로 보일 수도 있고, 동시에 배변 훈련에 너무 관심이 없는 것처럼
보일 수도 있다. 그러나 인도인의 관점에서 보자면, 아이가 습득해야
할 특정한 기술들에 대한 명확한 연령별 기대가 있으며, 동시에 유아
기 아동들의 개별적인 차이를 유연하게 받아들이고 있는 것이다. 가장
주목할 만한 점은 인도 어머니들이 배변 훈련에 대해 걱정하지 않는다
는 것이다. 어머니들은 무엇을 해야 하는지 알고 있으며, (당장은 아니라
도) 그것이 효과가 있을 것이라고 현실적으로 생각하고 있다. 물론 이
는 경험이 풍부한 어머니들의 태도이다. 그리고 인도 결합가족 내에는
권위 있는 안내자 역할을 할 수 있는 경험이 풍부한 어머니들이 매우
많다.

아프리카, 태평양 제도, 남아메리카

아프리카에서 태평양 제도 그리고 남아메리카에 이르는 나머지 농경 사회에서는 우리가 아는 한 어머니들이 배변 훈련에 대해 걱정하지 않는다. 심지어 배변 훈련을 유아기 아동 발달에서 긴급히 해결해야 할 우선 사항으로 생각하는 경우도 없다. 그들은 배변 훈련이 언젠가는 될 것이라고 보고, 그렇게 되기 전까지 일상적으로 일어나는 배변에 관련된 일들은 기저귀 없이 손에 있는 재료들을 사용해서 처리한다. 이곳 대다수의 어머니들은 열대 지역에 살며 야외에서 많은 시간을 보내며, 이곳에서 어린아이와 가축의 배설물은 쉽게 쓸려 내려가고 이후 자연적으로 분해된다. 만약 이들이 배변 훈련을 걱정하지 않는다면, 그것은 배변 훈련과 관련된 위험성을 의식하지 않기 때문일 것이다. 그 위험성이 프로이트의 심리성적 발달 단계의 항문기 개념에 관한 것이든, 현대적 하수 처리 시설과 정화된 물이 없는 곳에서 일어날 수 있는 건강 위험에 관한 것이든 말이다. 예를 들어, 이전에 언급했듯 1950년대 구시 사람들은 언덕 사이로 흐르는 시냇가에서 어린 소녀가 길어 온 물에 의존했다. 인도 마을 사람들과 마찬가지로 구시 사람들도 변소가 없었고, 대신 초원에서 해결했다. 매년 폭우가 초원의 배설물을 시내로 흘려보내 장티푸스와 같은 유행병이나 설사병이 돌기도 했고 아이와 몇몇 어른들은 사망에 이르기도 했다. 그 후 깨끗한 물을 얻을 수 있는 우물을 파자 유행병을 막을 수 있었다. 변소는 더 나중에 생겼다. 우리가 연구를 수행할 당시, 구시는 건강에 이로운 위생적인 생활습관이 만들어져가는 과도기 상태였다. 그러나 이런 상태는 어린 아이에게 배변 훈련을 시키는 데 거의 영향을 미치지 않았고, 배변 훈련은 어머니나 다른 사람들의 걱정거리도 아니었다.

　만약 인간이 첫해 혹은 첫해가 바로 지나자마자 배변 훈련이 된다면, 이는 현재 미국의 배변 훈련 관습에 어떤 시사점을 제공하는 것일까? 우리의 관습은 현대의 일회용 기저귀가 제공하는 편리함뿐만 아니라 유아기 아동이 이 발달 단계를 어머니의 강요가 아닌 자발적으로 선택해야 한다는 전문가들의 처방에 기초하고 있다. 수유뿐만 아니라 배변 훈련과 관련해서도 문화적 선호와 현대 기술이 자연보다 우세하게 작용하고 있지만, 수유 문제와 마찬가지로 배변 훈련은 여전히 미국 어머니들이 걱정하는 문제이다. 어머니들의 걱정은 아이가 배변 훈련을 할 수 있다는 확신을 떨어뜨리며, 이로 인해 배변 훈련은 끊임없이 지연된다.

아이들의
떼쓰기

떼쓰기에 대해 우리가 알고 있는 것은 무엇일까? 떼쓰기는 인간 감정 발달에 필요한 보편적인 것일까, 아니면 이미 충분히 괴롭힘을 당한 부모들을 더 괴롭히기 위해 미국의 유아기 아동들이 하는 행동일까? 우리가 아는 한 떼쓰기는 아동심리학자들뿐만 아니라 다른 분야의 학자들에 의해서도 거의 연구되지 않았다. 세라가 연구했던 모든 지역에서 어머니들은 어린아이들이 떼쓰기와 같은 것을 한다고 장담했지만, 실제 세라가 아이들을 집에서 관찰했을 때 떼를 쓰는 모습은 거의 보지 못했다. 세라는 구시 영아 연구를 할 때, 가장 크고 신체적으로 가장 활발했던 아이인 프레드가 막 두 살을 넘었을 때 바닥에 앉아 발을 차며 소리 지르는 것을 보았다. 그러나 다른 구시 아이들이 떼를 쓰는 것은 한 번도 본 적이 없다.

미국

미국 아동의 떼쓰기에 관한 대표적 연구는 2000년 위스콘신대학교에서 18개월부터 60개월 사이의 아이를 둔 355명의 부모들을 대상으로 아이의 떼쓰기에 대한 보고를 수집한 것이다.[23] 이 연구 결과로 발표된 두 논문은 부모들에게 위로가 될 수도 있겠다. 당신 아이의 떼쓰기가 이 논문에 기술된 것만큼 심하거나 자주 일어나지 않는다면 아마도 안심하게 될 것이다. 예를 들어, 연구자들은 "3세 혹은 4세까지 많은 아동들이 평균적으로 하루에 한 번 떼를 쓴다"고 보고한다. 떼쓰기의 4분의 3은 지속 시간이 5분이나 그 이하이다(이는 4분의 1은 5분 이상이라는 것을 의미하는데, 이때 5분은 부모에게는 영겁처럼 느껴지는 긴 시간이다). 떼쓰기는 30개월에서 36개월 사이 가장 빈번하고, 이후 42개월에서 46개월 사이에는 거의 반으로 줄어드는 것으로 보고되었다. 이러한 보고는 이전 버클리대학교에서 시행한 종단 연구 결과의 연령 분포와 비슷한 것으로, 이는 미국의 일반적인 패턴으로 보인다.[24]

영국

존 뉴슨과 엘리자베스 뉴슨은 1960년대 시행한 영국 노팅엄의 4세 아이를 둔 어머니들에 대한 인터뷰에서, 36퍼센트의 아이들이 일주일에 적어도 한 번 떼를 쓴다는 것을 발견했다.[25] 연구는 사회 계급적 차이에 주목하여, 다섯 개의 계급 중 가장 하위 계급에 속하는 아동의 반정도가 자주 떼를 쓰는 반면, 상위 두 계급의 아동들에서는 4분의 1만이 자주 떼를 쓰는 것을 발견했다. 그러나 하위 계급의 경우 부모가 아이를 놀려 결국 아이가 떼를 쓰도록 만들고 이를 즐기는 특성이 있음을 알 수 있었다. 전체적으로 노팅엄 부모의 3분의 1, 그러나 상위 두 계급의 20퍼센트만이 떼쓰는 아이를 "때리는" 것으로 나타났다. 연구자들은 상위 계급에서 떼쓰기가 적게 나타나는 것은 교육을 많이 받은 부모들이 말로 이유를 설명해 떼쓰기를 방지하기 때문이라고 해석했다. 이러한 해석에 놀라지 않을 수 없었는데, 왜냐하면 이 이론은 아동발달의 실제라기보다는 20세기 중반 전문가들의 생각을 반영한 것이기 때문이다. 그러나 이 연구에서는 노동자 계층 부모의 아이를 향한 애정이 드러나기도 했다. 다음은 한 광부의 아내가 딸의 떼쓰기를 기술한 내용이다.

자주는 아니에요. 그렇지만 일단 시작되면 대단하죠! 문이 경첩에서 떨어지지 않는 게 신기할 정도예요. 문을 쾅 치고, 밟고, 의자를 가지고 와요. 그러곤 작은 카펫도 가지고 나오죠. 카펫도 문처럼 밟고 발로 차서 조각을 내요.

저는 그냥 내버려둬요. 혼자 내버려두는 거죠. 아이가 떼쓰는 걸 멈추면 그때 이야기해요. "뭐가 문제니, 우리 아가?" 그러면 아이가 와서 제 무릎에 앉거나 기대요. 그러면 제가 아이 머리를 쓰다듬고 이야기하죠. 그러면 아이가 괜찮아져요.[26]

페루: 마치겐카Matsigenka 사람들

떼쓰기가 미국과 영국 이외의 다른 문화에서도 일어날까? 인류학자 앨런 존슨Allen Johnson이 페루 아마존에 살며 농경과 수렵채집을 함께 하는 고립된 부족인 마치겐카 사회를 기술한 책에는 "주요 과도기로서의 떼쓰기Temper Tantrum as Key Transition"라는 제목의 장이 있다. 존슨은 2세와 3세 아이들이 "강한 자기주도권"을 가지고 어머니의 요구를 따르지 않는 모습을 기술하면서, 아이의 이러한 화는 어머니가 동생을 임신해 젖을 떼게 된 것과 관련이 있다고 주장한다.

이 시기가 되면 마치겐카 아이들은 하루에 몇 번씩 긴 시간 동안 반항을 하는 떼쓰기 단계에 돌입한다. 이는 몇 개월 동안 지속되기도 한다. 특히 젖을 떼고 자신을 안아주지 않는다며 어머니에게 화가 난 아이는 어머니에게 달려들고, 때리겠다고 겁을 주고, 잔가지나 흙을 어머니에게 집어던지고, 땅에 주저앉아 소리를 지르고, 꼼짝하지 않고 긴 시간 동안 과장해서 소리 높여 우는 등 자신이 가지고 있는 제한적인 수단을 사용해서 자신의 화를 보여주며 자신을 화나게 하는 어머니를 아프게 하고자 한다.

이전에는 쉽게 해결했던 작은 문제들이 이제는 폭풍 같은 저항의 씨앗이 된다. 예를 들어 이전에는 쉽게 가질 수 있었던 옷이나 장난감을 갖지 못하게 되면 아이는 떼를 쓴다. 대부분은 별다른 문제가 없지만, 떼쓰는 아이가 큰 피해를 입히는 경우도 있다. 44개월이 된 아파라는 아이는 아버지가 뜰에서 일하는 동안 집에 "실수로" 불을 질렀다. 집과 모든 집기가 불타 잿더미가 되어 심각한 손해를 일으켰다. 이 사건은 아파의 어린 동생이 태어나고 몇 달 후에 일어났다.[27]

존슨은 "한 아이가 6개월 동안 매일 몇 시간씩 떼를 썼고, 멈출 기미를 전혀 보이지 않았다"고 기술하기도 했다. 그에 따르면 아이의 떼쓰기는 "마치겐카 아동 발달의 결정적인 순간으로, 아이가 자신을 돌봐주는 사람에게 더는 요구를 할 수 없고, 눈물을 이용해 겁을 주거나 교묘히 조종할 수 없음을 분명히 알게 되는 시기이다. [...] 아이는 떼를 쓰지 않을 때는 완벽히 정상적으로 놀고 집안일을 돕고 밥을 먹는다."[28]

떼쓰기 단계가 끝나면 아이들은 더 자립적이고, 안정되고, 책임감 있게 행동하는 것으로 보고된다. 마치겐카 유아들은 "자신이 원하는 것을 강력히 요구한다." 마치겐카 유아들도 미국 유아들처럼 자신이 원하는 것을 거절당하는 데 익숙하지 않은 것으로 기술되어 있다. 이는 다른 농경 사회의 같은 또래 아이들과는 매우 다르다.[29] 그러나 좀 더 최근에 연구한 캐롤라이나 이즈퀘에르도Calolina Izquierdo의 기술에 따르면, 어린아이들은 생산 활동에서 종종 자발적으로 그리고 때로는 어머니의 지시에 따라 부모를 모방한다. 6세나 7세가 되면 "남자아이들은 아버지가 사냥하고 낚시하고 뜰에 식물을 심을 때 따라다니기 시작하고, 여자아이들은 어머니 곁에 남아 어머니가 요리하고 청소하고 직물을 짜고 빨래하고 아이를 돌보고 뜰에서 일하는 것을 보고 돕기 시작한다."[30] 이렇듯 마치겐카의 부모들은 아이들이 자기주장을 하며 떼를 쓰는 단계가 지난 후 좀 늦게 다른 농경 사회 아이들과 마찬가지로 아이들을 생산 활동에 참여시킨다.

태평양 제도 사람들

태평양 미크로네시아 제도 팔라우 사회의 떼쓰기와 관련된 기록은 앞서 언급한 추측이 맞는다는 것을 보여준다. 인류학자 호머 바넷Homer Barnett은 팔라우 사회의 떼쓰기에 관해 다음과 같이 기록한다.

5살짜리 아주는 훌쩍거리며 어머니의 치마를 잡아당기면서 마을길을 걷는 어머니를 느릿느릿 뒤따라간다. 아주는 어머니가 자신에게 관심을 가져주기를 바라고 있다. 그는 어머니에게 안아달라고 아주

크게 외친다. "멈춰요. 멈추라고요. 나 안아주세요." 어머니는 눈길도 주지 않는다. 그녀는 팔을 자유롭게 흔들며 머리에 얹은 젖은 옷을 담은 바구니가 흔들리지 않도록 무거운 엉덩이를 돌리면서 맨발로 안정적으로 성큼성큼 걷는다. 그녀는 빨래터에 다녀왔고 빨래를 한 후라 목이 뻣뻣하다. 그러나 목이 아파서 무관심하게 앞만 보며 아들을 못 본 체하는 것은 아니다. 이전에는 종종 머리에 더 무거운 것을 이고도 등에 아들을 업고 다녔다. 그러나 오늘 그녀는 아들의 호소를 들어주지 않기로 결심했다. 왜냐하면 이제 아들이 성장할 시기가 되었기 때문이다.

아주는 어머니의 이러한 결정을 알지 못했다. 그는 당연히 어머니가 이전에 그랬던 것처럼 단지 짜증이 났을 뿐이라고 생각했고, 울면 효과가 있을 것이라고 생각했다. 아주는 계속해서 요구했지만, 어머니가 빨리 걸어가자 뒤처졌다. 그는 어머니를 따라잡기 위해 뛰었고, 화가 나 어머니의 손을 확 잡아당겼다. 어머니는 아들을 보지도 그에게 이야기하지도 않으면서 그를 따돌렸다. 화가 난 아주는 땅에 쓰러져 소리를 지르기 시작했다. 이래도 어머니가 아무런 반응을 하지 않자 아주는 놀란 표정을 지으며 엎드려 누워 발버둥치고 흐느끼고 소리를 질렀다. 그리고 주먹으로 땅바닥을 내리치고 발로 바닥을 찼다. 이러한 행동으로 아주는 손과 발이 아팠고 화가 났다. 더욱 화가 난 점은 자기가 이렇게 하는데도 어머니가 눈길 한 번 주지 않았다는 것이다. 아주는 재빨리 몸을 일으켜 콧물이 흐르고 눈물이 흙과 뒤섞여 뺨에 흘러내리는 채로 어머니를 날쌔게 쫓아갔다. 거의 뒤따라 잡았을 때, 아주는 소리를 질렀고 어머니가 반응을 하지 않자 바닥에 엎드렸다.

이제 아주의 불만은 극에 달했다. 잔뜩 화가 나 흙 위를 기어 다니면서 발가락으로 흙을 파서 주변과 자신에게 뿌렸다. 아주는 얼굴에 흙을 마구 문지르고, 주먹을 불끈 쥐고 흙을 빻았다. 그는 몸을 꼬아 발을 한쪽 어깨 쪽으로 몸과 함께 비틀었다.

한 남자와 그의 아내가 아주 근처로 다가오고 있었다. [...] 부부는 어머니로부터 몇 미터 떨어진 길가에 대자로 누워 있는 아주를 그냥 지나갔다. 그들은 화가 나 발버둥 치는 아주를 피해 지나가야 했지만, 아주에게 말을 걸거나 서로 말을 하지도 않았다. 말을 할 필요가 없었다. 떼를 쓰는 아이의 모습은 특별한 광경이 아니었다. 특히 아주 연령대나 그보다 조금 더 나이가 있는 남자아이들한테서는 흔히 볼 수 있는 모습이었다. 아주에게 할 말도, 또한 아주에 대해 할 말도 없었다. [...]

아주보다 조금 더 나이가 있는 여자아이 두 명이 무슨 일인지 보려고 놀이를 멈췄다. [...] 소녀들은 좀 멀리 떨어진 곳에 서서 아주가 빙빙 도는 것을 진지한 눈으로 바라봤다. 그러곤 돌아서서 문간으로 돌아가 아무 말도 하지 않고 서서 아주를 관찰했다. 아주는 혼자 남았지만, 일이 이렇게 되었다는 것을 알기까지는 시간이 좀 걸렸다. 차츰 아주의 발버둥은 수그러들었고, 아주는 길 위에 대자로 누워 훌쩍이고 있었다.

결국 아주는 스스로 몸을 일으켜 집으로 향했다. 여전히 흐느끼며 주먹으로 눈물을 닦으면서. 마당으로 터덜터덜 들어서자, 어머니가 아기를 넘어 다니지 말라고 그의 누나에게 소리를 지르는 것이 들렸다. 다른 누나는 집 바닥을 쓸고 있었다. [...] 누나는 아주를 슬쩍 쳐다보면서 쩌렁쩌렁 울리는 큰 목소리로 아주에게 어디에 갔다 온 거냐고 물었다. 아주는 대답하지 않고, 문간의 문턱을 두 걸음 올라 집 한쪽에 펼쳐진 돗자리 위로 갔다. 그리고 그곳에서 조용히 누워 잠이 들었다.

이것은 아주가 성장하면서 처음으로 경험한 고통스러운 교훈이었다. [...] 조만간 이 아이는 어릴 때 받았던 배려와 따뜻한 관심을 기대해서는 안 되며 어릴 때처럼 응석을 부려서도 안 된다는 것을 배울 것이다.[31]

바넷은 팔라우 아동의 훈육에 있어 위와 같이 떼를 쓰는 시기가 진정한 과도기임을 강조한다.

부모, 특히 어머니들은 아이를 관심 있게 지켜보면서 부드럽게 타이르곤 했지만, 어느 날 갑자기 거리를 두며 무심하게 굴고 못마땅한 표정으로 인내심 없이 대한다. 이들은 점진적으로 아이에 대한 관심을 줄이는 것이 아니라, 갑자기 아이로부터 등을 돌리고 아이가 스스로 자신을 돌볼 수 있도록 만든다. 어디든지 안고 다니는 대신 걷도록 하고, 아이의 울음에 반응하는 대신 자신의 일을 하며 아이의 격렬한 항의를 무시한다. 또한 이 시기에 부모들은 아이에게 소리를 지르고, 별 효과는 없지만 아이에게 혹독하게 말하며 훈육하기를 시작한다. 예전에는 무엇이든 하고 싶은 대로 너그럽게 놔두었지만 이제는 아이를 혼내는 식으로 바뀌었다.[32]

여자아이들은 처음부터 좀 더 "엄격한 통제"를 받기 때문에 남자아이들보다 과도기를 좀 더 점진적이고 쉽게 지나는 것으로 전해진다. "그러나 결과는 같다. 사춘기 이전에 아이들은 아버지와 어머니를 존경을 표하고 복종을 해야 할 대상으로 여기고, 그들을 위해서라면 마땅히 노동을 해야 한다고 여긴다."[33] 팔라우에도 농경 사회의 패턴이 존재하지만 아이가 5세나 6세가 되어서야 나타난다. 이렇게 뒤늦게 나타나기 때문에, 특히 남자아이들은 격동의 과도기를 보내는 것처럼 보인다.

가내 경제 생산 활동에 후기 아동기 아이들의 노동력을 사용하는 농경 사회 부모들은 초기 유아기 시기에 아이에게 복종을 가르치는데, 이때 떼쓰기로 특징지어지는 과도기 단계가 나타나는 것일 수도 있다. 인도네시아의 아동기에 관한 인류학적 연구들, 예를 들어 하랄트 브로흐Harald Broch의 인도네시아 술라웨시(셀레베스) 인근 보네라떼Bonerate섬 연구나 더그 홀란Doug Hollan과 제인 웰렌캄프Jane Wellenkamp의

인도네시아 연구들은 이러한 생각을 대체적으로 뒷받침한다.[34]

　떼쓰기는 매우 많은 지역에서 널리 발견되지만 문화나 개인에 따라서 다르게 나타나며, 대체로 2세에서 5세 사이의 특정한 시기에 나타난다. 우리가 관찰한 아프리카 부모들처럼 어린 시기에 순응하는 태도를 훈련시켜 떼쓰기가 일어나지 않도록 할 수도 있지만, 떼쓰기는 부모들이 유아기 아이들과 놀아줄 때 더 자주 일어나는 현상으로 보인다. 즉 집안일을 하라는 것과는 전혀 다른 기대를 하는 상황에서 일어나는 것이다.

　떼쓰기가 다른 곳보다 미국에서 더 많이 심하게 일어날까? 발달심리학자들이 이 문제에 답을 줄 수 있는 연구를 수행한다면 미국 부모들은 많은 도움을 얻을 것이다.

아이에게
일 맡기기

아프리카와 몇몇 라틴아메리카 사회에 관한 연구가 보여주듯, 많은 농경 사회에서 부모는 18개월짜리 아이를 작은 일꾼으로 여긴다. 이 시기 부모들은 아이에게 어른의 지시에 따라 작은 물건을 다른 어른에게 전달해주는 것과 같은 일들을 시키면서, 아이에게 집안 경제 생산 팀에서 역할을 맡기기 시작한다. 몇 년이 지나 대여섯 살이 되면, 부모들은 아이에게 진짜 책임질 일들, 즉 등에 아기를 업고 돌보거나 더 나이가 든 남자아이들이 소 떼를 모는 동안 양이나 염소를 몰도록 하는 것과 같은 일들을 할당한다. 우리가 1950년대 구시 부족을 연구하면서 관찰한 이와 같은 패턴은 다른 많은 농경 사회에서도 유사하게 발견된다. 라이베리아의 크펠레[Kpelle]족, 유카탄의 마야족, 페루 안데스의 케추아[Quechua]족이 어린아이들에게 맡기는 일들은 케냐 구시족이 맡기는 일들과 유사하다. 인류학자 메리 마티니[Mary Martini]와 존 커크패트릭[John Kirkpatrick]의 마르키즈제도에 관한 연구나 레이먼드 퍼스[Raymond Firth]의 1928~1929년 현지조사에 기초한 티코피아에 관한 전통적 민족지에 기록된 바에 따르면 폴리네시아에서도 유사한 패턴이 발견된다.[35]

사모아

이러한 폴리네시아 사회의 패턴은 마거릿 미드, 엘리너 옥스[Elinor Ochs], 지넷 마게오[Jeanette Mageo]를 포함한 다수의 인류학자들이 연구한 지역인 사모아에서 뚜렷이 나타난다.[36] 이 사회에서 어린아이들은 많은 종류의 일들을 하고 집안일을 도울 것을 요구받는다. 사모아에 수년간 거주하며 연구한 인류학자 마게오에 따르면 "아이들은 과거에도 현재도 가구의 노동력이다." 그러나 마게오는 아동 발달 과정에 나타난 양가적 감정을 다음과 같이 관찰하기도 했다.

    어린아이들은 분노의 감정을 초기에는 떼쓰기나 건방진 말로 드러내고, 그 이후에는 분한 마음을 안고 일을 도움으로써 이 감정을 일부 숨긴다. 아동기를 시작으로 그 이후까지 이 분노의 감정을 넘어서는 데 도움이 되는 것이 타우타우tautau이다. 타우타우는 손윗사람에 대한 복종을 의미할 뿐만 아니라 아랫사람을 지휘하고 통솔하는 것도 포함한다. 따라서 아이들은 동생들을 돌봐야 하는 짐을 떠안고 있지만, 동시에 동생들에게 말을 잘 들으라고 주의를 주고 동생들이 말을 듣지 않으면 때릴 수도 있는 절대적인 권위를 가지고 있다. 이렇게 아이들은 분노를 감추고 다른 식으로 드러낸다.[37]

마게오의 연구는 사모아 아이들이 일하는 것을 관찰하는 것을 넘어서서, 아이들이 심리적 발달 과정에서 부모 및 다른 성인들과 형성하게 되는 감정적 관계를 살펴보고 있다. 마게오가 밝혀내고 있는 이러한 발달 패턴은 사모아의 사회적 삶에 문화적으로 깊게 뿌리박혀 있다. 이는 아프리카 농경 사회의 패턴과는 상이해 보인다.

태평양: 멜라네시아

멜라네시아에도 농경 사회의 패턴을 벗어난 사례들이 있는 것으로 보인다. 이곳에서 우리는 앞서 언급한 보네라떼나 토라자의 유아들과 같이 생산적인 일뿐만 아니라 어른들의 감시에서도 벗어나 일상을 보내고 종종 부모에게 반항하고 심지어는 부모를 때리기까지 하는 어린 아이들을 볼 수 있었다! 이러한 사례를 처음 보고한 관찰자는 인류학의 선구자인 브로니슬라브 말리노브스키와 마거릿 미드이다. 말리노브스키는 "트로브리안드의 아이들은 상당한 자유와 독립을 즐긴다. [...] 트로브리안드에서는 부모가 아이에게 복종을 기대하는 어떤 단순한 명령도 하지 않는다. [...] 사람들은 가끔 아이를 향한 분노가 폭발해 아이를 때리기도 한다. 그러나 나는 아이가 몹시 화가 나 부모에게 달려들거나 부모를 때리는 경우도 그만큼 자주 보았다."라고 기술했다.[38] 1928년 뉴기니 인근 애드미럴티제도의 마누스 사회(인구 2,000명)에서 6개월을 보낸 미드는 다음과 같은 점들을 목격했다.

부모들은 아이의 첫 걸음마를 가르치는 데는 매우 엄격했지만, 사회적 훈육의 문제에서는 어린 반항아들의 손에 놀아난다. 아이들은 원할 때 먹고, 원할 때 놀고, 자고 싶을 때 잔다. 아이들은 부모에게 존경을 표하는 언어를 전혀 사용하지 않는다. [...] 아주 제멋대로인 아이는 마을의 최고 연장자에게도 반항적이고 경멸적인 태도로 소리를 지른다. [...] 아이들은 일하지 않는다. 열한 살이나 열두 살이 넘은 소녀들은 집안일을 조금 하고, 소년들은 결혼할 때까지 거의 아무런 일도 하지 않는다. [...]

아이들은 자신을 스스로 돌보도록 완벽히 훈련받는다. 신체에 어떤 이상도 생기지 않도록 자신을 보호한다. 아이들은 모두 자신의 카누, 노, 그네, 활, 화살이 있다.[39]

미드에 따르면, 마누스 아이들은 놀이 집단에서 손위 아이들을 모방하면서 이후 어른이 되어 사용할 생계와 식량 가공에 관한 기술들을 습득한다. 그러나 그들은 아동기 동안 가내의 경제적 생산에 기여하지 않는다. 이는 모든 농경 사회에서 아동 노동이 필수적으로 이루어지는 것이 아님을 보여준다.

반면 최근 솔로몬제도(미드의 애드미럴티제도와 같이 멜라네시아의 일부이다.) 말라이타의 꽈라아에Kwara'ae족의 양육을 10년간 연구한 캐런 앤 왓슨게게오Karen Ann Watson-Gegeo는 다음과 같은 그림을 제시한다.

다른 많은 태평양 제도의 환경과 유사하게 꽈라아에 사람들도 아이들이 최대한 빨리 어른이 되도록 독려한다. 꽈라아에 아이들은 3세부터 농경과 집안일에 참여한다. [...] 세 살이 되면 [...] 소녀들은 첫 번째 마체테*(대개 어른 마체테를 축소한 것이다.)를 받고 가족의 밭에서 일하기 시작한다. 또한 어른의 감독하에 동생들을 돌보기 시작하고 6세나 7세가 되면 어른의 감독 없이 한 번에 몇 시간 동안 영아를 돌본다. [...] 또한 3세 여아는 숲에서부터 무거운 장작을 등에 짊어지고 나르며, 부엌에 불을 지피고, 빨래와 설거지를 하고, 감자를 깎고, 개울에서 물을 길어 나르고, 바닥을 쓸고, 집 주변 마당의 풀을 고르게 깎는다. 5세가 지나면 여자아이들은 물론 종종 남자아이들

● 날이 넓고 무거운 칼

도 자신의 밭을 만들어 농작물을 심고, 수확하고, 수확물을 시장에 내다 팔거나 가족 식사에 제공한다. 5세 남자아이들은 자기만의 작은 집을 만든다. 아이들이 5세나 6세가 되면 자신이 혼자서 키울 새끼 돼지를 받는다. 11세 여아는 온전히 혼자서 집안일과 일련의 밭일을 처리할 수 있다.[40]

이렇듯 꽈라아에 부모들은 아이가 유아기부터 일을 하도록 한다. 이는 멜라네시아의 다른 한쪽에 위치한 마누스보다는 아프리카나 멕시코와 유사하다. 마누스 사람들은 가내 농업보다는 성인 남성으로 구성된 팀이 수행하는 어업에 상당히 의존한다는 점에서 꽈라아에와는 다르다.

요약과
결론

아동들은 1세에서 5세에 놀라울 만한 신체적·심리적 성장을 경험한다. 우리는 키와 몸무게를 통해 아이의 신체적 성장을, 한 가지(혹은 두 가지) 언어를 익히는지에 따라 언어 습득 능력을, 개념들을 알고 활용하는지에 따라 인지발달을, 그리고 문화적 기준에 맞게 감정 통제 능력이 발달하는가에 따라 감정적 성숙을 추적할 수 있다. 이러한 발달을 기술할 수 있는 최선의 방법은 어린 소년 소녀가 부모와 다른 이들의 인도를 받아 사회적 환경 안에서 적극적으로 배운다는 "인도된 참여"라는 관점이다. 유아기 아동들은 만들어져가는 과정에 있는 사람들로, 남은 일생 동안 지속될 경향성을 분명히 보여주기도 하는 반면, 떼쓰기나 배변 훈련과 같은 단순히 일시적인 과도기를 경험하기도 한다. 5세가 되면, 배변 훈련과 떼쓰기는 아주 먼 과거가 되고, 아이들은 자신의 몸과 감정을 통제할 수 있게 된다.

어떤 문화에서 부모들은 초기 아동기를 놀면서 보내는 것이 최선이라고 생각한다. 반면 다른 문화의 부모들은 놀이가 유아기 아동이 해야 할 일을 분산시킨다며 부정적으로 바라본다. 이러한 다양성은, 노동집약적 식량 생산으로 인해 어린아이가 가족 위계의 가장 아래에서 일을 배워야 하는 농경 사회와, 우리 사회처럼 아동 노동이 금지되어 있고 부모들이 놀이와 다른 활동들을 선호하는 후기 농경 사회의 차이로부터 기인한다. 그러나 오세아니아, 주로 태평양 지역 농경 사회의 몇몇 문화에서는 우리가 아프리카나 메소아메리카의 사례에서 본 것과는 매우 다르게 2세에서 5세 사이의 유아기 아동이 놀면서 이 시기를 보낸다. 마거릿 미드는 마누스 아이들은 자신들만의 도구를 갖고 있으며, 6세나 그 이후까지 일을 하지 않는다고 기술했다. 이러한 관찰 결과는 태평양 지역(그리고 여기 미국)에서 발견되는 아이를 향한 부모의 관심과 애정, 그리고 인내심에 대한 기대가 아이로 하여금 더 쉽게 화를 내고 떼를 쓰게 만드는 것은 아닌지 궁금하게 만든다.

첫 5년간의 아동 양육은 이 시기만을 특징짓는 많은 특성들을 가지고 있으며, 우리는 이 중 단지 몇 가지만을 건드렸다. 모국어를 통한 문화적 의미의 습득, 배변 훈련, 떼쓰기, 그리고 아이에게 일감 주기. 앞서 인용한 하이디 켈러의 비교연구에서 드러난 것처럼, 우리는 특정 문화에서 영아기 아기를 다루는 방식이 이 아기의 이후 유아로서의 삶을 준비시키며, 반대로 영아기 이후 아이의 인도된 참여는 이전 시기 영아로서 받은 양육의 영향을 받는다고 믿는 경향이 있다. 우리는 조숙한 아이와 부모의 영향력에 관한 증거들을 다루는 8장에서 지속과 단절의 문제를 다시 다룰 것이다. 다음 장에서 우리는 더 나이가 많은 5~10세의 "학령기" 아동의 양육에 나타난 문화적 다양성, 특히 학교 교육을 받지 못한 아이들에 대한 양육의 다양성을 살펴보고자 한다.

7장

후기 아동기

학교, 책임, 통제

미국 아이들과 부모들에게 학교나 유치원의 첫 등교일은 가정의 세계에서 학교의 세계로 옮겨 가는 중요한 시기다. 그러나 학교 교육이 부재한 농경 사회에서 아이들은 집에 머물고, 시간이 흐름에 따라 더 큰 책임감을 가지고 더욱 능숙하게 집안 경제에 이바지한다. 보편성의 탐구를 목적으로 하는 심리학자들은 모든 인간에게 있어 5세에서 7세의 기간이 발달의 과도기라고 주장한 바 있다. 또한 세계 많은 지역의 부모들이 이 시기 이후 자녀가 이전보다 책임감을 더 가질 수 있게 되었다고 생각하는 것 같다.[1] 그러나 많은 문화에서 이와 관련한 상당히 많은 예외적 사례들이 나타나기 때문에, 위와 같은 보편성에 대한 주장은 모호한 추론에 불과하다. 아이들의 발현적인 능력을 사전적으로 규정된 인간 종의 시간표에 따라 추론할 수는 없다.

농경 사회에서 발달의 과도기가 반드시 5~7세라는 특정 시기에 국한되지 않는 것은 수습 혹은 학습의 방식과 관련되어 있다. 농경 사회에서 아이는 가정에서 다른 사람들이 어떤 일을 수행하는 것을 관찰하면서 그 일을 시작하게 되며, 점진적으로 혹은 갑자기 그 일에 대한 책임을 부여받는다.[2] 일을 수행하는 나이는 가족 내 형제자매나 가족 공동체의 상황에 따라서 다를 수 있다. 그러나 아이가 신체적·지적·감정적으로 성숙해가는 5세에서 10세의 "후기 아동기"에 부모의 양육 방식이 변화한다는 것에는 의문의 여지가 없다.

이 장에서 우리는 계속해서 부모들이 어떤 문화적 경로로 아이들의 발달에 관여하는지 살펴보고자 한다. 모든 부모들이 자신의 아이에게 기대하는 것들은 비슷하지만(예를 들어 건강해야 하며, 부자가 되어야 하고, 현명해야 하며, 다른 아이에 비해 떨어지지 말아야 하는 등) 아동의 노동과 관련된 기대에 있어서 농경 사회의 부모들은 아이들에게 훨씬 더 많은 것을 원한다. 이러한 기대는 좀처럼 수그러들지 않아, 농경 사회에서 산업 사회로 이행하는 과도기적 사회(우리가 케냐와 멕시코에서 관찰한 것과 같이)의 아이들은 학교에 가게 되어도 종종 방과 후 장시간 집에서 일할 것이 기대된다. 그러나 전통 농경 사회에서조차도 이 시기 아이들의 많은 활동(놀이와 성인식을 포함한)은 부모의 통제 밖에 있는데, 이는 아동의 발달에 있어서 부모 이외의 다른 영향들이 존재함을 시사한다.

책임감

농경 사회 부모들이 아이에게 공통적으로 기대하는 것 중 하나는 어른의 감독 없이 영아를 돌보는 것, 즉 아기를 등에 업고 다니거나, 아기가 보채면 달래고, 지시 받은 대로 아기를 먹이는 것이다. 현대 미국 부모들에게 이는 일어날 수 없거나 혹은 생각할 수 없는 일(불법적인 일이기도 하다.)의 중간쯤에 있다. 여섯 살짜리 아이가 잠시 동안 어린 아기를 재미있게 해줄 수는 있지만, 아기를 돌보는 일을 하기에는 아직 멀었다고 생각한다. 그렇기 때문에 농경 사회 아이들에게는 일상적으로 기대되는 일일지라도 어떤 책임을 지기에는 아직 준비가 훨씬 덜 되어 있다고 본다. 미국 부모들은 아이가 이러한 일을 하기를 바라는 것은, 성장하는 개인으로서 이 시기의 아이에게 필요한 부분을 채워주는 것이라기보다는, 부모 자신의 단기적 이익을 위해 아이에게 부적절한 짐을 지우는 것으로 여긴다.

멕시코: 마야인들의 책임

아이가 노동을 하지 않는 사회에 사는 미국이나 유럽 관찰자들은 현지에서 아이들이 만만찮은 노동을 하는 것을 보고 놀란다. 우리는 현지 아이들이 상대적으로 성숙한 것에 감명을 받고, 아이들이 일을 배우는 과정과 그들의 책임에 수반되는 감정들에 대해 묻는다.

(남자아이들의 도움을 받아) 남성이 주로 작물을 재배하는 유카탄의 마야인들에 관해 인류학자 수잔 개스킨스Suzanne Gaskins는 다음과 같이 보고한다.

> 한 살 반이나 두 살이 넘은 아이들은 그들에게 요구되는 모든 심부름을 빠르고 제대로 처리해야 한다. 아이는 언제든 일을 할 수 있으며, [...] 아이는 집안일을 하는 중요한 구성원이다.
>
> 6세가 되면 아이들은 다양한 종류의 집안일과 심부름을 하고, 손위 형제자매가 동네 너머에서 일하는 것을 돕고, 동생들을 돌본다. [...] 일하는 시간은 [...] 계속 증가하여 12세에는 대략 하루의 60퍼

센트를 일하며 보내면서 10대까지 계속 그 정도로 일한다. [...] 아이에게 어릴 때 일을 시키는 것은 필요에 의한 것일 뿐만 아니라, 아이가 유능하고 의욕 있는 일꾼으로 성장하는 데 집안일을 하는 것이 도움이 된다고 믿기 때문이다. 따라서 아이가 어른의 일에 참여하도록 하는 것이 책임감 있는 양육 방식이다.[3]

유카탄 저지대뿐만 아니라 과테말라와 치아파스(남부 멕시코) 고지대에서도 마야 어머니들은 여자아이들이 토르티야 만드는 법을 배우기를 가장 우선적으로 기대한다.[4] 아이들은 어릴 때부터 가정에서 토르티야를 만드는 모습을 보고 자라지만, 토르티야 만들기는 숙련된 솜씨가 필요한 복잡한 일이라 대부분의 여자아이들은 9세 정도가 되어서야 습득할 수 있다. 토르티야 만들기를 배우는 과정은 말이 필요 없는 학습처럼 보이지만, 실제로는 어머니의 신중한(서구적 관점에서 보면 매우 절제된) 언어 사용이 배움에 있어 매우 중요하다.[5]

인류학자 데이비드 랜시David Lancy가 "잔일 커리큘럼chore curriculum"이라고 명명한 이 일들은 성별에 따라 다르게 부여되며, 18개월부터 결혼할 때까지 점점 어렵고 책임감 있는 일들을 가족 내에서 배우고 실천한다.[6] 농경 사회 아이들은 자신이 손아랫사람으로 윗사람의 말을 따라야 한다는 것을 받아들인다. 아이들은 손윗사람들이 하는 일을 보고 가상놀이를 하면서 이를 모방한다. 마야인들의 토르티야 만들기와 같이 어떤 일들은 특별한 가르침이 없이도 배운다. 사실 랜시가 연구한 쌀 재배를 주로 하는 라이베리아의 크펠레와 같은 몇몇 농경 공동체의 경우, 어른들은 의도적으로 아이들을 가르치지 않는다.[7] 또 이후 살펴볼 다른 공동체의 경우는 학교 교실에서 이루어지는 학습은 아니지만 부모들이 아이들을 가르치기도 한다.[8]

케냐: 변화하는 구시 아이들의 일

구시 아이들에게 기대되는 일은 우리가 이 지역을 대상으로 32년간 (1956년~1988년) 연구를 수행하는 동안 변화했다. 대부분의 아이들이 학교를 다니기 이전인 1950년대, 6~8세의 구시 여자아이들은 어린 동생들을 돌보고 물을 기를 것을 요구받았다. 같은 연령의 남자아이들에게는 목초지에서 양 떼와 염소 떼를 몰면서(아직 소 떼는 몰지 않았다.) 풀을 먹이고 작물이 자라는 들판에 들어가지 않도록 살피는 임무가 주어졌다. 집 안에 여자아이가 없으면, 아이를 돌보는 일은 대략 같은 연령인 6~8세의 오빠나 어머니 쪽 집안에서 온 어머니의 여동생 책임이었다. 아이들은 어머니가 작물을 심고 잡초를 뽑고 수확하기 위해 밭에 나가 있거나 시장에 가 있는 동안 어린 동생을 돌봤다. 어머니는 아이의 등에 어린 아기를 띠로 묶어 업혀주고, 아기가 울면 처음에는 가볍게 흔들어주고 그 후에는 병에 귀리죽을 넣어 먹이라는 등 아기를 달래는 방법을 오모레리라 불리는 아기 돌보미 아이에게 알려준다. 가족의 식량 공급을 책임지고 있는 어머니들은 근처에 있는 규모가 큰 밭에서 많은 시간을 보냈고, 돌보미 아이는 아기에게 젖을 먹이기 위해 밭에 있는 어머니에게 아기를 데리고 가곤 했다. 그러나 1970년대가 되어(차, 커피, 제충국*과 같은 식량 및 환금작물을 재배하게 되면서) 어머니들이 일구는 밭의 규모가 이전보다 줄어들자 어머니들은 집에 더 자주 오게 되었다. 아이들은 자신의 책임을 진지하게 받아들였고, 우리는 아이가 오모레리로써의 책임을 소홀히 했다는 사례를 거의 들어보지 못했다. 사고가 일어나면, 오모레리는 가까운 농가에 있는 어른들에게 도움을 요청할 수 있었다.

이렇듯 구시의 동생 돌보기는 6살 여아에게 실질적인 책임감(현대 미국의 기준에서 보자면 너무 많은 책임감)을 요구한다. 그러나 우리의 기준을 적용하는 것의 문제점은 우리가 동생을 돌보는 구시의 아이를 볼 때, 아기를 돌볼 준비가 되어 있지 않은 것처럼 보이는 우리의 여섯 살짜리 아이를 생각한다는 데 있다. 우리는 그 나이의 아이가 쉽게 산만해지고 자기가 관심 가는 것에 빠져 놀고 싶어 하기 때문에, 혼자서 동생을 돌보도록 믿고 맡길 수 없다고 생각한다. 그러나 6세가 된 구시의 여자아이들은 매우 다른 모습을 보인다. 장난감이나 다른 개인적인 물건 없이 순응적인 영아와 유아로 자란 이 아이들은, 일을 가족의 이익을 위해 어머니가 부여하는 것으로 받아들이는 데 익숙하며, 가족의 이해관계와 분리된 개인적인 이익이라는 관념 자체는 습득하지 않았다. 구시 아이들도 아기를 돌보는 것보다 노는 것을 더 좋아할지 모른

● 케냐에서 재배되는 살충 성분이 포함된 화초의 일종

다. 그러나 그들은 그 전에 어머니가 맡긴 일을 우선시하도록 배웠다.

물을 긷는 것 또한 가족의 물 공급과 관련된 실재적인 책임을 수반하는 일이다. 소녀는 머리에 물을 이는 법을 배워야 한다. 아이는 큰 도자기 항아리를 얹을 평평한 단을 만들기 위해 풀로 만든 둥근 링을 머리에 얹은 다음, 빈 항아리를 언덕 아래로 옮기고 개울가에서 물을 길어 항아리를 채운다. 그러고는 성인 여성에게 자신의 머리에 링과 물이 든 항아리를 얹어달라고 하고, 항아리를 이고 언덕을 올라 비틀거리며 집으로 간다. 항아리는 떠돌아다니는 루오족 상인으로부터 현금을 주고 구입한 것으로 매우 귀중한 물건이다. 그러나 항아리는 깨지기 쉽고, 언덕을 오르는 길은 때로는 미끄럽다. 따라서 6~8세의 이 여자아이들이 받는 압박은 상당하다. 항아리를 떨어뜨리거나 깨뜨리면 어머니가 화를 낼 수 있고, 매 맞는 것으로 이어질 수도 있다. 11세나 12세의 남자아이들도 소가 밭 주변의 작물을 밟거나 먹도록 내버려두었다는 이유로 아버지한테 매를 맞는다. 이처럼 아이들은 처벌로 이어질 수 있는 위험을 지닌 중대한 생계 관련 임무를 맡고 있다. 구시 어머니들은 미국 관점에서 보자면 엄격한 감독관이고, 아이들은 잘못에 대한 꾸지람과 처벌이 두려운 듯 아프리카의 다른 지역에서 보는 5~9세의 아이들보다 덜 명랑하고 기분이 가라앉아 있는 것처럼 보였다. 구시 어머니들은 성인식을 준비하기 위해서는 이 연령의 아이들에게 엄격할 수밖에 없다고 주장했다(이 장의 뒷부분에 기술된 것처럼 성인식은 여아는 9세, 남아는 10~11세에 치른다).

1950년대 구시 아이들이 수행해야 했던 이 일들(여아는 아이 돌보기, 물 기르기, 옥수수 껍질 벗기기, 남아는 동물 돌보기와 집 짓는 것 돕기)은 크펠레족, 사하라사막 이남 전역의 다른 농경인들, 그리고 다른 지역의 농경 사회에서 발견되는 것과 상당히 유사하다. 그러나 이는 다음 세대로 넘어가면서 변화하기 시작한다.

20년 후인 1970년대 중반이 되자 여아를 포함한 모든 구시 아동들은 학교를 다니게 되었다. 이로 인해 어머니는 일곱 살짜리 딸에게 갓난아기 동생을 하루 종일 전적으로 책임지고 돌보라고 맡길 수 없게 되었다. 대신 아기 돌보는 일은 10대 딸을 비롯해 다른 딸들 여러 명이 함께하게 되었다. 농가에 우물이 있는 가정에서는 더는 딸이 개울에서 물을 길어 오지 않아도 되었고, 우물이 없는 집의 딸들은 깨지기 쉬운 항아리 대신 석유 통을 사용하게 되었다. 구시인들이 소유한 땅이 예전에 비해 훨씬 적어지면서(구시는 이제 케냐에서 가장 인구밀도가 높은 농촌 지역이 되었다.) 소를 가진 집은 거의 없었고, 따라서 남자아이들은 여전히 어른의 지시에 따르기는 해야 했지만 그들이 지던 주요 책임에서 벗어났다. 한 세대 만에 인구밀도의 증가와 보편적 학교교육의 보급으로 구시 부모가 아이에게 기대하는 바가 급격히 변화했다.

우리가 1988년 다시 구시에 갔을 때, 또 다른 일련의 변화가 뚜렷이 눈에 띄었다. 인구증가는 조금도 수그러들지 않았다. 따라서 농사를 지어 생계를 이어갈 수 있는 가구는 거의 없었고, 중등 혹은 고등교육을 받은 많은 사람들은 케냐의 도시로 떠나거나 해외로 이주했다. 농촌 지역에 남은 사람들은 가난하거나 교육을 덜 받은 사람들이었다. 아주 가난한 사람들은 땅을 팔고 그들의 학령기 딸들이 부유한 도시 사람들의 아이를 돌보는 대가로 벌어 온 돈으로 생활하기도 했다. 이 부유한 도시 사람들은 가난한 농촌 지역 딸들을 데려오면서 학교에 보내준다고 약속했지만 보고된 바에 따르면 이 약속은 거의 지켜지지 않았다. 가내 생산을 함께하던 가족은 이제 옛말이 되었다.

학교 교육이 확산되기 전 아이들에게 기대되는 책임의 양은 농경 사회마다 달랐다. 우리가 살펴본 집단들 중 아동기의 책임은 유카탄의 마야, 구시, 그리고 다른 아프리카 농경 사회가 가장 많았고, 인도와 네팔은 중간 정도, 그리고 미드가 연구한 마누스와 같은 태평양 사회는 낮은 것으로 나타났다.

인도

인도에서 아이들에게 기대하는 일의 양은 카스트와 농촌과 도시 지역에 따라 다양하게 나타났다. 오디샤(이전 오리사)의 전통적인 도시 거주자의 경우, 높은 카스트의 힌두 아이들은 다른 농경 사회 아이들뿐만 아니라 이 지역의 낮은 카스트 아이들보다도 훨씬 적게 일했다. 세라가 인도 남부 안드라프라데시의 달리트*를 연구했을 때 관찰한 것처럼, 낮은 카스트의 어머니들은 집 밖에서 고용되어 일하고 일상적인 집안

● 인도의 전통 카스트제도에서 최하 계급에 속하는 사람들, 불가촉천민

일은 아이들에게 맡긴다. 즉, 이 아이들은 어른의 감독 없이 가족을 위해 집안일을 한다. 오디샤의 도시에서 연구를 한 수잔 시모어는 높은 카스트 가정 아이들에게 "책임으로 주어지는 일"은 낮은 카스트 아이들이 하는 물을 긷는 등의 힘든 일이 아닌, 방문객을 즐겁게 해주는 것이었다고 이야기한다.[9]

더 나아가 우리가 네팔에서 연구한 힌두 농경인들이 사는 많은 남아시아의 농촌 지역에서는 관개시설이나 황소가 끄는 쟁기 등 이로운 기술이 도입되어 아프리카 부모들보다 아이들에게 일을 적게 시킬 수 있었다. 어머니의 일의 양은, 그것이 고용되어 하는 일이든 경작이든 교역이든지 간에, 아이가 집안일에 얼마나 많은 시간을 들여야 하는지를 결정하는 데 있어 매우 중요한 요인이다.[10] (마거릿 미드가 연구한 마누스와 같이) 협력 중심적인 남성 집단이 잡아 온 물고기와 사냥감이 풍족하게 쌓여 있는 태평양 지역의 공동체에서는 일반적으로 농경이나 다른 일에서 아동의 노동력을 사용할 필요를 훨씬 적게 느끼는 것처럼 보인다. 이렇듯 생태적인 압박 여부는 농경 사회 아이들이 일을 하도록 요구받는 정도를 설명하는 데 중요한 역할을 한다.

아이들이 공장과 탄광에서 일했던 시기인 19세기, 영국과 미국의 개혁가들을 충격에 빠뜨렸던 것은 농경 사회 아이들이 가내 생산에 기여한다는 것이 아니었다. 앞서 언급한 아이의 임금에 의존해 살아가는 구시 부모들의 사례처럼, 20세기 후반 농경 사회에는 아이들이 집 밖에서 임금을 받고 일하는 상당히 충격적인 사례들이 있었다. 대규모 사례로는 1980년대 인도에서 1,700만 명의 아이들이 성냥 공장, 도자기 제조소, 대규모 농장에 고용된 일이 있었다. 정치학자인 마이런 와이너Myron Weiner는 1991년 그의 저서 『인도의 아동과 국가The child and the state in India』에서 다음과 같이 보고한다.

> 인도의 아동은 주로 전前산업적이고 전前자본주의적인 노동력이다. 19세기 영국과 미국의 아이들과 달리, 인도 아이들은 광산이나 대규모 공장에서 일하지 않았다. 인도 아동은 가내공업, 3차 서비스산업, 농업과 같은 비조직화된 비공식적 부분에서 주로 일했다. 인도의 아동 노동은 산업화나 자본주의의 산물이 아니라 일꾼으로서의 아동이라는 전통적인 역할이 지속된 것이다.[11]

그럼에도 불구하고 가내에서 농경 가족의 구성원으로서 일하는 아이의 노동환경과, 위험이 통제되지 않은 공장에서 하루 열두 시간의 노동 시간과 버스 이동을 위한 부가적인 시간을 쓰며 힘들게 일하는 아이의 노동환경은 크게 차이가 있다. 이러한 차이는 국제적으로 진행되는 개발도상국의 아동 노동을 없애려는 움직임에서도 종종 간과되고 있다.

영국의 특별한 사례
아동 노동 철폐 운동은 전 세계 1차 산업혁명 기간 동안 다수의 아이들이 공장과 광산에서 일했던 19세기 영국에서 시작되었다. 당시 영국은 그 시기 다른 국가와는 다른 특수한 상황에 놓여 있었다. 1950년 대부분의 영국인들은 도시에 거주했고 1970년까지 인구의 14퍼센트만이 농사를 지으며 살았다. 영국은 아동에게 상당히 많이 의존했던 가내 식량 생산이라는 농경 사회의 환경에서 다른 서구 사회보다 매우 빠르게 벗어나고 있었다. 그러나 19세기 영국에서 아동이 집 밖에서 일하는 것은 새로운 일이 아니었으며, 사실 중세까지 거슬러 올라가는 매우 오랜 전통을 지닌 현상이었다.

기록으로도 잘 남아 있는 15세기에서 18세기에 이르는 전산업 사회 시기에 영국 사람들은 같은 기간 동안 주로 대규모 확대가족을 이루며 살았던 유럽 대륙의 "농민 사회peasant society"와 달리 이미 핵가족을 이루며 살고 있었다. 역사학자이자 인류학자인 앨런 맥팔레인Alan Macfarlane은 그보다 더 이전 시기인 1250년의 영국을 다음과 같이 기술하고 있다.

이미 발달된 시장과 유동성 있는 노동력이 있었으며, 토지는 상품으로 취급되었고, 사적 소유 개념이 확립되었고, 상당한 지리적·사회적 이동이 있었고, 농장과 가족 간의 완벽한 구분이 존재했고, 합리적인 회계와 이윤 동기에 대한 관념이 널리 퍼져 있었다. [...] 13세기 영국은 공장이 없는 자본주의 시장경제라고 기술할 수 있다.[12]

이러한 맥락에서 아이들을 다른 가족에게 보내 그곳에서 살며 일하도록 하는 관습이 생겨난 것이다. 왜 그럴까? 역사학자 앤 쿠스마울^{Ann} ^{Kussmaul}은 "소농뿐만 아니라 대농들도 아들과 딸을 농장 일꾼으로 보냈다"고 보고한다.[13] 수입이 필요 없는 농사꾼들은 자신의 자녀는 집 밖에서 일하도록 내보내고, 집에서는 자신의 아이들 대신 잘 훈련되고 더 적절한 기술을 지닌 혈연관계에 있지 않은 아이나 청소년이 일하도록 했다. 더불어 이 농민들은 자녀들을 밖으로 내보냄으로써 아이들이 다른 일과 관련된 기술을 배우고, 집에서는 가질 수 없는 책임감을 습득할 수 있다고 믿었다. 부모는 자식에게 "감상적인" 애착을 갖고 자식을 특별 취급할 수 있으므로, 부모가 자식의 고용주가 되는 것은 아이들을 훈련시키는 데 방해가 된다고 생각했다.

아이를 집 밖으로 내보내는 것은 모든 계급에서 제도화되어 있었다. 가난한 사람들은 아이를 하인으로, 좀 더 형편이 나은 사람들은(특히 도시에서) 아이를 공예 작업장의 수습생으로(종종 장인에게 수강료를 지불하기도 했다.), 신사 계급은 작위가 있는 후견인이 될 가능성이 있는 귀족 집안이나 기숙학교로 아이를 보냈다. 여자아이들보다 남자아이들을 더 자주 보냈고, 때로는 일곱 살짜리 아이를 보내기도 했다. 대체로는 열한 살이나 열두 살의 아이들을 보냈다. 아동의 임금노동은 널리 퍼져 있었고, 이 아동들의 부모는 대체로 농장 노동자, 공예 작업장의 장인, 그리고 특권 계급 가족의 하인이었다. 이러한 사례는 우리가 다른 농경 사회에서 본 아동의 양육 환경과 매우 다른 것으로, 이는 영국이 600년 후 형성한 도시 산업 사회의 기초가 되었다.

영국 아동들은 어떤 일들을 했을까? 역사학자 랠프 하울브룩^{Ralph} Houlbrooke은 1450년부터 1700년까지의 영국 가족에 관한 개관에서 후기 아동기의 대다수 아이들, 즉 특권 계층이 아닌 아이들이 경제에 기여하는 모습을 다음과 같이 보여준다.

8세 정도가 넘으면 아이들은 고용되어 잡초를 뽑고, 돌을 고르고, 땔감 나무를 모으고, 새들을 쫓고, 아기를 보고, 양을 돌보고, 밭고랑에 씨를 심고 수확을 돕는다. 부모가 아이에게 시킬 일이 없으면, 아이는 이웃에서 날품팔이할 것을 찾았다. 17세기 부모들은 자식이 경제적으로 도움이 될 만한 일을 할 수 있게 되면, 그 즉시 아이를 학교에서 자퇴시켰다. 자퇴 시기는 보통 농민의 재산 정도에 따라 결정되었다. 농민의 재산이 많으면 많을수록 아이를 더 오래 학교에 놔둘 수 있었다. 조사이어 랭데일(1673년생)은 아버지가 사망한 시기인 아홉 살쯤까지는 학교에 다녔다. 그 후 나이에 비해 튼튼했던 이 아이는 써레질을 하고, 쟁기질을 배우고, 말과 황소를 사육하게 되었다. 윌리엄 스타우트(1665년생)는 그와 그의 형제들이 누나보다 늦게 일을 시작했다고 회고한다. 그의 누나는 일찍부터 어머니를 도와 어린 동생들을 돌보고, 뜨개질과 바느질을 하고, 실 잣는 일을 했다. 열 살이나 열두 살쯤 되었을 때, 특히 봄철과 여름철에 그와 형제들은 학교를 빠지고 양을 돌보고, 쟁기질을 돕고, 잔디를 깔기 위해 손수

레를 끌고, 건초를 만들고, 양털을 깎았다.

어떤 산업에서는 아이들이 더 이른 나이에 일을 시작한다. 직물 제조가 그러한데, 이는 부모의 감독하에 일을 쉽게 배울 수 있고 육체적 힘이 많이 필요하지 않기 때문이다. 1601년 글에서 토마스 윌슨 Thomas Wilson은 6세 혹은 7세의 영국 도시 아동은 "예술을 하도록 강요받았고" 이를 통해 스스로 살 수 있을 만큼뿐만 아니라 부모와 선생님인 장인에게 도움을 줄 만큼 돈을 벌었다고 이야기한다. 윌슨은 노리치에서만 6세에서 10세 사이의 아동들이 저지 스타킹 짜는 일을 통해 자신의 생활비를 제외하고 연 1만 2,000파운드를 벌었다고 주장했다. 1720년대 초 아동 고용의 보상에 있어서 윌슨과 유사한 추정치를 내놓은 대니얼 디포Daniel Defoe는 직물제조업에서 제대로 가르침을 받은 아동이 돈벌이를 할 수 있는 일자리를 얻는 나이를 윌슨보다 너 낮게 제시했다. 톤턴과 콜체스터 주변 지역의 경우 5세, 노리치의 경우 4세 또는 5세, 웨스트 라이딩의 경우 4세로 제시했다. 그러나 1570년 노리치 빈곤층 인구조사에 따르면 남아들보다 여아들이 직물제조 도시의 가내 경제에 훨씬 더 많이 기여한 것으로 나타났다. 연령과 성별이 구체화된 친족들의 경우, 3분의 1 이하의 남아들이 일하고 있는 것과 비교하여 여아는 5분의 4 이상이 일을 하고 있는 것으로 나타났다. 남아의 3분의 1은 여전히 학교를 다니고 있었다. 남성 노동 영역에서 유용한 역할을 하기에는 아직 힘이 부족한 남자아이들 중 소수는, 상당히 많은 수의 여아들이 이미 고용되

어 있는 방적이나 뜨개질과 같은 여성 노동을 하고 있었다.[14]

그러나 하울브룩에 따르면 당시 영국에는 모든 아동을 고용할 만큼 충분한 일감이 없어 지역 관리들은 구걸하는 아이들 중 다섯 살이 넘은 아이는 모두 하인으로 보내곤 했다.

하울브룩은 부모들이 아이와 떨어져 살아도 아이를 향한 사랑과 아이가 잘 지내는지에 대한 관심은 분명했다고 강조한다. 그러나 아이들이 부모의 집을 떠나 일하고 공부하도록 하는 것이 영국의 전산업 사회에서 제도화되어 있었고, 5세에서 10세에 이르는 많은 아동들이 유급 노동자로 보내지는 상황에서 자식에 대한 부모의 관심은 그저 거리상으로 떨어진 곳에서 표현될 수밖에 없었다. 아이들이 집을 떠나기 전까지는 다른 농경 사회 아동들처럼 부모의 감독하에 집에서 가구 내 식량 생산에 참여하고 있었음은 분명하다.

그러나 몇 세기 후 영국은 부모들이 아이들을 금전상의 이득을 위해 다른 곳에 보내고 (전일제로) 노동하도록 하면서도 스스로를 독실한 그리스도교 신자라고 주장할 수 있었던 오랜 전통과 관계를 분명히 끊고 아동 노동을 철폐하는 데 앞장섰다. 대략 1750년에서 1872년인 중간 시기 동안, 아동을 대규모로 착취하는 산업자본주의가 심화되었고, 문학에서도 아동을 보호해야 할 순수한 존재로 규정하는 등 산업자본주의에 대항하는 낭만파 운동이 일어났다. 중간 계층은 이러한 염려를 집단적인 행동으로 옮겨 정치개혁 운동을 펼치기도 했다. 법이

제정되었고, 아이들이 노동하지 않고 학교에 출석하는 것이 규범이 되었으며, 부모들의 도덕적 태도가 근본적으로 변화했다.

영국은 복잡한 사회였다. 비록 개혁이 시작되었지만, 군주제와 귀족 전통은 폐지되지 않았다. 아이를 집 밖으로 내보내는 것은 사회의 하층에서는 공장 노동과 관련되어 있었지만, 아들을 그들 계급의 다른 아이들과 함께 유명한 기숙학교(중세의 경우 "퍼블릭 스쿨public school" ●)에 계속해 보내는 것은 귀족과 신사 계급의 특권이었다. 대다수의 상류 계급이 도시보다는 지역의 소유지에 거주하거나 병역이나 식민지역 근무로 해외에서 일하고 있었기 때문에 아이를 기숙학교에 보내는 것이 편리하기도 했다. 1900년에는 상류 계급 가정에서 여자아이들을 기숙학교에 보내는 것도 규범이 되었다.

세라의 부모는 그녀를 사립학교에 보내지 않는다는 것은 생각하지도 않았다. 기숙학교 또한 정해진 수순이었다. 세라의 아버지는 기숙학교를 나왔고, 그녀의 어머니(17세에 파리에서 학교를 "마치기" 전까지 프랑스와 독일 여자 가정교사 여러 명에게 집에서 개인 교습을 받았다.)는 기숙학교에 가지 않았던 것을 아주 후회했다. 형제자매들처럼 세라도 4세부터 인근의 통학학교day school◆에 다녔다. 학생 스무 명과 교사 세 명으로 구성된 이 학교는 지역의 넓은 저택에서 지역 신사 계급의 자녀를 위한 초등교육을 제공했다. 세라의 오빠는 8세에 이 학교를 떠나 사

● 영국, 특히 잉글랜드의 상류 계급 자제가 다니는 기숙제의 사립 중고등학교

◆ 기숙학교와 대조적으로 학생들이 집에서 다니는 사립학교

립 초등학교에 갔고, 이후 13세가 되자 퍼블릭 스쿨로 진학했다. 세라는 11세에 언니를 따라 음악, 예술, 팀 운동을 집중적으로 교육하는 여자 기숙학교에 진학했고, 그곳에서 평생 함께할 친구들을 만났다. 학교는 대저택에 있었는데, 2차 세계대전 이후 더는 그곳에 살 능력이 되지 않았던 주인이 학교에 매우 싸게 판 것이었다. 차로 반 마일이면 닿는 거리에 위치한 학교는 넓은 잔디밭, 수상 정원, 수영장이 있고 울타리가 쳐진 정원, 엄청난 규모의 텃밭, 소와 양이 풀을 뜯어 먹을 수 있는 공원으로 둘러싸여 있었다. 무도회장은 예배당과 댄스 스튜디오의 두 배 크기였다. 모든 학생은 학교에 동물 한 마리를 데리고 올 수 있었다. 숙고 끝에 세라의 언니는 조랑말을 집에 두고 토끼를 데려가기로 결정했다. 세라도 조랑말을 집에 두고 대신 거북이를 가져갔다. 4년 동안 공부는 조금만 하고 대부분 즐거운 시간을 보내다가, 대학에 진학하기 위해 좀 더 학업에 집중할 수 있는 두번째 여자 기숙학교로 진학했다. 각 학교에서 세라는 평생 친구를 한 명씩 만났는데, 그들 모두 성인이 되어 세라처럼 지배 계층과는 먼 삶을 살았다. 두 학교 모두 재능 있는 각 지역의 소외 계층 소녀들에게 장학금을 주었다. 나머지 학생들은 자신들과 다른 억양을 지니고, 조금 다른 단어를 쓰며, 팀 스포츠를 싫어하고, 말을 탈 줄 모르는 이 장학금 받는 학생들을 경외와 우월감이 뒤섞인 태도로 대했다. 장학금을 받는 소녀들은 학문적으로 얼마나 뛰어난지와는 관계없이, 학교에 사회적으로 소속되어 있다는 느낌은 전혀 갖지 못했다.

기숙학교를 다닌 세라 세대의 사람들이 기숙학교에 다닌 것을 후회했을까? 기숙학교를 다닌 많은 사람들은 적어도 처음에는 끔찍한 향수병에 시달렸고, 많은 소년들은 사소한 규칙 위반으로 체벌을 받았으며, 주로 선배들한테나 때로는 교사들에게 성적인 괴롭힘을 당했다고 기억했다(소녀들은 소년들보다는 학대로 덜 고통받았던 것으로 보인다. 세라는 비록 말채찍으로 위협을 당했던 기억을 가지고 있지만 실제로 맞은 적은 없었고, 선배나 교사가 그녀에게 성적인 관심을 보인 적은 없었다고 기억한다). 그러나 대체적으로 기숙학교를 다닌 사람들은 고통과 결핍에 비해 보상이 훨씬 많다고 생각했고, 자식이 학령기가 되면 기숙학교에 보내곤 했다(1980년대에는 부모 참관일이 더 늘어나고, 중간방학이 길어졌으며, 많은 퍼블릭 스쿨이 고학년에 여학생들을 받았다). 비슷하게 오늘날 영국 상위 계층 부모들은 자식에게 할 수 있는 한 모든 지원을 하는 것을 명예롭게 생각하고, 연간 대략 5만 달러가 드는 기숙학교는 여전히 특권의 완벽한 예로 인식되고 있다.

미국 농가의 아동 노동

역사학자 스티븐 민츠Steven Mintz는 19세기 미국(서부 개척지) 변경의 아이들에 관해 다음과 같이 이야기한다.

　　아이들은 음식을 조리할 수 있는 연료뿐만 아니라 가족 식탁에 올려놓을 사냥감과 야생 식물도 마련했다. 아이들은 건초를 자르고, 소와 양을 몰고, 덤불 더미를 태우고, 달걀을 모으고, 버터를 만들었다. 또한 아이들은 잔디를 걷어내고, 식물을 심고, 잡초를 뽑고, 수확을 했다. 평원에서 농사를 짓는 농부들은 자식이 가족의 노동력이 되는 것을 미룰 수 없었다. 캔자스주의 한 아버지는 두 살배기 아들이 "들판에서 소들을 데려오고, 장작으로 쓰일 목재들을 거두어 오고, 옥수수 창고에 올라가고, 돼지를 먹이고, 심부름을 할 줄 안다"는 것을 자랑스러워했다. 성능이 좋아진 쟁기와 다른 농가의 기계들 덕분에 어린 아들과 딸들이 쟁기질과 파종, 수확을 도울 수 있었다. 오클라호마주의 한 아버지는 자식들에게 칼을 주며 땅을 경작하게 하고, "밭의 모판을 만들고, 기장 수확물을 거두도록" 했다. 가족의 밭을 일구기 시작했을 때 패니 아이슬은 고작 열 살이었다.[15]

오늘날 우리가 어떻게 생각하든지 간에, 19세기 미국 농가나 1950년대 구시, 마야, 크펠레의 아동 노동은 노동 시간, 부모의 감독, 위험의 정도, 그리고 기타 다른 조건들 등 몇 가지 중요한 측면에서 공장과 탄광의 아동 노동과는 상당히 차이가 있다. 그러나 이 두 가지를 법에서 분명히 구분하기는 어렵다. 아동이 집 밖에서 유급 노동에 종사할 때 그 책임은 주로 부모에게 있는 것으로 여겨진다. 일정 시간 집에서 일하는 아동들도 집 밖에서 일을 하기도 했다. 더 나아가 캔자스주 아버지가 두 살배기 아들에게 "옥수수 창고에 올라가 돼지에게 먹이를 주도록" 시키는 것은 놔두면서 14세 아동의 공장 취업을 금지하는 것은 타당한가? 결국 아동 노동 대신 학교 출석이 강제되면서, 부모가 자신의 아이를 양육하는 기준을 스스로 결정할 수 있는 권한을 국가가 빼앗아 갔다.

추상적인 수준에서나 대규모 착취와 같은 극단적인 사례에서 아동 노동 폐지가 얼마나 바람직하든지 간에, 농경 사회 가족을 관찰한 결과는 아이들이 그들의 일을 즐기는 동시에 자신의 나이에 기대되는 바를 넘어선 일을 수행할 수 있다는 것을 보여준다. 아이가 집안 경제에 결정적인 기여를 하는 아프리카나 다른 지역에서조차도 아이는 일을 하면서 놀 시간도 확보한다. 라이베리아 크펠레 아동 노동에 관한 데이비드 랜시의 저술에는, 이 노동하는 아동들의 가상놀이, 게임, 춤, 노래, 이야기에 관한 장들도 포함되어 있다.[16]

집과 학교에서의
배움

아이들은 후기 아동기에 부모와 형제자매, 그리고 다른 사람들을 관찰하면서 매우 많은 것을 배운다. 학교가 없는 농경 사회 부모들은 아이들이 맡은 임무를 다하도록 훈련시키는 것으로 아이들에게 학습 경험을 제공한다. 아기를 돌보거나 가족의 식수나 가축에 대한 책임을 부여받으면서, 아이들은 이 작업들을 수행하기 위해 필요한 지식뿐만 아니라 더 많은 것들을 배운다. 책임감 훈련으로 지적 능력을 습득할 수 있을 뿐만 아니라 그 자체가 도덕 교육이 되기도 한다.

중국

중국 부모들은 고대 사상에 따라 스스로를 아이의 첫번째 선생님으로 보고, 향후 학교 교육에 도움이 된다고 믿는 도덕과 사고 습관에 관해 훈시적인 교육을 한다. 이러한 맥락에서 이루어지는 학습은 임무 수행 훈련과는 거리가 멀다.

학습과 관련해서 중국은 어떤 측면에서는 특수한 경우이다. 아마도 세계 역사에서 가장 큰 농경 사회였을 중국은 사하라사막 이남의 아프리카와 달리 문자와 도시 문화, 중앙화된 정치체계와 관련된 긴 역사적 전통을 지니고 있다. 중국 역사의 대부분 시기 동안 글을 읽고 쓸 줄 모르는 농민이 인구의 대다수를 이루었지만, 정교한 법체계와 관료제를 지닌 황제가 이들을 통치했다. 관료제의 관리들은 식자 계층의 학자로 구성되었고, 시골 농민을 포함한 모든 사람들이 그들의 학식을 숭배했다. 중국 민중문화에 나타난 것처럼 중국적 전통에서 학자나 읽고 쓸 줄 아는 사람, 학식이 있고 과거시험에 합격한 사람은 실제로는 매우 작은 비중이지만 최고의 존경을 받을 만한 사람으로 그려진다. 최근 몇 세기 동안 중국인들은 서구식 교육이 도입된 중국 본토의 동부 도시들뿐만 아니라 타이완, 홍콩, 싱가포르로도 이주했다. 또한 서구식 교육은 마오쩌둥의 중화인민공화국 아래 모든 중국 본토에 도입되었고, 20세기 후반 중국은 세계에서 가장 많은 아이들이 학교에 다니는 국가가 되었다.

학교 교육이 확산되기 전 과거 농경 시대의 중국 농촌 가족이나 공동체의 양육에 관한 관찰 자료는 없다. 학교 교육이 잘 정착된 중국 도시 및 농촌 지역의 양육에 관한 다수의 기술 자료와 미국과 캐나다의 중국 이민자들에 대한 연구들은 존재한다. 이 모든 사례에서 부모는 전통적인 중국의 배움에 대한 관념을 매우 중요하게 생각하며, 자녀가 서구식 교육에서 성과를 내는 데 이것을 적용할 수 있다고 본다. 주로 2500년 전 유교 사상에 기반한 이러한 전통적 관념들은 배움과 덕을 하나라고 보고, 학교에서의 배움에 도덕성을 부여하여 뚜렷이 중국적인 조합을 만든다. 인류학자 찰스 스태퍼드Charles Stafford는 대만 남동부의 고립된 어촌 마을에 대한 연구에서 5학년 아이들이 "공부와 사람이 되는 것은 분리될 수 없다."라고 쓰인 글을 읽고 있었다고 보고한다.[17] 스태퍼드는 이러한 글이 부모를 포함한 모든 사람들에게 "상식"이 무엇인지를 분명히 보여준다고 강조한다. 심지어 학교 교과서는 아이들이 어머니와 아버지에게 얼마나 많은 은혜를 입었는지를 강조하는 등 가족관계에 관한 조언을 주기도 한다. 이 마을에서 학교 교육을 전혀 받지 않았거나 혹은 아주 조금 받은 다수의 부모들, 특히 어머니들은 비록 도시 지역 부모들보다는 학교 활동에 적게 참여했지만 자식교육에 협조적이었다.

우리가 직접 관찰한 도시 지역의 경우 부모들은 이러한 유교 사상에 입각하여 교육과 학습에 대한 분명한 문화적 코드를 가지고 행동했다. 심리학자 진 리Jin Li는 유교의 일곱 가지 "학습 덕목"을 다음과 같이 제시한다. 성실, 근면, 어려움의 인내, 끈기, 집중, 선생님에 대한 존경, 겸손.[18] 미국 사람들에게 이러한 덕목들은 학교 학생보다는 성직자에게 더 적절한 덕목처럼 보인다. "근면"이라는 용어는 특히 이러한 문화적 차이를 잘 보여준다. 중국 부모들에게 근면은 중요하고, 고결하며, 자부심의 원천이다. 아이는 학교에서 근면해야 한다. 미국 어머니가 자식이 근면한 학생이라는 이야기를 들었다면, 이 어머니는 아이가 주도성, 독립심, 창의력이 결여된 채 판에 박힌 행동을 하는 아이라고 평가받았다고 생각할 것이다. 번역의 모호함을 감안한다 하더라도("근면"은 중국어 勤奮[qinfen]의 표준적인 번역이다.) 이러한 차이는 강하게 드러난다. 리가 이야기하듯 "근면은 자주, 꾸준히, 열심히 공부하는 행동의 기조가 되는 덕목이다. 즉 학습에 많은 시간을 들일 것을 강조하는 덕목이다."[19] 중국 부모들은 이를 기대하는 것이다.

중국 이민자 아이들이 이곳 미국에서 공부를 잘하는 것은 놀라운 일이 아니다! 중국 부모는 아이가 도덕적인 사람으로 성장하는 것이 학습과 학교 성적과 연계되어 있고, 또한 도덕성이 아이의 성과를 결정짓는다고 생각한다. 그들은 학교가 재미있는 곳이어야 한다고 생각하지 않으며, 아이의 자존감이 상처받을 것을 크게 염려하지 않고 일상적으로 아이를 비판한다. 그들은 아이에게 겸손함을 심어주기 위해 부단히 노력하며, 결과적으로 이 아이들은 미국 또래 친구들보다 덜 시끌벅적한 아이가 된다.

　미국 중산층 부모들도 스스로가 선생님이 되어 아이가 실제 학교에 입학하기 훨씬 전부터 유아나 심지어 영아를 대상으로 교실에서 일어나는 일상을 질문과 대답 형식으로 훈련시킨다. 또한 부모들은 아이들과 대화하면서 아이들이 학교에서 필요한 중요한 어휘력을 쌓도록 한다. 그러나 동시에 부모들은 학교 교육과 관계없이 독립심, 자율성, 주도성을 주입하고자 부단히 노력한다. 이때 부모들은 학교 교육과 아이의 생활 및 행동은 별개라고 생각한다. 복종과 근면을 강조하는 중국의 경우와는 대조적으로 이러한 미국의 목표는 학교에서의 더 나은 성과로 이어지지 않을 수 있다. 미국 부모들은 학교에서의 성과를 성취의 여러 영역(스포츠는 또 다른 영역이다.) 중 하나로 간주한다.

아이들이 배우는 것

아이들은 타고난 열정적인 학습자로, 아이들이 배우는 것은 부모가 주는 가르침이나 훈련에 국한되지 않는다. 농경 사회의 아동은 부모가 가르쳐주기 훨씬 이전에 환경에 관한 지식, 예를 들어 야생식물의 이름이나 이 야생식물이 식용인지 독이 있는지 약용인지의 여부, 어떻게 작물을 심는지와 같은 실용적인 지식들을 습득한다(1950년 구시에서 우리는 6세 쌍둥이 자매가 어머니를 설득해 옥수수를 심고, 잡초를 뽑고, 수확을 해 가족을 흡족하게 하는 것을 보았다). 아이들은 누가 그들에게 가르쳐주든 그렇지 않든 간에 또래 친구들, 손위 형제자매들, 그리고 조부모로부터 다양한 민간 지식을 습득한다. 아이들은 이 기간 동안 점점 더 많은 어휘를 습득하면서 더 많은 사물, 사람, 그리고 관계에 대해 이야기할 수 있게 되며, 인지적으로 성숙하면서 습득한 지식을 좀 더 효과적으로 조직하는 능력을 갖추게 된다.

아이를 학교에 보내는 것은 아이뿐만 아니라 부모에게도 주요한 역사적 출발점이었다. 언급했듯, 부모에게 의무교육은 자식의 활동에 대한 통제권을 포기하는 것을 의미했다. 아이에게 의무교육은 공간적 구성과 의사소통이 표준화된 집 밖의 새로운 장소에서, 존경해야 하는 권위적인 가족이 아닌 다른 어른에게 배운다는 것을 의미했다. 학교는 일반적으로 아이들이 사회에서 처음 접하는 관료제도였다. 아이들이 배워야 하는 학습 내용과 그것을 전달하는 방식은 표준화되었고, 이는 다양한 배경을 지닌 아이들이 공통된 내용을 배우게 되었다는 것을 의미했다. 20세기 중반 이후 많은 농경 사회에서 교육의 표준화는 학교에서 국가 공용어를 배우는 것으로 시작되었다. (모국어가 구시어인) 구시 학령기 아동은 케냐의 공용어인 스와힐리어와 영어를 배웠다. 유카텍 마야어가 모국어인 마야 학령기 아동은 스페인어를 배웠다. 수많은 종족집단이 서로 다른 언어를 사용하는 나라인 네팔의 농촌 지역 학령기 아동은 국가어인 네팔어를 농경 가족의 모방-참여 방식 대신 낯선 어른이 말을 통해 가르치는 관료주의적 학교 교육의 방식으로 배웠다.

그러나 20세기 후반이 되면서, 과도기 사회의 초등학교 도시 아동의 삶은 농촌 지역 아동의 삶과 확연히 달라졌다. 가족의 규모는 농촌보다 작아졌고, 방과 후 집안일을 해야 했던 아이들, 특히 소녀들은 이제 할 일이 없었다. 즉 돌볼 동물이나 잡초를 뽑아야 할 밭, 탈곡할 밀, 혹은 갈 옥수수 알이 없었다. 학교를 가는 것이 아동기 아이의 일이 된 것이다. 방과 후 시간은 숙제를 하거나 가벼운 집안일을 하면서 보냈다. 요즘에는 너무나 당연한 일이지만, 이 일들을 끝내면 아이들은 자유롭게 놀거나 텔레비전을 봤다. 집안에 딸이나 학교를 마치고 "시집 가기를 기다리는" 10대 소녀가 있을 경우, 동생들이나 사촌들이 자유롭게 하고 싶은 일을 할 수 있도록 이들에게 필요한 집안일을 했다. 카트만두, 느돌라, 쿠에르나바카와 같은 도시나 틸자포틀라나 키시와 같은 소규모 마켓타운에서, 아이들은 그들 또래의 미국 아동들처럼 부모의 희망을 품은 존재가 되었다.

통제:
영국, 미국, 그리고 다른 지역에서의 체벌

5세에서 10세 사이의 아이들을 벌주어야 하는지, 그리고 어떻게 벌주어야 하는지만큼 우리와 우리의 농경 사회 조상들 사이에 뚜렷한 이견이 있는 영역은 없을 것이다. 우리의 조상들은 때리는 것(집에서 일어나는 손으로 때리기, 채찍으로 때리기, 손바닥으로 철썩 때리기, 또는 학교에서 이루어지는 회초리를 사용한 체벌)을 잘못을 저지르는 것을 방지하고 독실함을 함양하기 위한 필수적인 도덕적 훈육이라고 간주했다. 우리는 매를 드는 것을 부도덕하고 때로는 불법적일 수 있는 신체적 학대로 간주한다. 그러나 이러한 관점과 관련된 영어권 국가들의 변화는 사실 매우 점진적이었으며 이 견해는 최근까지 계속 변화되어왔다.

농경 사회에서 실제 아이를 때리는 것을 금지하는 경우는 별로 없다. 비록 말리노브스키가 느긋하고 편안한 성격을 가진 것으로 묘사한 트로브리안드 사람들도 아이를 때리는 것으로(그리고 아이도 부모를 손으로 때리는 것으로) 알려져 있지만, 체벌이 모든 농경 사회에서 만연한 것은 아니다. 부모들은 종종 행동보다 위협이 더 효과적이라고 생각한다. 즉 체벌을 할 수도 있다고 말하는 것이 아이가 잘못된 행동을 하지 않도록 하는 데 더 도움이 된다고 생각한 것이다. 현대 미국인들은 신체적 위협조차도 부모와 자녀 관계를 무너뜨릴 수 있고, 부모와 자녀 관계에 있어서는 안 되는 비도덕적인 강요나 공포를 불러올 수 있다고 본다. 농경 사회 부모들은 체벌을 할 수 있다며 위협하는 것만큼 실제로 행하지는 않았지만, 그렇다고 해서 현대 미국인들이 체벌에 대한 위협을 그럴 수도 있는 일이라고 받아들이는 것은 아니다.

체벌이 여전히 행해지고 있는가? 사회학자 머리 스트라우스Murray Straus는 2009년 다음과 같이 기술하고 있다.

아이가 자국이 남거나 멍이 들 정도로 신체적 상해를 입지 않는다면, 미국의 모든 주에서 부모의 체벌은 합법적이고, 최근까지 다른 모든 국가에서도 합법적이었다.

미국과 영국을 대상으로 한 연구에 따르면, 3분의 1 이상의 부모들이 영아를 체벌했고, 유아를 둔 부모의 90퍼센트 이상이 아이를 때렸다. 6세 이상부터는 비율이 급속히 줄어들지만 1995년 미국 인구조사에 따르면 13세 아동을 둔 부모의 3분의 1이 여전히 자식의 행동을 통제하기 위해 물리적 방법을 사용하는 것으로 나타났다. 최근까지 교사의 체벌도 매우 빈번했다.[20]

스트라우스에 따르면 부모와 학교의 체벌에 반대하는 전 세계적인 운동은 1979년 유네스코가 국제 아동의 해International Year of the Child를 지정하면서 시작되었다. 스웨덴을 시작으로 각국 정부는 한때 아동을 훈육하기 위한 방법이었던 체벌 관습을 법으로 금지했다. 1986년 7월 23일 영국의회는 학교에서의 체벌을 231 대 230의 근소한 표차로 금지시켰다. 이 금지법안은 정부 보조금을 받는 학교들에만 적용되었다(사립학교들은 1998년까지 이를 따르지 않았다). 당시 『뉴욕타임스』는 다음과 같은 보도를 내놓았다.

대처 정부 당국자들 대부분은 체벌을 교사의 권한으로 남겨놓는 데 투표했지만, 35명의 보수당원들은 반대표를 던졌다. [...] 토론이 있는 날 신문기사들이 체벌로 인해 등에 심하게 멍이 든 어린 소년의 모습을 보여줌으로써 체벌이 여전히 시행되고 있음을 자각시켰다. 체벌 폐지를 반대하는 사람들은 이 소년이 체벌 금지법의 보호를 받지 않는 사립학교에 다녔다는 것에 주목했다. [...] 투표는 영국을 다른 유럽 국가들과 같은 수준으로 만들 것이다.[21]

체벌은 20세기 중반 이후 서구 국가들에서 실제 줄어들고 있었으나 그 양상은 일정하지 않아 사회의 좀 더 "진보적인" 쪽들이 주도하고 영국의 사립학교와 같이 좀 더 보수적인 쪽들에서는 뒤처지는 방식으로 진행되었다. 역사는 체벌과 관련된 법적 기록들은 남기고 있으나 체벌이 실제 얼마나 행해졌는지에 관해서는 기록하고 있지 않다. 그러나 우리는 체벌을 다시 부활시켜야 한다는 소수 사람들의 불만에도 불구하고, 결국 사람들, 특히 아동 양육 전문가나 그 기관들이 체벌을 강력히 반대했음을 알 수 있다.

1970년대 구시에서 세라는 구시 어머니들이 잘못된 행동을 하는 아이에게 때리겠다고 협박하는 것은 종종 들었지만, 실제 때리는 것은 보지 못했다. 집들이 서로 가까이 있어 다른 집에서 무슨 일이 일어나는지 들을 수 있었음에도 불구하고, 세라는 아이가 소리 지르는 것을 한 번도 듣지 못했다. 신체적 폭력 행동은 오직 술을 마신 후 싸우거나, 술에 취해 집에 와 아내나 청소년기 자식을 때리는 남성들 사이에서만 만연했다. 멕시코에서도 세라는 술 취한 남편이 아내에게 행하는 가정폭력이 흔하다는 것을 발견했지만, 아이가 맞는 것은 거의 보지 못했다.

통과의례와
비밀결사

산업화 시기 이전의 영국이 부모가 나이 든 자녀를 통제할 수 있는 권한을 상실하거나 혹은 자발적으로 내려놓은 유일한 사회는 아니다. 서아프리카(특히 라이베리아, 시에라리온, 기니)의 산림지역에서 포로Poro와 산데Sande라는 "비밀결사체"●는 소년과 소녀를 분리하여 마을 밖 숲에서 사회화시켰다. 에티오피아에서 남아프리카에 이르는 아프리카 대륙 동쪽 아래에는 할례의식과 음핵 절제 후 부모나 다른 성인으로부터 격리되어 일정 기간 성별화된 훈련을 받고 이후 공식적인 의례 절차를 통해 성인의 지위를 지니게 되는 성인식을 하는 곳들이 많다. 케냐와 탄자니아의 마사이족 같은 사회에는 일정한 나이의 소년들이 가입해 남성이 되고 이후 손윗사람이 되는 연배 조직도 있다. 이 조직은 구성원들의 가족이나 친족집단과는 별개로 기능한다.

후기 아동기 아이들이나 청소년들의 성인식은 성기 수술을 포함하든 그렇지 않든 간에 아프리카 이외에도 호주 원주민, 뉴기니, 미국 인디언 사회에서도 발견된다. 이러한 성인식 의례를 지닌 많은 사회들은 주로 문자가 없거나 지역 공동체를 넘어선 정치조직이 없으며, 그리고 놀랍게도 이러한 의례가 없는 사회들과 지리적으로 가까이 위치해 있

● 라이베리아, 시에라리온, 기니의 남성 비밀결사체를 포로, 여성 비밀결사체를 산데라고 한다.

다. 성인식은 국가가 없는 사람들에게 전투에서 결집할 수 있는 종족적 정체성을 부여하는 데 중요한 역할을 하고, 성기 수술은 "우리"와 "남"을 구분하여 표시하는 기능을 한다. 성기 수술로 표식을 지니게 된 소년들은 표식이 없는 사람들을 상대로 싸우는 병사가 된다.

유라시아 많은 지역에서 부모는 경전에 규정된 종교적 이상을 아이에게 주입하는 과정에서 힌두교, 불교, 이슬람, 가톨릭, 개신교, 유대교 등의 종교지도자의 지시를 따르게 되고, 이 과정에서 나이가 있는 자식에 대한 통제 권한의 한계를 경험한다. 힌두교의 성유 의식, 기독교의 첫 성찬식, 유대교의 바르미츠바 등을 통한 성인기로의 의례적 전환은 아동이 성인으로서의 도덕적 성숙을 이루는 데 극적인 형식을 부여한다. 이때 부모는 조연, 즉 2차적인 역할을 담당한다.

부모는 통과의례에서 행해지는 도덕적 교육의 내용을 선택하지는 않지만, 아이가 의례를 준비하는 것을 돕는 데 중요한 역할을 한다. 구시 성인식에서 남아 할례 이후 진행되는 격리 시기에 부모는 아무런 역할을 하지 않는다. 격리 시기 동안 성인식을 마친 선배는 신참자에게 성인의 행동, 특히 전사로서의 이상과 어머니와 아들 간 회피 관습의 도덕적 의미를 간단히 교육한다. 남자아이들과 달리 여자아이들은 어머니의 집에서 격리를 하며, 성인식 의례는 연장자 소녀가 진행하지만 성인 여성들도 참여할 수 있다. 부모들은 두 성별 아이 모두에게 고통스러운 할례 수술에서 용감해야 한다고 가르친다. 즉 10, 11세 남자아이들에게 수술 중 어떤 소리를 내서도 안 되며, 8, 9세 여자아이에게는 소리를 지르거나 도망가서는 안 됨을 분명히 한다. 이렇게 부모들은 의례와 관련하여 자신들이 해야 할 일을 한다. 아이들은 성인식에서 용감하게 행동하지 않으면 가족을 수치스럽게 할 뿐만 아니라 조상의 영혼을 화나게 해 끔찍한 결과가 생길 것이라는 이야기를 계속해서 듣는다. 부모들은 이런 방식으로 자신을 절제할 줄 아는 것이 성인 수준의 도덕적 성숙함을 증명하는 것이라고 본다(1907년 영국의 점령이 있기 전까지, 남아와 여아의 할례는 10대에 이루어졌다). 할례 전, 남아는 인근의 다른 집에서 잠을 자면서 어머니와의 분리를 참아낼 수 있음을 보여주어야 하며, 성기를 가린 바지를 입고서 정숙함을 갖추었음을 보여주어야 한다. 이러한 행동들은 성인식 이후 진행되는 어머니와 아들의 회피 관습을 받아들일 준비가 되었음을 보여주는 것이다. 어머니는 남자아이와 여자아이 모두가 성인식 전 준비해야 하는 행동을 감독하고, 책임감 있게 행동하지 않으면(예를 들어, 여아가 성인식 의례에서 회복된 후 집안일을 수행하지 못하면) 또래와 함께 할례에 참여할 수 없다고 경고한다. 즉, 부모들은 성인의 도덕적 관습에 순응하지 않으면 또래가 참여하는 성인식에 함께할 수 없다고 협박하는 방식을 통해, 아이들에게 동기를 부여하는 데 공을 들인다.

구시 부모들은 아이들이 공동체 내에서 온전한 어른으로 인정받을 수 있도록, 즉 남아의 경우는 전사, 여아의 경우는 바람직한 아내와 어머니로 확실히 인정받을 수 있도록 하기 위해 자식이 이러한 힘든 경험을 하도록 한다고 말한다. 구시 사람들은 이웃 루오족은 두 성별 모두 할례를 하지 않는다는 것을 잘 알고 있으며, (외부인이 물으면) 루오 사람들은 영원히 아이로 남아 있을 것이라고 이야기한다. 구시족이 실제 이를 믿든 믿지 않든 간에, 그들이 할례 관습이 없는 사람들을 상대로 우월감을 가지고 있으며, 구시족으로서의 정체성에 할례 관습이 중요한 부분을 차지하고 있음은 의문의 여지가 없다. 두 부족의 이러한 차이는 두 부족의 문화적 정체성의 핵심을 이루면서 부족 안에서 연대감을 만들고 타 부족에 대한 우월감을 부여한다.

전통 사회의 치료사가 8세 여아에게 성기 수술을 시행한다는 생각 자체는 미국인들에게는 절대 받아들일 수 없는 혐오스러운 일이다. 20세기 초 케냐 중부에서 이를 목격한 스코틀랜드나 영국 성공회교도 선교사들도 마찬가지였다. 1928년 이미 선교사들과 케냐 키쿠유족 간에 성기 수술을 둘러싼 갈등이 일어났고, 이는 이후 1950년대 마우마우 봉기*로 발전했다. 할례 관습은 이를 실천하는 사람들의 문화에 깊이 들어가지 않고는 정당화되는 것은 고사하고 이해될 수도 없다. 말리노브스키가 90년 전에 이야기한 것처럼 인류학이 관습을 "내부자적 관점에서" 보는 것을 의미한다면, 이 특정한 관습(말리노브스키의 제자인 조모 케냐타^{Jomo Kenyatta}는 1938년 그의 저서 『케냐 산을 향하여^{Facing Mount Kenya}』에서 이 관습을 옹호했다.)은 우리의 공감 능력을 한계까지 혹은 그 이상으로 밀어낸다.[22] 다양한 형식의 여성 성기 수술이 이집트와 소말

● 1950년대 영국의 식민지배하에 있던 케냐에서 키쿠유족을 중심으로 결성된 무장단체인 마우마우가 영국을 상대로 벌인 비타협적 무장운동

리아를 포함한 북동부 아프리카 여러 지역에서 성인이 되기 위한 필수적인 단계로서 행해진다. 수단, 소말리아, 이집트와 같은 무슬림 국가들의 경우 이러한 성기 수술이, 다른 곳에서는 그렇지 않음에도 불구하고 코란에서 요구하는 필수요건이라고 믿기도 한다.

지난 몇 세기 동안, 페미니즘이나 인권운동의 현안으로 여성 성기 절제나 훼손에 반대하는 국제적인 캠페인이 펼쳐졌다. 유니세프와 유엔 인구활동기금UNFPA: the UN Population Fund을 포함한 유엔 기구들은 인권 위반뿐만 아니라 건강상의 위험도 강조하면서 캠페인에 합류했다. 2011년 케냐 의회는 여성 성기 훼손을 금지하고 이를 집행하는 기관도 설치하는 법안을 통과시켰으나 구시에서는 2014년까지도 96퍼센트의 여성이 여성 성기 훼손 의례에 참여한 것으로 보고되었다. 그러나 케냐 전체로 보면 입법 전인 2005년보다 2010년에 6.6퍼센트가 감소한 것으로 나타나, 할례 관습을 그만두는 경향이 있음을 시사하기도 한다. 아동의 건강을 위협하고 서구인의 도덕적 감성에 위배되지만 동시에 지역의 도덕성에 근거하고 있는 사례 중 하나인 여성 성기 수술은 이 세기 후반이 되기 전에 사라질 것으로 보인다.

결론

이 장에서 우리는 다양한 문화적 배경을 지닌 부모들이 후기 아동기 아이들의 삶, 활동, 그리고 발달을 다루는 방식을 살펴보았다. 자식을 가내 생산에 참여시키는 농경 사회 부모들과 학교에 보내는 현대 부모들이라는 큰 차이점 이외에도 놀라운 다양성들을 볼 수 있었다. 예를 들어, 몇몇 농경 사회에서 부모들은 선생님으로서의 역할을 담당했지만 또 다른 곳에서 부모들은 아이가 사례를 통해 배울 것을 기대했다. 아이를 놀 수 있도록 할 것인지, 얼마나 놀 수 있게 허용할 것인지, 부모가 2차적인 역할만 수행하는 성인식과 통과의례가 존재하는지의 여부와 관련해서도 다양성이 존재한다.

아동이 집에서 일을 해야 하는 압력의 정도는 야생에서 구할 수 있는 음식 재료(생선, 사냥감, 뿌리 식물)가 얼마나 많은지와 농업기술의 사용 여부에 따라 매우 달랐다. 쟁기와 관개시설이 아동 노동을 줄였고 아이들에게 놀 수 있는 시간을 더 주었다. 아마도 가장 놀라운 발견은 전산업 사회 영국에서 후기 아동기 아이들을 일상적으로 다른 사람의 집이나 공예품 만드는 공장에 보냈다는 점일 것이다. 서부 아프리카에서 아이들은 친척들과 함께 자랐고, 태평양 제도에서는 친척이나 타인에게 종종 입양되었다. 최근, 도시화 및 서구식 학교 교육의 확산과 같은 몇몇 중요한 역사적 전환으로 농경이 우세한 국가들에서도 부모의 통제와 아동 노동이 감소했다. 또한 전 세계적으로 체벌을 덜 하는 경향도 나타난다.

전 세계적 경향에 초점을 맞춘다면, 우리가 말한 변화를 발견할 수 있을 것이다. 그러나 후기 아동기 아이들의 삶은 전 세계적으로 매우 다양하게 나타난다. 가장 두드러진 모습 하나를 들자면, 농경 사회 부모들은 아이가 어릴 때뿐만 아니라 사춘기에 접어들어서도 아이에게 존경심과 복종을 기대한다는 것이다.

8장

조숙한
아이들

부모와 타인의 문화적 관점

아이의 조숙함은 보는 사람의 시각에 따라 다르다. 우리 사회에서는 수학이나 음악 신동을 매우 드문 특별한 아이라고 생각한다. 그러나 다른 문화들을 보면 많은 어린아이들이 놀라울 정도로 능숙하고, 어른스럽고, 때로는 위험한 일들을 수행한다. 이 아이들은 칼과 쟁기를 다루고 조작하며, 아기를 돌보고, 자기 자신이나 타인을 돌볼 수 있는 충분한 능력을 가지고 있다. 우리의 농경 사회 조상들처럼, 이 문화에서는 현대 사회에서라면 여전히 부모에게 의존하는 연령대인 아이들에게 책임을 부여한다. 그 아이들은 신동이 아니다. 하지만 그들은 분명 우리 기준에서 보자면 조숙하다. 농경 사회에서 아이에게 부여된 책임들, 특히 일하기와 아기 돌보기는 우리 사회에서는 법에 의해 오랫동안 금지된 것들이지만, 농경 사회 아이들은 우리의 현대 아이들보다 더 어릴 때부터 성인의 도움 없이 자기 자신을 챙기고 돌본다.

현대 사회에서 아이들이 (미국 아이들과 비교하여) 조숙하게 자라나는 방식은 매우 다양하다. 프랑스 아이들은 우리가 우리 아이들에게 기대하는 것보다 더 이른 시기에 어른들에게 공손한 모습을 보인다. 또한 우리에게는 편식하는 아이가 익숙하지만, 최근 출간된 『프랑스 아이처럼』이라는 책의 미국 제목이 보여주듯 "프랑스 아이들은 무엇이든 먹는다French Kids Eat Everything".[1] 이 장의 후반부에서 살펴보겠지만, 일본 아이들은 놀라울 정도로 감정이입을 잘한다. 이러한 성숙함의 문화적 패턴은 부모의 선호뿐만 아니라 아이들이 모국어를 습득하고 가정 내 문화적 일상에 참여하는 것을 배우기 시작하는 어린 시기에 부모가 자녀를 어떻게 통제하는지에 따라 다르게 나타난다.

농경 사회와 현대 사회를 비롯한 다양한 문화에서 나타나는 놀랍고도 교훈적인 사례들을 살펴보며, 조숙한 아이들이 실제 어떤지 알아보고자 한다.

자립성:
미국인, 독일인, 마치겐카인

미국 부모는 자신의 아이가 독립적이고 자립적으로 자라기를 바라고, 이러한 바람은 아이들의 잠자리 배치에 반영되어 있다. 다른 문화의 아이들이 미국 아이들보다 훨씬 더 자립심이 떨어질 것 같지만, 실제 그렇지 않다는 눈에 띄는 사례들이 존재한다.

1970년대 독일 북서부 빌레펠트시 영아들의 사례를 살펴보자. 당시 시행된 연구에 따르면 이곳의 영아 돌봄 관습은 미국 부모들이 추구하는 "독립성"의 수준을 넘어설 뿐만 아니라 10개월 된 아기들의 행동에도 상당한 영향을 미치는 것으로 보고되었다. 아동심리학자 카린 그로스만^{Karin Grossmann}과 클라우스 그로스만^{Klaus Grossmann} 부부와 그들의 동료들은 메리 에인스워스가 미국 메릴랜드주 볼티모어시에 거주하는 26명의 중산층 영아 및 어머니를 대상으로 수행한 고전적인 연구에 기초하여, 빌레펠트시의 영아 49명을 대상으로 에인스워스의 연구를 반복하는 연구를 설계했다.[2] 그들은 빌레펠트 1세 영아들 중 어머니로부터 잠시 떨어지는 "낯선 상황"에서 어머니의 위안을 찾지 않는 아이가 거의 절반(49퍼센트)이었음을 발견했다. 이는 볼티모어 연구의 26퍼센트와 비교되는 결과다. 그로스만 부부는 이러한 차이를 다음과 같이 설명한다.

> 북부 독일 사람들은 대인관계의 거리가 먼 편이다. 대부분의 어머니들은 아기가 움직이기 시작하면 아기와 신체 접촉을 중단해야 한다고 생각한다. 혼자 움직일 수 있는 아기를 안아주거나 아기가 울 때마다 안아주면 아이의 버릇이 나빠진다고 생각한다. 이상적인 아기란 부모에게 요구하며 매달리지 않고, 부모의 명령에 무조건적으로 복종하는 독립적인 아기다.

그로스만 부부는 "안정적으로 애착이 형성된" 영아의 어머니들도 "아기가 괴롭다는 신호를 보낼 때 볼티모어 어머니들보다 세 배나 더 자주 장난감을 주어 [...] 아기가 친밀한 신체 접촉에서 관심을 돌리도록 유도하고 있음을" 발견했다. 또한 그들은 "어머니들이 영아의 괴로움을 안아주는 것이 아닌 다른 방법으로 완화하고자 했고, 그러한 방법은 대부분 성공적이었다"고 이야기한다.[3]

   그들은 또한 에인스워스가 말하는 최적의 상태인 "안정적인 애착"이 형성되었다고 간주하는 아이도 "많은 독일 부모들의 관점에서는

버릇없고 미성숙한 아이로 보일 수 있다"고 지적한다. 더 나아가 그들은 다음과 같이 언급한다.[4]

> 독일 어머니들은 아이가 혼자 놀 수 있는지, 또는 어머니들이 만족스러울 만큼 아기가 혼자 놀 수 있는지에 관해 항상 이야기했다. 아기가 늘 누군가를 필요로 하고 놀아주기를 원하면 어머니는 이를 불만스러워했다. 많은 어머니들은 아기가 울 때마다 반응하면 아기가 버릇없게 될까 봐 걱정했다. 그러나 동시에 어머니들은 아기가 울 때 어떤 "심각한" 문제가 있는 것은 아닌지 확인했다. 하지만 누군가가 같이 있어주기를 원하는 울음은 "심각한" 것으로 여기지 않았다.[5]

10개월 된 아기들을 가정에서 관찰한 결과, 매우 놀라운 사실을 발견할 수 있었다. 빌레펠트 아이들 중 어머니가 방에서 나가 자리를 비웠을 때 우는 아기는 6.7퍼센트인 반면, 볼티모어 아기들은 18퍼센트였다. 볼티모어 아기들은 어머니가 방에 들어섰을 때 긍정적으로 맞이하는 경우가 33퍼센트였으나, 빌레펠트 아기들의 경우 단 18.2퍼센트였다. 볼티모어 아기들의 경우 안아달라고 요청하는 경우가 18.4퍼센트, 그리고 이것이 부모로부터의 긍정적인 반응으로 이어지는 경우는 26퍼센트인 반면, 빌레펠트의 경우 각각 6.7퍼센트, 13.3퍼센트였다.[6] 달리 말하자면, 10개월 된 독일 아기들은 덜 "의존적인" 아이가 되길 바라는 어머니의 기대에 부응하는 방식으로 길들어 있는 것이다. 빌레펠트 어머니들은 가정 관찰에서 분명히 드러난 것처럼 아기가 "버릇없고" "미성숙한" 영아로 성장하는 것을 막기 위해 10개월에 이미 매우 독립적인 아기를 길러내는 데 성공한 것이다. 미국인들(심리학자들을 포함하여)은 빌레펠트 어머니들이 생각하는 미성숙함을 "최선"이라고 보지만 말이다. 생애 첫해에 이처럼 명확한 조숙함이 나타나는 것은 문화적으로 특수한 사례이다.

그러나 1977년 관찰된 49명의 빌레펠트 아기들과 1964년 관찰된 23명의 볼티모어 아기들의 행동의 차이가 전체적으로 독일인이 미국인과 다르다는 사실을 의미한다고 확신할 수 있을까? 그렇지는 않다. 결과가 시사하는 바가 많기는 하지만, 반복 연구가 필요하다. 그로스만 부부가 독일 남서부 지역(바이에른주 레겐스부르크시)에서 수행한 반복 연구에서는 이전 북부 독일 연구보다 볼티모어와의 차이가 훨씬 적은 것으로 나타났으며, 로스앤젤레스에서 수행된 이후의 다른 연구들에서도 아기의 독립성을 중시하는 미국 어머니들은 태도에 있어서 빌레펠트 어머니들과 크게 차이가 나지 않는 것으로 나타났다.[7] 독일이나 미국과 같은 변화하는 거대한 복합 현대 사회에는 세대뿐만 아니라 지역, 사회계급 간 다양성도 존재한다. 소규모 집단을 대상으로 한 하나의 연구가 전체 집단, 심지어는 그 시대의 특정 시기를 대변할 수는 없다.

그럼에도 빌레펠트와 볼티모어의 비교는 미국 중산층과는 다른 문화적 이상을 지닌 어머니들이 아이의 첫해에 미국 기준에서 조숙할 정도로 독립적인 아이를 길러낼 수 있음을 보여준다. 비록 지난 30년간 두 사회의 문화적 이상이 변화했지만, 이는 여전히 인상적인 결과이다. 우리 미국인들이 반드시 세계에서 가장 독립적인 아이들을 길러내는 사람들은 아니다!

영아 양육에서 독립성보다는 "상호의존성"에 초점을 맞추는 농경 사회는 어떨까? 농경 사회에서도 조숙할 정도로 독립적인 사례들이 있을까? 인류학자 엘리너 옥스와 캐롤라이나 이즈퀴에르도는 농경 사회에서 유아의 자립성은 그들의 책임감 훈련과 연관되어 있다고 주장한다. 이즈퀴에르도가 페루 아마존 마치겐카족 현지조사에서 만난 야리나라는 소녀의 사례는 이를 잘 보여준다.

야리나는 작은 항아리와 옷 두 벌과 갈아입을 속옷이 든 꾸러미를 들고 서서 기다렸다. 야리나는 인류학자와 마을의 다른 가족이 낚시를 하고 나뭇잎을 모으기 위해 강 아래로 원정을 나가는 데 동행했다. 마을에서 떨어져 있는 닷새 동안, 야리나는 혼자서 모든 것을 해결했고, 다른 사람들의 요구에 잘 따라주었다. 아침과 늦은 오후 야리나는 잠자리 매트 위의 모래를 쓸고, 검고 미끄러운 갑각류들을 잡고, 잡은 갑각류들을 씻어 항아리에 넣고 카사바와 함께 끓여 사람들에게 차려냈다. 밤에는 옷 꾸러미를 담요로 덮고 옷을 베개로 베고 잤다. 야리나는 차분하고 침착했으며 어떤 것도 요구하지 않았다. 야리나의 나이는 6세였다.[8]

옥스와 이즈퀴에르도는 농경 사회 부모들이 존경과 복종을 중요시하는 동시에, 미국 중산층보다 더 이른 시기에 아이들이 스스로를 돌볼 것을 기대한다고 지적한다. 그들은 혼자서 모든 것을 해결하는 야리나의 자급자족 능력이 농경 사회에서 이례적인 경우는 아니라고 주장한다. 우리가 야리나를 특별히 조숙하다고 생각하는 것은 우리는 6살 아이가 이처럼 혼자 모든 것을 해결하기를 기대하지 않기 때문이다. 미국 부모들이 아이가 스스로 할 수 있는 것을 수고스럽게 대신해주는 것은, 아이들이 책임감과 자립심을 키울 수 있는 소중한 기회를 빼앗는 것일 수도 있다. 옥스와 이즈퀴에르도는 아이가 놀고 배우면서도 동시에 일상적으로 책임이 있는 임무를 수행하는 것이 전적으로 가능하다는 것을 보여준다.[9] 반면 미국 부모들은 자신들이 말한 목표와 모순되게, 서구의 독립성 대 비서구의 상호의존성이라는 이분법에 반하는 행동을 한다. 옥스와 이즈퀴에르도가 미국 중산층 양육을 비판한 내용은 마지막 장에서 자세히 다룰 것이다.

미국의 말 잘하는
조숙한 아이들

2세에서 3세의 미국 아동들은 조숙하게 말을 잘하는 것으로 정평이 나 있으며, 어른들은 아이의 이른 말하기 능력을 높이 평가하고 아이를 대화에 참여시킨다. 미국 중산층 부모들은 아이가 최대한 이른 시기에 말이 트이기를 바라고, 아이가 태어나면서부터 아이에게 지속적으로 말을 하며 아이를 감정적으로 자극하는 면대면 가짜 대화를 한다. 심지어 아이가 실제 말하기 전에 대화 놀이를 하기도 하며, 아이가 언어를 습득하기 시작하면 아이의 어휘력 확장을 위해 애쓴다. 7장에서 주장했듯이 유아들은 언어 자체뿐만 아니라 그 문화의 언어 사용과 관련된 관습 또한 학습한다.

우리는 미국 유아들이, 예를 들어 프랑스 아이들보다 실제로 더 나은 대화 능력을 지녔는지, 아니면 프랑스 아이들은 성인들이 말할 때 자신의 말을 자제하는 데 비해 미국 아이들은 그런 사회적 기술이 부족한 것인지 알 수 없다. 두번째 해석이 더 맞는 것처럼 보이지만, 실증적 연구가 있어야 어느 쪽 해석이 맞는지 결정할 수 있다. 미국의 관점에서 보자면, 프랑스 아이들은 조숙할 정도로 절제되어 있고 어른 같지만, 미국 밖 다른 곳 사람들의 관점에서 보자면 미국 중산층 아이들은 조숙할 정도로 말이 많다. 조숙함에 대한 판단은 타 집단 아동들 사이에서 관찰된 행동을 자신이 속한 집단의 표준화된 연령별 아동 행동과 비교함으로써 가능하다.

아리아나 린치라는 3세 아이의 사례는 미국인의 조숙한 의사소통에 대한 선호가 기술과 함께 변화했다는 것을 보여준다. 2014년 3월 《보스턴글로브》는 다음과 같은 기사를 싣고 있다.

임신 8개월인 아리아나의 어머니 티파니 린치는 그날 아침 배에 심각한 통증을 느끼며 일어났다. 그녀는 딸에게 아침을 차려주고 거실로 갔고, 그곳에서 메스꺼움을 느껴 몸을 웅크린 것으로 기억한다. 그러고는 눈앞이 깜깜해졌다. 출산 예정일이 가까웠던 이 산모는 쓰러졌고 의식을 잃었다.

그녀의 세 살배기 딸 아리아나는 바닥에 있는 어머니의 휴대폰을 집어 들었고, 어떻게 했는지는 모르지만 화면 잠금을 해제했다. 그러고는 사촌의 사진을 찾아 전화를 걸기 위해 그 사진을 눌렀고 메시지를 남겼다.

아리아나는 사촌에게 "이리로 와줘."라고 말했다.

아리아나의 사촌은 경찰에게 전화를 했고 곧바로 아리아나에게 다시 전화를 했다. 어린 아리아나는 전화를 받았고 겁이 나 울었다. 경찰차 네 대와 소방차 한 대, 구급차 한 대가 애벗 스트리트에 위치한 그들의 집에 왔고, 자신이 가장 좋아하는 디즈니 백설공주 옷을 입은 아리아나는 구조대원들이 들어올 수 있도록 현관문 잠금장치를 열고 문을 열어주었다.[10]

어떤 지역의 아이들은 한 가지 이상의 언어로 말하도록 길러지며, 그들의 이중언어 혹은 다중언어 발달은 다른 지역의 아이들이 첫번째 언어를 습득하는 시기에 이루어진다. 이러한 면에서 이중언어 사용자로 길러지는 아이들은 조숙한 것처럼 보인다. 그러나 언어로 습득하는 문화적 의미와 관련해서는 해결되지 않는 문제도 있다. 두 언어 중 어떤 언어가 문화적으로 아이의 심리 구조에 중요한 역할을 하며, 어떤 언어는 그렇지 않는가? 이러한 질문은 우리와 학생들, 그리고 동료들이 연구한 네팔, 케냐, 잠비아부터 감비아와 다른 서부 아프리카 해안에 이르는 세계의 다양한 지역에서 답을 찾을 수 있다. 이 지역에서 아이들은 적어도 두 개 혹은 그 이상의 언어를 배우며 자라고, 이 다수어 중 하나는 국가어로 학교에서 배운다.

어린아이의 언어적 조숙함과 관련해서 해결되지 않은 또 다른 질문들도 있다. 예를 들어, 언어심리학자인 트와일라 타디프Twyla Tardif는 모국어로 영어나 다른 유럽어를 배우는 2세 아이들은 동사보다 명사를 더 많이 알고 있는 반면, 같은 연령의 표준 중국어나 광둥어를 배우는 아이들은 명사보다 동사를 더 많이 안다는 것을 보여주었다.[11] 이것이 중국 아이들은 행동에 관해 더 잘 이야기하고, 미국이나 유럽 아이들은 물건에 대해 더 잘 이야기한다는 것을 의미할까?

제네바에서 버클리에 이르는 서구 지역의 어린아이들은 성인들과 대화를 하고자 하는 조숙한 의지가 있다. 그 덕분에 그들이 어떤 생각을 하는지에 관한 흥미로운 연구들을 할 수 있었다. 반면 다른 지역에서는 어린아이들이 성인과 말하는 것을 거부하는 성향을 보이기도 한다. 이러한 성향은 아이들이 초기 언어 학습 과정에서 습득한 것으로 유추되며, 이런 지역을 대상으로 연구하는 학자들은 이 난점을 극복할 수 있는 전략을 고안해야 한다.

감정이입에 능숙한
일본 아이들

외부 관찰자들은 일본 아이들이 어린 나이에도 타인의 감정을 고려할 줄 안다고 종종 기술하곤 했다. 유명한 일본 아동심리학자인 히로시 아주마Hiroshi Azuma는 자신이 공동연구원으로 참여한 1970년대 일본과 미국의 비교연구에서, 이 연구의 인터뷰에 참여한 일본 어머니들에게 저녁 식사에서 특정 야채를 거부하는 3세 아이들에게 어떻게 대응하는지 질문했다. 어머니 중 10퍼센트 정도가 "알았어, 먹지 않아도 돼."라고 말했고, 그러자 곧 아이가 야채를 먹었다고 밝혔다.[12] 아주마와 그의 일본 연구팀은 야채를 먹는 아이의 행동이 어머니와의 상호의존적인 관계(일본어로는 아마에#z라고 한다.)가 끊어질지도 모른다는 암시적인 위협에 대한 반응이라고 해석했다. 그런데 왜 아이는 어머니의 포기를 위협이라고 해석했을까? 이를 이해하기 위해서 우리는 서문에서 기술한 심리학자 슈스케 고바야시의 관찰로 다시 돌아갈 필요가 있다. 고바야시의 관찰에 따르면, 2세 아이를 둔 일본 어머니들은 아이가 저항을 하거나 잘못된 행동을 해도 항상 아이에게 다정하게 애원했다. 이러한 경험을 통해 아이는 어머니가 포기하고 물러서는 것이 자신을 향한 애정 어린 지원을 그만두겠다는 위협이라고 해석하게 된다는 것이다. 아주마의 미국인 동료 공동 연구자들은 그렇게 생각하지 않았을지도 모르지만 말이다(아주마는 자신이 그들보다 일본의 3세 아동을 더 잘 안다고 미국인 동료들을 설득해야 했다). 이는 아동의 초기 의사소통에 수반된 세밀하고 미묘한 지점들을 보여준다. 또한 일본 아이들이 조숙할 정도로 어머니의 감정에 잘 맞추어져 있음을 시사한다.

일본 어머니들의 주요 양육 복표는 자신의 아이가 대략 "감정이입"이라고 번역될 수 있는 오모이야리思いやり를 학습하는 것이다. 어머니들은 어린아이들과 대화를 하며 타인이 지닐 수 있는 감정에 관해 이야기한다. 저녁 식사 시간에 이야기를 나누는 모습을 관찰한 미사코 쓰쓰이 스테버론Misako Tsutsui Steveron은 어머니가 "이야기의 주요 사건에 대한 아이의 감정을 대신 언급해줌으로써, 아이에게 어떻게 감정을 표현하고 어떻게 다른 사람들의 감정에 이입할 수 있는지를 암묵적으로 가르친다"는 점을 발견했다.[13] 앞서 언급한 아주마의 비교연구에서 일부 일본 어머니는 아이에게 아이가 야채를 먹지 않으면 그 야채를 기른 농부나 심지어 그 야채도 슬퍼할 것이라고 말했다. 우리는 몇 달간 우리 집에서 함께 살았던 일본인 어머니와 그녀의 네 살 된 아들 사이에서도 이런 전략을 목격했다. 어머니는 대학원생이었고 아이는 일본어뿐만 아니라 영어도 배우고 있어, 우리는 이 어머니가 아이가 야채를 먹도록 설득하기 위해 농부와 야채에 대해 연민에 호소하는 것을 들을 수 있었다.

보다 최근에는 교육 연구자이자 일본 전문가인 조지프 토빈과 그의 동료들이 도쿄 유아원에서 행해지는 "사비시 교수법"에 대해 언급했다. 일본어 "사비시寂しい"는 "슬픈/외로운"을 의미한다.

교사는 교실을 돌아다니다가 많은 아이들이 고기와 밥, 후식은 먹었지만 당근은 손도 대지 않은 것을 발견했다. 교사는 한 아이에게 교실 전체 아이들이 들을 수 있을 정도로 큰 목소리로 연극을 하는 것처럼 말했다. "불쌍한 당근 아저씨! 넌 햄버거 아저씨랑 밥 아저씨는 먹었지만, 당근 아저씨는 하나도 안 먹었네. 당근 아저씨가 사비시를 느끼지 않을까?"[14]

일본 지역 전공자인 인류학자 조지 드보스George DeVos가 언급했듯 "아이는 자신이 물건이나 사람에게 상처를 줄 수도 있다는 것을 배운다. 이는 일종의 도덕적 가르침으로, 미국에서 부모가 말썽을 부리려는 아이의 의지를 누그러뜨리는 것과는 차이가 있다. 일본 아이들은 자신이 타인에게 부정적인 감정을 일으킬 수 있다는 것을 예민하게 파악하도록 일찍부터 교육받는다."[15]

사비시 교수법이 효과가 있을까? 일본과 미국의 4학년과 5학년 학생들에 대한 비교연구에 따르면 싸움과 관련된 질문에서, 더 많은 수의 일본 학생들이 "타인의 심리적·신체적 욕구나 심리적·신체적으로 발생할 결과('이 행동이 그를 아프게 할 것이다.')를 의식하고 있는 것으로 밝혀졌다." 한 일본 아이는 "상황을 바라보면서 제삼자의 관점에서 공감하고 동정심을 가졌다."(예를 들어, 어떤 아이가 놀림을 당하는 것을 보면 나는 슬플 것이다.)[16] 일본의 10세, 11세 아동들이 미국과 비교하여 조숙할 정도로 감정이입을 잘한다는 것이 사실이라면, 부모와 유아원의 사비시 교수법은 효과가 있는 것 같다. 그러나 이러한 일본 사례와 같은 효과는 유아원 교사가 부모의 교육관을 확실하게 지지할 때 가능하다.

나이지리아와 멕시코 연구에서 우리는 농경 사회 부모들이 자식들의 조숙한 산수 능력을 이용해 물건을 파는 것을 관찰할 수 있었다. 하우사 부모들은 7세 여아들을 공공장소에서 물건을 팔라고 내보내는데, 아이들은 학교에 다닌 적이 없음에도 불구하고 영국의 파운드-실링-펜스 체계를 이용해 잔돈을 바꾸는 데 전혀 어려움을 겪지 않는다. 멕시코에서 우리는 같은 연령의 여아들이 마을 광장이나 도시 길가에서 가판대를 대신 봐주고, 지역 커뮤니티에서 부모를 대신해 돈을 벌고 있는 모습을 볼 수 있었다. 이를 보고 우리는 레모네이드를 파는 미국 중산층 아이들을 떠올리지 않을 수 없었다. 그 아이들은 경제관념과 팀워크를 배우기 위해 더운 날씨에 거리에서 레모네이드를 팔고 판매수익금을 가진다. 이때 미국 부모들은 아이들에게 얼마나 많은 감시와 감독이 필요하다고 생각하는가?

무엇이 아이를
조숙하게 만드는가?

다른 문화 아이들의 조숙함에 관한 사례들은 이전 장에서 살펴본 어린 나이에 시작하는 노동이나 책임감 훈련부터 이 장에서 다룬 자립심, 말하기, 이중언어 사용, 감정이입, 판매에 이르기까지 다양하다. 사례들로 확언할 수는 없지만, 특정 문화의 양육 목표가 무엇인지 알기 위한 방법 중 하나는 가장 어린 아이들의 행동이 부모의 선호를 반영하는 것으로 보고 이를 살펴보는 것이다. 부모들은 유아나 영아에 대한 자신들의 통제권을 사용하여, 이 아이들이 그들 공동체의 문화적 일상에 참여하도록 유도한다. 이렇게 특정 방향으로 유도하는 것은 문화적 선호가 작동하고 있음을 보여준다. 그러나 부모의 양육 목표가 영아, 유아, 초기 학령기 아동의 조숙한 행동을 이끌어낸다고 해도, 종종 제기되는 주장처럼 그것이 부모가 아동 발달에 지속적인 영향을 미친다는 것을 의미할까? 마지막 장에서 우리는 이 문제를 중심으로, 이를 어떻게 생각해야 하며 이것이 부모들에게 시사하는 바는 무엇인지 살펴볼 것이다.

9장

결론

미국 부모들의 최근 양육 관습은 1990년대 이래 사회과학자, 언론인, 그리고 부모들에 의해 기술되고 분석·비판되었다. 이 관찰자들은 현대 중산층 부모들이 집 밖 일터에서 그 어느 때보다 바쁘게 일하면서도 양육에 쏟는 부담을 스스로 크게 증대시켰다고 주장한다. 그들은 "헬리콥터 양육", "집중 양육intensive parenting", "방어적 양육defensive parenting", "편집증적 양육paranoid parenting", "노예가 된" 부모들, 그리고 심지어는 "양육의 붕괴"라는 표현들을 사용하며 부모들의 우선순위와 과도하고 자멸적인 양육 관습을 비판한다.[1] 이런 부모들의 양육 관습이 부모에게 무례하고 집에서 최소한의 책임감도 거부하는 "권리만 주장하고" "버릇없는" 아동을 길러낸다는 것이다.

이러한 문헌에는 사회학자(샤론 헤이즈Sharon Hays, 아네트 라루, 수잔 비앙키Suzanne Bianchi), 인류학자(엘리너 옥스), 심리학자(메리앤 수이조Marie-Anne Suizzo)들의 체계적인 연구도 포함되어 있다.[2] 심리치료사(폴리 영 아이젠드래스Polly Young-Eisendrath)나 심리학자이자 의사(레너드 색스Leonard Sax)도 정보에 기초한 의미 있는 분석들을 내놓았다.[3] 언론인들(제니퍼 시니어Jennifer Senior와 패멀라 드러커맨Pamela Druckerman) 또한 통찰력 있는 설명을 했다.[4] 이들의 결론과 비판을 무시해서는 안 된다. 미국 중산층 양육에 대한 이들의 묘사는 미국 노동자 계층, 파리 사람, 그리고 다른 나라 사람들의 양육과는 뚜렷한 대조를 이룬다. 그러나 그들이 묘사하는 양육 패턴은 지난 30년간 굳건했던 사랑을 주는 평등주의적 부모라는 도덕적 이념에 깊게 뿌리박고 있다.

미국의
집중 양육

다른 사회의 부모들과 비교하여 미국 중산층 부모들은 그들의 자녀뿐만 아니라 그들이 수행하는 양육의 실효성에 대해서도 부담스러움을 느끼고 불안해한다. 아이러니하게도, 우리 조상들이 직면했던 아동이 5세 이전에 사망할 위험은 부모에게는 거의 아무것도 요구하지 않고 주로 공중위생이나 약품 개발에 힘입어 1900년이나 심지어 1950년과 비교해도 매우 많이 감소했고, 현재는 아주 낮은 비율이 되었다. 그러나 아동 생존과 관련하여 이러한 전례 없는 확실성이 보장되었음에도 불구하고 미국 부모들은 이전보다 위험에 대해 더 많은 걱정을 하고 있는 것 같다. 한 세기 전 조상보다도 더 많이 교육받고 더 많은 것을 알게 된 이 부모들은 실제 아이가 해를 입을 확률이 아무리 적을지라도, 아이가 직면할 위험들(출판된 병리학적 연구 결과들에 기초하여 수량화된)을 자각하면서 행동한다. 부모들은 아동 성추행범, 놀이터 사고, "위험한" 백신이나 약물에 대한 대중적 공포에 민감해졌다.

  미국 중산층 부모들은 위험을 회피하려고 할 뿐만 아니라, 전 지구적 관점에서 보자면 불필요해 보이는 짐을 스스로가 짊어진다.

  • 3장에서 논의한 것처럼 미국 중산층 부모는 아기를 부모의 침대가 아닌 독립된 방에서 자도록 함으로써 생후 첫 1년간은 숙면을 취하

지 못한다.

- 이전 세대 부모들이 보였던 부모의 권위를 자신의 아이에게 강요하지 않기 위해 아이에게 음식, 활동, 심지어는 어디서 길을 건너야 하는지 등 거의 모든 것에 선택지를 준다. 부모들은 아이의 가장 친한 친구가 되고 싶어 한다. 무엇을 어떻게 할 것인지에 대해 아이와 협상을 하는 것은 정해진 각본을 따르는 것보다 훨씬 많은 시간을 필요로 한다.

- 바쁜 부모들이 이전에는 아이가 스스로 했던 것들을 아이를 대신해 해주며 학령기 아동에게 집안일의 책임을 덜어준다.

- 아동 발달을 위해서 부모가 직접 가정에서 개인지도를 하거나 학원에 보내서 학교 교육을 보충해야 한다고 생각한다. 아네트 라루는 이를 "집중 양육"이라고 불렀다. "당신의 초등학교 1학년 자녀는 대학에 갈 준비가 되어 있는가?"라는 《뉴욕타임스》의 헤드라인이 농담이라고 해도, 부모들은 근심을 떨쳐버릴 수 없었다.[5]

영아기부터 대학 진학에 이르는 모든 단계에서 양육은 더 많은 부모의 관심과 생각 그리고 에너지를 요구하는 방식으로 재정의되었고, 젊은 부부들은 양육을 무지막지한 짐으로 끌어안거나, 아니면 양육을 완전히 거부하고 아이 없이 사는 것을 택한다. 왜 그럴까?

이에 대한 대답 중 하나는 다음과 같다. 현재 많은 부부들은 자녀를 하나나 둘만 가지려 하고, 이전 세대보다 더 나이가 많고 경제적으로 여유가 있는 상태에서 가정을 꾸린다. 이로 인해 그들은 자신이 지는 양육의 짐을 자신과 아이의 삶에 대한 소중한 헌신이라고 이상화하는 경향이 있다. 더 나아가 많은 부모들은 아이가 살아갈 세상이 매우 경쟁적이라고 보고, 따라서 집중적이고 맹렬한 양육이 성과를 가져올 뿐만 아니라 필수적이라고 생각한다. 또한 부모들은 집 밖 일터에서 일하는 시간과 양육에 들이는 시간을 비교하면서 아이와 더 많은 시간을 보내지 못하는 것에 죄책감을 느낀다. 현대 부모들은 양육이 그 자체로 중요한 책무일 뿐만 아니라, 전문적인 기술을 투자해야 하고, 항상 위험에 대해 자각해야 하며, 무한정한 시간과 노력을 들여야 하는 신성한 책임이라고 믿는다. 이러한 마음가짐을 가지고 있기 때문에 그들은 아이를 위해 더 많은 것을 하라는 조언을 거부할 수 없다.

이러한 현상이 얼마나 이상하게 보이는지는 파리로 이주한 미국인 어머니 패멀라 드러커맨의 이야기를 들어보면 잘 알 수 있다.

왜 프랑스 놀이터에 수백 시간 앉아 있어도 (우리 아이 말고는) 때를 쓰는 아이를 한 번도 보지 못한 것일까? 왜 내 프랑스 친구들은 아이가 무엇인가를 해달라고 한다며 급하게 전화를 끊는 일이 없을까? 왜 그들의 거실은 우리 거실처럼 아이들 텐트나 주방놀이 장난감에 점령당하지 않았을까?

미국 가족들이 우리 집을 방문하면, 부모들은 보통 대부분의 시간을 아이들이 옥신각신하는 것을 중재하거나, 아이가 부엌 식탁 주

위에서 노는 것을 도와주거나, 바닥에 앉아 레고 마을을 만드는 데 보낸다. 항상 아이는 여러 차례 울음을 터뜨리고 부모가 아이를 달래는 상황이 생긴다. 그러나 프랑스 친구들이 방문하면 우리 어른들은 커피를 마시고 애들은 애들끼리 행복하게 논다.[6]

심리학자 메리앤 수이조는 파리에 거주하는 32명의 어머니들과의 인터뷰 조사에서 어머니들이 아이의 "노예가 되지" 않기 위해 노력하고 있음을 알 수 있었다. 어머니들은 그렇게 하지 않으면 자녀가 "어린 왕"이 될까 봐 두려워했다. 프랑스 문화와 미국 문화는 많은 측면에서 유사하지만, 프랑스 부모들은 분명히 미국 부모들과는 다른 양육 목표와 관습을 가지고 있다.

인간의 양육

이전 장들에서 살펴본 인간 양육의 다양성은 진화나 역사적 필요에 의해 형성된 한 가지 방식의 양육이 존재하지 않음을 시사한다. 부모의 영아 돌봄, 유아 훈육, 후기 아동기 아이들의 관리감독에 대한 관습들은 지역에 따라, 그리고 특정 지역의 세대에 따라 매우 다르게 나타난다. 인간이 지닌 보편적 언어 능력 구조만으로 세계의 수많은 언어를 예측하거나 상상할 수 없는 것처럼, 인간 양육의 다양성이 지닌 폭도 그것의 기반이 되는 인간의 게놈, 두뇌, 재생산 구조와 같은 기본 구조만으로는 예측할 수도 상상할 수도 없을 정도로 넓다. 언어와 마찬가지로, 인간의 다양한 양육 관습들 또한 이론이나 실험실 실험만으로는 발견할 수 없다. 파스퇴르보다는 다윈처럼 현장으로 가서 맥락 속에 있는 부모를 관찰해야 한다. 현재 우리는 세계 모든 지역은 아니지만 많은 지역의 양육에 관한 관찰 자료를 가지고 있으며, 이 자료들은 지역의 범위와 발달의 깊이에 있어서 더 확대되고 있다.

인간 양육에 관한 일반적인 이론을 만들어내고자 하는 섣부른 시도들은 증거를 지나치게 단순화하고, 예외적인 현상을 무시하고, 적응이나 진보와 관련된 잘못된 비유를 사용하는 경향이 있다. 이러한 시도의 극단적인 예라고 할 수 있는 적응주의적 접근은 양육을 현재 주어진 환경의 압박에 대한 합리적 반응으로 환원하고, 따라서 전 세대로부터 전승된 도덕적 이념을 고려하지 않는다. 그러나 다른 문화적 현상들과 마찬가지로 양육의 기준을 복잡하고 때로는 놀랍게 만드는 것은 전승된 문화적 유산과 환경적 반응의 결합이다. 예를 들어 지역적 전통으로 인해 인도의 양육과 태국의 양육은 서로 다르며, 케냐, 탄자니아와 같은 동아프리카와 나이지리아, 코트디부아르와 같은 서아프리카의 양육도 서로 다르다. 가족 기반 농경과 같은 생태적 조건이 보편화된 농경 사회는 수렵채집 사회나 현대 사회와 다르다. 그러나 우리는 이 세 범주 내에서도 다양성이 존재함을 살펴보았다. 또한 특정 공동체의 각 세대는, 한 언어에도 다양한 방언이 있는 것처럼 세대만의 고유한 기준을 가지고 있다.

　더 나아가 역사는 양육이 맨 꼭대기에 가장 "발전된" 사회가 있는 사다리처럼 진보해가는 것이 아니라는 것을 보여준다. 반대로 장점이 무엇이든 간에 우리와 같은 현대 사회의 양육 관습은 너무나 많은 문제들을 안고 있다. 또한 양육은 단순히 기술적 진보와 상관관계에 있지도 않다. 1867년 개발되어 서구 국가에 널리 퍼진 분유가 현재는 우리가 다른 포유류와 공유하는 이전 시기 관습인 모유 수유보다 더 못한 것으로 간주되고 있음을 상기해보자. 또한 세계보건기구와 다른 의학적 권위자들에 따르면 제왕절개도 남용되고 있다. 재생산과 양육에 있어서의 기술 발전은 우리에게 이로운 점도 많지만, 그 이점 이상으로 인기를 얻는 경향이 있다.

아동의 다양한
발달 경로

부모는 어린 자녀의 성장을 위해 문화적으로 특수한 발달 경로를 제시한다. 집은 물리적으로 사회가 밀집한 공간이며, 아이들이 하루를 보내는 곳이자 학습이 이루어지는 양육의 장소이다. 부모는 집이라는 장소에서 즉흥적으로 자식을 돌보거나 훈육하기보다는, 지역이나 세대에 따라 특수하게 나타나는 양육 관습과 부모와 돌봄 제공자를 위해 마련된 각본에 따라 자녀가 가내 일상에 참여하도록 지도한다. 몇몇 사례들을 보면 다음과 같다.

- 인도 결합가족은 미국 중산층보다 가내 자원을 공유하는 사람의 수가 더 많을 뿐만 아니라 다수의 성인과 큰 아이들이 어린아이들을 돌보며 사회적 접촉을 한다.
- 서구 중산층 부모들은 서로 바라보기, 미소 짓기, 말하기를 포함하는 아기와의 면대면 상호작용을 하고, 아프리카 및 다수의 농경 사회 어머니들은 아기와 신체 접촉을 하는 살갗 대 살갗 상호작용을 한다. 한쪽에서는 어머니가 물리적으로 떨어진 곳에서 긍정적인 감정을 보여주며 말 중심적인 상호작용으로 아이를 흥분시키고자 하고, 또 다른 한쪽에서는 어머니가 항상 아이를 차분하게 만들고자 노력하는 모습을 보인다. 이러한 방식의 달래기는 우리에게 "모성 결핍"으로 보일 수 있으나, 관찰 연구에 따르면 이것이 아기에게 해롭지 않을 뿐만 아니라, 사실 향후 아기가 유순하고 공손한 유아로 성장하는 발판이 된다.
- 태평양 제도 몇몇 지역의 부모들은 어린 유아들과 놀면서 아이에게 순응적일 것을 요구하지 않는다. 그러다가 아이가 5세 또는 6세가 되어 순응적일 것을 요구하면, 부모는 아이가 떼쓰는 것에 맞닥뜨리고 만다.
- 많은 농경 사회에서 학습은 점진적으로 일어난다. 자라나는 아이

는 실제 일을 하기 전 집에서 다른 사람들이 하는 일을 관찰한다. 예를 들어, 옥수수 껍질 벗기기, 토르티야 만들기부터 물 긷기, 아기 돌보기, 작물 기르기까지의 일들을 수행하는 것을 관찰한다. 부모들은 아이들을 직접 가르치지는 않지만 가내 생산에 아이들이 참여하도록 "인도guide"한다.

현대 도시 산업 사회로 변화하는 과정에서 학교 교육이 확산됨에 따라, 학교 교육은 양육 목표와 환경, 교육 내용, 학교와의 관계 측면에서 농경 사회의 아이들이 성장하는 경로를 변화시켰다. 또한 도시화로 부모가 고용되어 집 밖으로 나감에 따라 아동의 교육 환경은 집보다는 학교로 집중되는 방향으로 전환되었다. 그러나 최근 도시로 이주한 부모들은 자녀에게 책임감을 훈련시키고 아이가 집안일에 적극적으로 참여하도록 하는 농경 사회의 양육 방식을 지속하기도 한다. 1950년 이후 전 세계적으로 학교 교육이 농경 공동체로 확산되면서, 부모와 아이가 처한 상황을 농경 사회와 현대 사회로 구분하는 것이 모호해졌다. 그러나 문화에 따라 다른 조숙함의 증거들이 보여주듯 이러한 변화가 부모들이 아이를 기르는 방식을 단일화하는 방향으로 나타나지는 않았다.

조숙한 아이들과
부모의 영향력

유아기 아동의 행동은 부모의 우선순위, 즉 부모가 무엇을 보다 중요하게 여기는지에 매우 민감하게 반응한다. 8장에서 우리는 어머니들이 그러한 초기 발달을 촉진했기 때문에 그들의 아이가 (다른 문화에서는 조숙하다고 여길 수 있는 나이에) 말하기부터 농경문화의 일이나 아기 돌봄에 이르기까지 다양한 일을 능숙하게 해내고 있음을 살펴보았다. 이는 부모의 영향력이 매우 크다는 것을 시사하는 것처럼 보인다.

그러나 이러한 영향력이 지속될까? 부모의 영향력이 장기적이라는 데 의문을 제기한 이유들이 존재한다. 초기 아동기, 예를 들어 아이의 생후 첫 5년 동안, 가정에 있는 부모와 다른 성인들은 아이의 일상적 환경에 매우 이례적일 정도의 통제력을 지닌다. 그러나 아이가 나이가 들면서 더 넓은 환경의 영향을 받게 되면 이러한 통제는 줄어든다. 학교 교육이 부재하고 가내 식량 생산을 하는 농경 사회조차도 성인식, 비밀결사 등을 통해 5세에서 10세의 아이들을 부모의 통제로부터 의도적으로 분리하고, 아이들을 초기 부모 영향력에 반하거나 부모의 통제를 약화시키는 방향으로 가르친다.

11세부터 14세까지의 청소년기에는 두뇌가 성장하고 환경의 변화가 일어남에 따라 초기 부모의 영향력이 약해진다. 청소년들에게 이상적인 자아 개념이 생김에 따라 사회적 정체성이 초기 아동기 경험보다 더 강력한 영향을 미치기도 한다. 부모의 영향력이 장기적이라는 데 대한 우리의 회의적 관점은 영아기나 아동기에 보이는 심리적 성향이 이후 성장해서도 유지될 수 있음을 보여주는 더 나은 증거들이 나와야만 불식될 수 있을 것이다.

회복탄력성resilence

아이들은 10대가 될 때까지 행동과 심리적 발달의 측면에서 지속적으로 변화한다. 초기의 경험이 아이들에게 나쁜 영향을 미치는지는 여전히 의문으로 남아 있다. 이 책에서 우리는 다양한 양육 관습들을 살펴보았다. 하나 혹은 다수의 문화에서 표준적인 양육 관습들에 대해, 서구 전문가들은 "트라우마가 된다"거나 "학대를 한다"거나 혹은 "부작용이 있을 수 있다"는 식으로 이야기하는 경우가 많았다. 다양한 사례의 비교 관찰은 우리로 하여금 무엇이 좋지 않은 경험이며 그러한 경험이 어떠한 영향을 미치는지에 관해 다시 한 번 의문을 갖게끔 한다. 어머니가 아기를 쳐다보는 것을 피하고 두 살 된 아이를 친척에게 보내면 이것이 아이에게 트라우마를 주는 것인가? 그리고 만약 이러한 경험을 지닌 아이가 성인이 되어 서구 관찰자의 눈에 "정상"인 것처럼 보인다면, 이는 어떻게 설명할 것인가?

우리의 결론은 적어도 다음과 같다. 서구 정신의학을 인간 발달의 일반적인 지침으로 사용하는 데 있어서 "부작용이 있을 수 있는", "트라우마가 되는", "학대하는"과 같은 용어로 표현되는 가능성들은 과장되어 있는 반면 아동의 회복탄력성은 과소평가되어 있다. 즉, 아이들은 전문가들이 말하는 것만큼 민감하지 않으며, 타 문화의 부모들은 자기 자식의 안녕에 대해 겉으로 보이는 것처럼 무신경하지 않다. 우리는 이 책에서 다루어진 부모의 양육 관습이 성인 정신건강에 해로운 영향을 미치는지와 관련된 문제에 명확한 답을 내놓을 만큼 충분한 증거들을 가지고 있지는 않다. 그러나 우리는 전문가들이 우리의 기준과 동떨어진 다른 문화의 양육 관습을 마주할 때 그 결과가 정신병으로 나타날 것이라는 성급한 결론을 매우 자주 내린다는 것은 알고 있다.

양육과 일의
균형 잡기

세계 모든 지역에서 성인들은 다수의 책무를 지니고 있다. 아동과 부엌, 교회에 헌신적인 것으로 정평이 나 있는 독일의 가정주부도 양육과 집안일, 교회 활동의 균형을 맞추어야 했다. 우리가 앞서 살펴본 사하라사막 이남 아프리카의 여성들은 열두 명의 아이를 낳고, 모두 모유를 먹이고, 자녀의 일을 감독하면서도, 동시에 식구들의 식량이 될

작물을 길러야 하는 책임을 지고 있었다. 그들은 매일의 일상에서뿐만 아니라 집중적인 모유 수유 기간이나 이어지는 젖을 떼는 시기, 그리고 유아가 "할머니"나 형제자매 무리에 들어가게 되는 기간에도 그들이 어머니가 되기 전부터 이미 정해져 내려오는 일상적 틀을 따른다. 이렇게 표준화된 틀이 존재하는 농경 사회에서 어머니는 상황에 따라 어떤 일들을 우선시하고 어떤 일들은 희생할 것인지를 협상하고 조정할 선택의 여지가 거의 없다. 이러한 틀은 제약이기도 하지만 선택으로 인한 불안을 방지한다는 면에서 위안이기도 하다.

반면 우리 사회에서 어머니와 아버지는 스스로 양육과 일, 다른 활동의 균형을 찾아야 한다. 집에는 그들을 지도해줄 어떤 사람도 존재하지 않으며, 더 나아가 그들은 일과 가정을 공식적인 의무가 아닌 개인적인 동기에 따라 내린 결정으로 간주한다. 반면 우리는 양육이 공식적인 의무로 여겨지는 아프리카, 멕시코, 네팔과 같은 농경 사회 어머니들이 자녀에게 보이는 확실하고 명확한 헌신에 경외심을 갖게 되었다. 이 어머니들은 진정으로 영국 소아과 의사 위니콧이 수년전 "평범한 헌신적인 어머니"라고 표현한 사람들이었다. 아프거나 장애가 있는 자녀를 둔 이 지역 어머니들은 아이를 돌보기 위해 일상적인 틀을 벗어나 매우 헌신적인 모습을 보여주었다. 우리 사회의 부모들은 개인적으로 선택한 목표에 따라 동기를 갖고 양육에 임하지만, 공식적 의무에 따른 그들의 부모 역할도 우리 부모들 못지않은 동기가 있음은 분명하다.

현대 부모들은 무엇보다도 자녀에게 다양한 삶의 기회를 주고 자녀의 발달에 의미 있는 영향을 미치기 위해 애쓴다. 그러나 살펴보았듯, 양육에 있어 아동 발달에 미치는 부모의 영향력은 대중매체를 통해 극도로 과장되어 있다. 대중매체는 증거를 넘어서서 예측을 부풀리고, 아동의 회복탄력성과 이후 후기 아동기나 청소년기 동안 일어날 수 있는 변화의 가능성을 과소평가한다. 미국 부모들이 불확실한 목표를 위해 그들 스스로에게 많은 짐을 부여하는 방식에 대해 다시 생각해볼 시점이 왔다.

　　이러한 생각의 전환 과정에서, 미국 부모들은 다른 현대 사회의 증거들을 살펴볼 필요가 있다. 예를 들어, 부모와 아이가 함께 자는 일본의 부모들은 이러한 농경 사회 관습을 유지함으로써 아기를 위험에 빠뜨리지 않고도 밤새 일어나지 않고 아기와 쭉 잘 수 있는 이점을 즐긴다. 실제 일본의 영아사망률과 영아돌연사증후군은 우리 미국보다 훨씬 낮다. 중국 부모들은 우리만큼 자녀의 미래를 걱정하지만, 자유롭게 자신의 어린 자녀를 비판하고 아이에게 명령을 잘 따를 것을 독려한다. 미국 부모들은 아주 어린 아이에게도 선택권을 줌으로써 항상 아이와 협상해야 하지만 중국 부모들은 미국 부모들보다 양육에 있어서 품이 훨씬 덜 든다.

　　이 사례들은 이 책에서 살펴본 증거들 중 일부일 뿐이다. 미국 부모들이 현재 미국의 관습에서 한 치라도 벗어나면 자녀에게 트라우마가 생기거나 학대가 될 수 있으며 부작용이 있을 것이라는 전문가들의 경고(우리가 보여주었듯 대체로 근거 없는 경고들이다.)로부터 스스로 벗어나 타 문화의 사례로부터 배운다면, 부모로서의 짐을 좀 더 합리적인 수준으로 덜 수 있을 것이다.

감사의 말

감사할 분들이 매우 많다. 우선 2011년부터 이 프로젝트의 모든 단계에서 우리와 함께 일했던 거너트 컴퍼니Gernert Company의 에리카 스토렐라Erika Storella와 그녀의 동료들에게 고마움을 표한다. 연구조교인 줄리아 헤이든Julia Hayden은 우리의 전문 지역이 아닌 곳들의 아동 발달에 관한 비교문화적 문헌들을 조사해줌으로써 이 프로젝트가 계속 진행되는 데 매우 큰 도움을 주었다. 원고를 쓰기 시작하면서는 동료들인 폴 해리스Paul Harris, 하이디 켈러, 제롬 케이건, 크리스틴 그로스로가 큰 도움을 주었다. 우리에게 가장 낯선 문화였던 전산업 사회 영국에 대한 문헌을 소개해준 존 데모스John Demos와 그의 예일대학교 동료인 키스 라이트슨Keith Wrightson에게도 감사를 표한다. 하버드대학교 토저도서관의 사서 재닛 스타인스Janet Steins와 수잔 길먼Susan Gilman은 아카이브의 사진들을 찾는 데 도움을 주었다. 우리의 편집자인 퍼플릭어페어스PublicAffairs의 벤 애덤스Ben Adams에게도 감사한다. 그는 편집자로서뿐만 아니라 부모로서도 도움이 되는 코멘트를 해주었고, 출판 과정에서 전문가로서 우리를 잘 안내해주었다. 지난 5년간 우리의 프로젝트에 관심을 보여주고 지지해준 제인 브레더튼Jane Bretherton, 안나 윙거Anna Winger, 수잔 에어드Susan Aird, 주디 엘렌츠바이크Judy Ellenzweig, 실라 호들리Sheila Hoadley, 샐리 웹스터Sally Webster, 크리스 데이디언Chris Dadian에게도 감사하다. 마지막으로 우리의 첫번째 손주가 영아기였던 2004~2005년, 이 프로젝트와 양육의 인류학에 대한 연구비를 지원해준 존 사이먼 구겐하임 기념재단John Simon Guggenheim Memorial Foundation에도 감사한다. 최종 결과물에 대한 책임은 오로지 우리에게 있다.

미주

서문. 부모가 된다는 것은?: 전 세계적인 관점에서

1 하우사족은 최소 200만 명 정도에 이르며, 북부 나이지리아를 비롯한 니제르 및 타 아프리카 국가들에 거주한다.

2 우리가 조사한 하우사 부족은 북서부 나이지리아 카치나 지역의 작은 마을에 거주하고 있었으며, 풀라니 부족과 연계되어 있음을 강조하기 위해 자신들을 풀라니 또는 하우사-풀라니라고 명명했다. 풀라니족은 19세기 초 지도자 우스만 단 포디오Usman dan Fodio를 필두로 현 하우사 부족의 조상들을 정복했다.

3 Margaret Mead, *Growing Up in New Guinea* (New York: William Morrow, 1930).

4 Joseph Henrich, Steven J. Heine, and Ara Norenzayan. "The Weirdest People in the World?" *Behavioral and Brain Sciences* 33 (2010): 1–23.

5 Robert A. LeVine, Suzanne Dixon, Sarah LeVine, Amy Richman, P. Herbert Leiderman, and T. Berry Brazelton, *Child Care and Culture: Lessons from Africa* (New York: Cambridge University Press, 1994), 47. 요루바 부족과 유사한 서아프리카 공동체에 대한 자세한 설명은 다음을 참조할 것: Alma Gottlieb, *The Afterlife Is Where We Come From* (Chicago: University of Chicago Press, 2007).

6 Shusuke Kobayashi, "Japanese Mother-Child Relationships: Skill Acquisition Before the Preschool Years," in *Japanese Frames of Mind: Cultural Perspectives on Human Development*, edited by Hidetada Shimizu and Robert A. LeVine (New York: Cambridge University Press, 2001), 111–140; Heidi Fung, "Becoming a Moral Child: The Socialization of Shame Among Young Chinese Children," *Ethos* 27 (1999): 180–209; Peggy J. Miller, Todd L. Sandel, Chung-Hui Liang, and Heidi Fung, "Narrating Transgressions in Longwood: The Discourses, Meanings, and Paradoxes of an American Socializing Practice," *Ethos* 29, no. 2 (2001): 159–186.

7 Alan Macfarlane, *The Origins of English Individualism: The Family, Property and Social Transition* (New York: Cambridge University Press, 1978), 174–175.

8 Annette Lareau, *Unequal Childhoods: Class, Race and Family Life* (Berkeley: University of California Press, 2003); Jennifer Senior, *All Joy and No Fun: The Paradox of Modern Parenthood* (New York: Ecco, 2014).

1장. 미국 사회의 부모 비난하기

1 Horace Mann, *Report of an Educational Tour in Germany and Parts of Great Britain and Ireland* (London: Simpkin, Marshall & Co., 1846).

2 L. Emmett Holt, *The Care and Feeding of Children: A Catechism for the Use of Mothers and Children's Nurses*, 7th ed. (New York: D. Appleton & Co.,1914).

3 Ibid., 163, 170, 174, and 176.

4 구체적으로는 *Ladies' Home Journal, Woman's Home Companion, Good Housekeeping*과 같은 잡지에서 이러한 현상이 두드러지게 나타났는데, 이는 Celiia B. Stendler에 의해 다음의 연구에서도 분석되었다. Celia B. Stendler, "Sixty Years of Child Training Practices: Revolution in the Nursery," *Journal of Pediatrics* 36 (1950): 122 – 134.

5 예를 들어, 영국 소아과 의사 Winifred de Kok는 다음 서적에서 이와 같은 조언을 했다. *Guiding Your Child Through the Formative Years: From Birth to the Age of Five* (New York: Emerson Books, 1935), 109.

6 Stendler, "Sixty Years of Child Training Practices," 128.

7 Paul Starr, *The Social Transformation of American Medicine* (New York: Basic Books, 1982).

8 Ibid.

9 Ann Hulbert, *Raising America: Experts, Parents, and a Century of Advice About Children* (New York: Random House, 2003), 11.

10 John B. Watson, *Psychological Care of Infant and Child* (New York: W. W. Norton, 1928).

11 Ibid., 80.

12 Stendler, "Sixty Years of Child Training Practices," 122.

13 Urie Bronfenbrenner, "Socialization and Social Class Through Time and Space," in *Readings in Social Psychology*, 3rd ed., edited by Eleanor E. Maccoby, Theodore M. Newcomb, and Eugene L. Hartley (New York: Holt, Rinehart & Winston, 1958), 400 – 425.

14 Stendler, "Sixty Years of Child Training Practices," 132.

15 Benjamin Spock, *The Common Sense Book of Baby and Child Care* (New York: Duell, Sloan and Pearce, 1946), 3.

16 Ibid., 47.

17 Sigmund Freud, "Three Essays on the Theory of Sexuality" (1905), in *The Standard Edition of the Complete Psychological Works of Sigmund Freud*, vol. 7, edited by James Strachey (London: Hogarth Press, 1953), 125–243.

18 Sigmund Freud, "The Ego and the Id" (1923), in *The Standard Edition of the Complete Psychological Works of Sigmund Freud*, vol. 19, edited by James Strachey (London: Hogarth Press, 1961), 12–66.

19 Karen Horney, *The Neurotic Personality of Our Time* (New York: W. W. Norton, 1937); Karen Horney, *New Ways in Psychoanalysis* (New York: W. W. Norton, 1939).

20 Karen Horney, *Neurosis and Human Growth* (New York: W. W. Norton, 1950), 18.

21 이 책의 이전 판은 1951년 *Maternal Care and Mental Health*라는 이름으로 세계보건기구(WHO)가 의뢰한 보고서의 형태로 발간되었다.

22 이 문제와 관련된 최근 비교문화적 비판에 관해서는 다음 연구를 참조할 것. Hiltrud Otto and Heidi Keller, eds., *Different Faces of Attachment: Cultural Variations on a Universal Human Need* (Cambridge: Cambridge University Press, 2014); Naomi Quinn and Jeanette Mageo, eds., *Attachment Reconsidered: Cultural Perspectives on a Western Theory* (New York: Palgrave Macmillan, 2013).

23 Mary D. Salter Ainsworth, Mary C. Blehar, Everett Waters, and Sally N. Wall, *Patterns of Attachment: A Psychological Study of the Strange Situation* (Hillsdale, NJ: Erlbaum, 1978).

24 Harry Stack Sullivan, *Conceptions of Modern Psychiatry* (New York: W. W. Norton, 1940). Helen Swick Perry, *Psychiatrist of America: The Life of Harry Stack Sullivan* (Cambridge, MA: Harvard University Press, 1982)도 참조할 것.

25 Frieda Fromm-Reichmann, "Notes on the Development of Treatment of Schizophrenics by Psychoanalytic Psychotherapy," *Psychiatry* 11 (1948): 263–273.

26 Gregory Bateson, Don D. Jackson, Jay Haley, and John Weakland. "Toward a Theory of Schizophrenia," *Behavioral Science* 1 (1956): 251–264.

27 David Lipset, *Gregory Bateson: The Legacy of a Scientist* (Englewood Cliffs, NJ: Prentice-Hall, 1980), 206.

28 Anne Harrington, "The Fall of the Schizophrenogenic Mother," *The Lancet* 379 (April 7,

2012): 1292-1293.

29 다음과 같은 책을 참조할 것. R. D. Laing, *The Politics of the Family, and Other Essays* (Harmondsworth, UK: Penguin, 1976).

30 Harrington, "The Fall of the Schizophrenogenic Mother," 1293.

31 Ibid.

32 Bruno Bettelheim, *The Empty Fortress: Infantile Autism and the Birth of the Self* (New York: Free Press, 1967), 125.

33 Bruno Bettelheim, *Love Is Not Enough* (Glencoe, IL: Free Press, 1950).

34 Ibid., 16-17.

35 Ibid., 7.

36 NICHD Early Child Care Research Network, "The Effects of Infant Child Care on Infant-Mother Attachment Security: Results of the NICHD Study of Early Child Care," *Child Development* 68, no. 5 (1997): 860-879.

37 Robert J. Trotter, "Human Behavior: Do Animals Have the Answer?" *Science News* 105 (1974): 279.

38 NICHD Early Child Care Research Network, "The Effects of Infant Child Care on Infant-Mother Attachment Security," 875.

39 Marga Vicedo, *The Nature and Nurture of Love: From Imprinting to Attachment in Cold War America* (Chicago: University of Chicago Press, 2013).

40 Jerome Kagan, *The Human Spark: The Science of Human Development* (New York: Basic Books, 2013), 129, 156.

2장. 기다림: 임신과 출산

1 Sarah LeVine, *Mothers and Wives: Gusii Women of East Africa* (Chicago: University of Chicago Press, 1979).

2 1950년대 구시 여성들은 술을 마시지 않았다. 여성들이 남성들에게 맥주를 차려주고 남성들이 취하곤 했지만, 이럴 때도 여성들은 술을 입에 대지 않았다. 공동체 내에서 낙인이 찍

힌 여성만이 예외적으로 술을 마셨고, 사람들은 뒤에서 이에 대해 수군거리곤 했다. 하지만 밥이 17년 후인 1974년에 구시에 다시 갔을 때, 많은 여성들이 가계에 보탬이 되고자 맥주를 양조하고 있었고(심지어 증류주도 만들고 있었다.) 여성들이 술을 마신다고 해도 더는 낙인을 찍지 않았다.

3 Gananath Obeyesekere, "Pregnancy Cravings (Dola-Duka) in Relation to Social Structure and Personality in a Sinhalese Village," *American Anthropologist* 65 (1963): 323 – 342.

4 Ruth Freed and Stanley Freed, "Rites of Passage in Shanti Nagar," *Anthropological Papers of the American Museum of Natural History* 56 (1980): 351 – 353.

5 Kim Gutschow, *Being a Buddhist Nun: The Struggle for Enlightenment in the Himalayas* (Cambridge, MA: Harvard University Press, 2004), 209 – 210.

6 Kim Gutschow, "From Home to Hospital: The Extension of Obstetrics in Ladakh," in *Medicine Between Science and Religion: Explorations on Tibetan Grounds*, edited by Vincanne Adams, Mona Schrempf, and Sienna Craig (London: Berghahn Press, 2011), 204.

7 Lynn Bennett, *Dangerous Wives and Sacred Sisters: Social and Symbolic Roles of High-Caste Women in Nepal* (New York: Columbia University Press, 1983).

8 Barbara Rogoff, *Developing Destinies: A Mayan Wife and Town* (New York: Oxford University Press, 2011).

9 Marjorie Shostak, *Nisa: The Life and Words of a !Kung Woman* (Cambridge, MA: Harvard University Press, 1981); Megan Biesele, "An Ideal of Unassisted Birth: Hunting, Healing, and Transformation Among the Kalahari Ju/'hoansi," in *Childbirth and Authoritative Knowledge: Cross-Cultural Perspectives*, edited by Robbie Davis-Floyd and Carolyn Sargent (Berkeley: University of California Press, 1997).

10 Melvin J. Konner, "Aspects of the Developmental Ethology of a Foraging People," in *Ethological Studies of Child Behavior*, edited by Nicholas Blurton-Jones (Cambridge: Cambridge University Press, 1972), 288.

11 태반을 덮은 풀잎은 에메사바크와[emesabakwa]라고 불리며 성인식에서도 쓰인다. 구시 언어로 태반은 오모고예[omogoye]라고 불리는데, 이 오모고예라는 단어는 구시에 못이 도입되기 전 집의 틀을 고정하기 위해 사용하던 벗겨진 껍질을 의미하기도 한다. 따라서 풀잎으로 덮인

태반이란 은유적으로 자궁을 보호하는 집을 의미한다.

12 Rogoff, Developing Destinies; Brigitte Jordan, *Birth in Four Cultures: A Crosscultural Investigation of Childbirth in Yucatan, Holland, Sweden, and the United States*, 4th ed. (Long Grove, IL: Waveland Press, 1993).

13 Sarah Hrdy, *Mother Nature: A History of Mothers, Infants, and Natural Selection* (New York: Pantheon, 1999), 297–317; David Kertzer, *Sacrificed for Honor: Italian Infant Abandonment and the Politics of Reproductive Control* (Boston: Beacon Press, 1993).

14 Francesco Cardini and Huang Weixin, "Moxibustion for Correction of Breech Presentation: A Randomized Controlled Trial," *Journal of the American Medical Association* 280 (1998): 1580–1584.

3장. 영아 돌보기: 수많은 질문들과 몇몇 대답들

1 John Bowlby, *Child Care and the Growth of Love* (Harmondsworth, UK: Penguin, 1953), 50, 66.

2 United Nations Department of Economic and Social Affairs, Population Division, *World Population Prospects: The 2012 Revision: Volume 1, Highlights and Advance Tables*.

3 United Nations Secretary-General's Office, *The Millennium Goals Report* 2015, http://www.un.org/millenniumgoals/2015_MDG_Report/pdf /MDG%202015%20rev%20 (July%201).pdf.

4 Adam Fifield, *A Mighty Purpose: How Jim Grant Sold the World on Saving Its Children* (New York: Other Press, 2015).

5 John Whiting, "Environmental Constraints on Infant Care Practices," in *Culture and Human Development: The Selected Papers of John Whiting*, edited by Eleanor C. Chasdi (New York: Cambridge University Press, 1993), 134.

6 Wayne Dennis, *The Hopi Child* (New York: Wiley, 1940).

7 James S. Chisholm, *Navajo Infancy: An Ethological Study of Child Development* (Hawthorne, NY: Aldine, 1983).

8 Robert S. Marvin, Thomas L. VanDevender, Margaret I. Iwanaga, Sarah LeVine, and Robert A. LeVine, "Infant-Caregiver Attachment Among the Hausa of Nigeria," in *Ecological Factors in Human Development*, edited by Harry McGurk (Amsterdam: North-Holland Publishing, 1977).

9 Robert R. Sears, Eleanor E. Maccoby, and Harry Levin, *Patterns of Child Rearing* (New York: Harper & Row, 1957), 73.

10 John Newson and Elizabeth Newson, *Patterns of Infant Care in an Urban Community* (Harmondsworth, UK: Penguin Books, 1963), 32.

11 Jill Lepore, "Baby Food," *The New Yorker*, January 19, 2009.

12 Harvey Levenstein, "'Best for Babies' or 'Preventable Infanticide'? The Controversy over Artificial Feeding of Infants in America, 1880–1920," *Journal of American History* 70 (1983): 75–94.

13 US Department of Health and Human Services, Centers for Disease Control and Prevention (CDC), "Breastfeeding Report Card—United States, 2011," http://www.cdc.gov/breastfeeding/pdf/2011breastfeedingreportcard.pdf.

14 레포어는 유축기에 대해 쓴 "유아식Baby Food"이라는 제목의 논문에서, 현대 미국의 일하는 어머니들이 수유를 할 수 없는 상황에서도 장기간 자식들에게 모유를 먹인 것에 대해 자세히 기술하고 있다.

15 나이지리아를 비롯한 아프리카의 타 지역들에서는 1950년대까지 아이들이 젖을 뗀 후 남아메리카 뿌리작물인 카사바로만 이루어진 식사를 하는 것이 일반적이었다. 단백질이 부족한 카사바를 먹는 관습으로 인해 2세에서 4세 아동들의 단백질 영양 부족이 매우 높은 비율로 나타났다.

16 William Caudill and David Plath, "Who Sleeps by Whom? Parent-Child Involvement in Urban Japanese Families," *Psychiatry* 29 (1966): 344–366; Christine Gross-Loh, *Parenting Without Borders: Surprising Lessons Parents Around the World Can Teach Us* (New York: Avery, 2013), 26.

17 University of Notre Dame, Mother-Baby Behavioral Sleep Laboratory, cosleeping.nd.edu.

18 Task Force on Sudden Infant Death Syndrome, "SIDS and Other Sleep-Related Infant

Deaths: Expansion of Recommendations for a Safe Infant Sleeping Environment,"
Pediatrics 128 (2011): e1341–e1367.

19 Ibid., e1350.

20 Sigmund Freud, "From the History of an Infantile Neurosis" (1918), in *The Standard Edition of the Complete Psychological Works of Sigmund Freud*, vol. 17, edited by James Strachey (London: Hogarth Press, 1955), 3–122. 이 글에서 프로이트는 "늑대인간Wolf-man"이라고 알려진 환자 사례를 설명하면서 환자의 신경증이 부모의 성교를 목격한 기억 때문이라고 이 야기한다.

21 Paul Okami, "Childhood Exposure to Parental Nudity, Parent-Child Co-sleeping, and 'Primal Scenes': A Review of Clinical Opinion and Empirical Evidence," *Journal of Sex Research* 32 (1995): 51–64.

22 Paul Okami, "Early Childhood Exposure to Parental Nudity and Scenes of Parental Sexuality ('Primal Scenes'): An 18-Year Longitudinal Study of Outcome," *Archives of Sexual Behavior* 27 (1998): 361–384.

23 더 자세한 설명은 9장을 볼 것. 다음의 책도 참조할 것. Margaret Mahler, Fred Pine, and Anni Bergmann, *The Psychological Birth of the Human Infant* (New York: Basic Books, 1975).

24 Caudill and Plath, "Who Sleeps by Whom?"

25 Gross-Loh, *Parenting Without Borders*, 26–27.

26 James McKenna and Lee Gettler, "There Is No Such Thing as Infant Sleep, There Is No Such Thing as Breast-feeding, There Is Only Breastsleeping," *Acta Paediatrica* 105 (2016): 17–21.

27 Richard A. Shweder, Lene Jensen, and William Goldstein, "Who Sleeps by Whom Revisited: A Method for Extracting the Moral 'Goods' Implicit in Praxis," in *Cultural Practices as Context for Development*, vol. 67, *New Directions for Child Development*, edited by Jacqueline Goodnow, Peggy Miller, and Frank Kessel (San Francisco: Jossey-Bass, 1995).

1 Walter Goldschmidt, "Absent Eyes and Idle Hands: Socialization for Low Affect Among the Sebei," in *Socialization as Cultural Communication: Development of a Theme in the Work of Margaret Mead*, edited by Theodore Schwartz (Berkeley: University of California Press, 1976); Relindis Yovsi, Joscha Kartner, Heidi Keller, and A. Lohaus, "Maternal Interactional Quality in Two Cultural Environments," *Journal of Cross-Cultural Psychology* 40 (2009): 701–707.

2 Heidi Keller, *Cultures of Infancy* (Mahwah, NJ: LEA, 2007), 96.

3 Joscha Kartner, Heidi Keller, and Relindis Yovsi, "Mother-Infant Interaction During the First 3 Months: The Emergence of Culture-Specific Contingency Patterns," *Child Development* 81 (2010): 540–554.

4 Robert A. LeVine, Suzanne Dixon, Sarah LeVine, Amy Richman, P. Herbert Leiderman, and T. Berry Brazelton, *Child Care and Culture: Lessons from Africa* (New York: Cambridge University Press, 1994).

5 Robert A. LeVine and Barbara B. Lloyd, *Nyansongo: A Gusii Community in Kenya* (New York: Wiley, 1966), 124.

6 Amy Richman, Patrice M. Miller, and Robert A. LeVine, "Cultural and Educational Variations in Maternal Responsiveness," *Developmental Psychology* 28 (1992): 614–621.

7 D. W. Winnicott, *The Child and the Family: First Relationships* (London: Tavistock, 1957).

8 Melvin Konner, "Aspects of the Developmental Ethology of a Foraging People," in *Ethological Studies of Child Behavior*, edited by Nicholas Blurton-Jones (Cambridge: Cambridge University Press, 1972), 292, 294.

9 Marjorie Shostak, *Nisa: The Life and Words of a !Kung Woman* (Cambridge, MA: Harvard University Press, 1981), 41.

10 Barry Hewlett, *Intimate Fathers: The Nature and Context of Aka Pygmy Paternal Infant Care* (Ann Arbor: University of Michigan Press, 1991), 32.

11 Ibid., 94.

12 Alma Gottlieb, *The Afterlife Is Where We Come From: The Culture of Infancy in West Africa*

(Chicago: University of Chicago Press, 2004), 102.

13 Robert A. LeVine, Sarah LeVine, Beatrice Schnell-Anzola, Meredith Rowe, and Emily Dexter, *Literacy and Mothering: How Women's Schooling Changes the Lives of the World's Children* (New York: Oxford University Press, 2012), 14.

14 Robert A. LeVine, "Challenging Expert Knowledge: Findings from an African Study of Infant Care and Development," in *Childhood and Adolescence: Cross-Cultural Perspectives and Applications*, edited by Uwe Gielen and Jaipaul Roopnarine (Westport, CT: Praeger, 2004), 149-165.

15 이 논쟁들에 관해서는 다음의 글을 참조할 것. Jerome Kagan, *The Human Spark: The Science of Human Development* (New York: Basic Books, 2013), 125-156.

16 Heidi Keller, personal communication with the authors, 2005.

17 Heinz Kohut, *The Analysis of the Self* (New York: International Universities Press, 1971), 123-124.

18 Heidi Keller, *Cultures of Infancy* (Mahwah, NJ: Erlbaum, 2007).

19 Suzanne Dixon, Robert A. LeVine, Amy Richman, and T. Berry Brazelton, "Mother-Child Interaction Around a Teaching Task," *Child Development* 55 (1984): 1252-1264.

20 LeVine et al., *Child Care and Culture*, 216.

21 Keller, *Cultures of Infancy*.

22 Tiffany Field, "Touch for Socio-emotional and Physical Well-being: A Review," *Developmental Review* 30 (2010): 367-383.

5장. 아이 함께 돌보기: 엄마만으로는 충분하지 않다

1 The Gusii have a proverb: "Someone else's child is like cold mucus" (i.e., disgusting); see Robert A. LeVine and Barbara Lloyd, *Nyansongo: A Gusii Community in Kenya* (New York: Wiley, 1966), 120.

2 Edward Z. Tronick, Gilda Morelli, and Steve Winn, "Multiple Caretaking of Efe (Pygmy) Infants," *American Anthropologist* 89 (1987): 96-106.

3 Alma Gottlieb, *The Afterlife Is Where We Come From: The Culture of Infancy in West Africa* (Chicago: University of Chicago Press, 2004), 202–204.

4 Dinesh Sharma and Robert A. LeVine, "Child Care in India: A Comparative Developmental View of Infant Social Environments," in *Socioemotional Development Across Cultures*, edited by Dinesh Sharma and Kurt Fischer, New Directions for Child Development 81 (San Francisco: JosseyBass, 1998), 55.

5 Ruth S. Freed and Stanley A. Freed, "Enculturation and Education in Shanti Nagar" (monograph), *Anthropological Papers of the American Museum of Natural History* 57, part 2 (1981): 66, 71, 73.

6 Susan C. Seymour, *Women, Family, and Child Care in India: A World in Transition* (New York: Cambridge University Press, 1999), 81.

7 Ibid., 74.

8 Birgitt Röttger-Rössler, "Bonding and Belonging Beyond WEIRD Worlds: Rethinking Attachment Theory on the Basis of Cross-cultural Anthropological Data," in *Different Faces of Attachment: Cultural Variations on a Universal Human Need*, edited by Hiltrud Otto and Heidi Keller (Cambridge: Cambridge University Press, 2014), 141–168.

9 Melvin J. Konner, "Relations Among Infants and Juveniles in Comparative Perspective," in *Friendship and Peer Relations*, edited by Michael Lewis and Leonard A. Rosenblum (New York: Wiley, 1975), 99–129.

10 Barry Hewlett, *Intimate Fathers: The Nature and Context of Aka Pygmy Paternal Infant Care* (Ann Arbor: University of Michigan Press, 1991).

11 Bronislaw Malinowski, *The Sexual Life of Savages in North-Western Melanesia* (London: George Routledge & Sons, 1929), 14–15.

12 아이가 없는 여성들은 임질로 인해 2차 불임에 시달렸다. 다음의 글을 볼 것. Ulla Larsen, "A Comparative Study of the Levels and the Differentials of Sterility in Cameroon, Kenya, and Sudan," in *Reproduction and Social Organization in Sub-Saharan Africa*, edited by Ron J. Lesthaeghe (Berkeley: University of California Press, 1989).

13 Caroline Bledsoe and Uche Isiugo-Abanihe, "Strategies of Child- Fosterage Among Mende Grannies in Sierra Leone," in Lesthaeghe, *Reproduction and Social Organization in*

Sub-Saharan Africa.

14 Vern Carroll, ed., *Adoption in Eastern Oceania* (Honolulu: University of Hawaii Press, 1970); Mary Martini and John Kirkpatrick, "Parenting in Polynesia: A View from the Marquesas," in *Parent-Child Socialization in Diverse Cultures*, edited by Jaipaul L. Roopnarine and Bruce Carter, vol. 5 of Annual Advances in Applied Developmental Psychology (Norwood, NJ: Ablex, 1992).

6장. 유아 훈육하기: 말하기, 배변 훈련, 떼쓰기, 일하기

1 Jean Briggs, *Inuit Morality Play: The Emotional Education of a Three Year-Old* (New Haven, CT: Yale University Press, 1998), 5.

2 Ibid., 6.

3 Barbara Rogoff, Jayanthi Mistry, Artin Göncü, Christine Mosier, Pablo Chavajay, and Shirley Brice Health, "Guided Participation in Cultural Activity by Toddlers and Caregivers," *Monographs of the Society for Research in Child Development* 58, serial no. 236 (1993).

4 Inge Bolin, *Growing Up in a Culture of Respect* (Austin: University of Texas Press, 2006), 73.

5 이들은 네팔의 상류 카스트인 브라민-체트리스(또는 파르바티야)에 속한다. 이들은 네팔어를 모국어로 쓰고, 네팔 인구의 40퍼센트 이상을 차지하며, 문화적 측면에서 인도 북부의 힌두교도를 닮았다.

6 Bambi Schieffelin and Elinor Ochs, eds., *Language Socialization Across Cultures* (Cambridge: Cambridge University Press, 1986).

7 Sara Harkness and Charles M. Super, "Why African Children Are So Hard to Test," in *Issues in Cross-Cultural Research*, edited by Leonard Loeb Adler (New York: New York Academy of Sciences, 1977), 326–331.

8 Judith R. Johnston and M.-Y. Anita Wong, "Cultural Difference in Beliefs and Practices Concerning Talk to Children," *Journal of Speech, Language, and Hearing Research* 45 (2002):

916–926.

9 Joseph Tobin, Yeh Hsueh, and Mayumi Karasawa, *Preschool in Three Cultures Revisited: China, Japan, and the United States* (Chicago: University of Chicago Press, 2009).

10 Ibid., 65.

11 Ibid.

12 Ibid., 65, note 90.

13 Miller et al., "Narrating Transgressions in Longwood."

14. Bambi Schieffelin, *The Give and Take of Everyday Life: Language Socialization of Kaluli Children* (Cambridge: Cambridge University Press, 1990), 112–135.

15. Patricia M. Clancy, "The Socialization of Affect in Japanese Mother– Child Conversation," *Journal of Pragmatics* 31 (1999): 1397–1421.

16 John A. Martin, David R. King, Eleanor E. Maccoby, and Carol Nagy Jacklin, "Secular Trends and Individual Differences in Toilet-Training Progress," *Journal of Pediatric Psychology* 9 (1984): 457–467.

17. Newson and Newson, *Patterns of Infant Care in an Urban Community*, 118.

18. Marian R. Yarrow, John D. Campbell, and Roger V. Burton, *Child Rearing: An Inquiry into Research and Methods* (San Francisco: Jossey-Bass, 1968).

19 T. Berry Brazelton, "A Child-Oriented Approach to Toilet Training," *Pediatrics* 29 (1962): 579–588.

20 Mei-Ling Hopgood, *How Eskimos Keep Their Babies Warm and Other Adventures in Parenting* (Chapel Hill, NC: Algonquin Books, 2012); Freed and Freed, "Enculturation and Education in Shanti Nagar," 57.

21 Freed and Freed, 63.

22 Seymour, *Women, Family and Child Care in India*, 83.

23 Michael Potegal, Michael R. Kosorok, and Richard J. Davidson, "Temper Tantrums in Young Children: 2. Tantrum Duration and Temporal Organization," *Journal of Developmental and Behavioral Pediatrics* 24 (2003): 148. 다음도 참조할 것. Michael Potegal, Michael R. Kosorok, and Richard J. Davidson, "Temper Tantrums in Young Children: 1. Behavioral Composition," *Journal of Developmental and Behavioral Pediatrics* 24 (2003):

140–147.

24 Jean Walker MacFarlane, Lucile Allen, and Marjorie P. Honzik, *A Developmental Study of the Behavior Problems of Normal Children Between 21 Months and 14 Years* (Berkeley: University of California Press, 1954). 다음도 참조할 것. Florence L. Goodenough, Anger in Young Children (Minneapolis: University of Minnesota Press, 1931).

25 John Newson and Elizabeth Newson, *Four Years Old in an Urban Community* (London: George Allen & Unwin, 1968), 448.

26 Ibid., 448, 450.

27 Allen Johnson, *Families of the Forest: Matsigenka Indians of the Peruvian Amazon* (Berkeley: University of California Press, 2003), 106–108.

28 Ibid., 108–109.

29 Elinor Ochs and Carolina Izquierdo, "Responsibility in Childhood: Three Developmental Trajectories," *Ethos* 37 (2009): 394.

30 Ibid., 395–396.

31 Homer G. Barnett, *Being a Palauan* (New York: Henry Holt, 1960), 4–5.

32 Ibid., 6.

33 Ibid., 7.

34 Harald Broch, *Growing Up Agreeably: Bonerate Childhood Observed* (Honolulu: University of Hawaii Press, 1990); Douglas Hollan and Jane Wellenkamp, *The Thread of Life: Toraja Reflections on the Life Cycle* (Honolulu: University of Hawaii Press, 1996).

35 Martini and Kirkpatrick, "Parenting in Polynesia"; Raymond Firth, *We the Tikopia* (1936; reprint edition, Boston: Beacon Press, 1963), 137–138.

36 Margaret Mead, *Coming of Age in Samoa* (New York: William Morrow, 1928).

37 Jeanette M. Mageo, "Toward a Cultural Psychodynamics of Attachment: Samoa and US Comparisons," in *Attachment Reconsidered: Cultural Perspectives on a Western Theory*, edited by Naomi Quinn and Jeanette M. Mageo (New York: Palgrave Macmillan, 2013), 199.

38 Malinowski, *The Sexual Life of Savages*, 19.

39 Mead, *Growing Up in New Guinea*, 38, 82.

40 Karen Watson-Gegeo, "Fantasy and Reality: The Dialectic of Work and Play in Kwara'ae

Children's Lives," *Ethos* 29 (2001): 138-158.

7장. 후기 아동기: 학교, 책임, 통제

1 Arnold Sameroff and Marshall Haith, eds., *The Five to Seven Year Shift: The Age of Reason and Responsibility* (Chicago: University of Chicago Press, 1996).

2 Barbara Rogoff, *Apprenticeship in Thinking: Cognitive Development in Social Context* (New York: Oxford University Press, 1990); Jean Lave and Etienne Wenger, *Situated Learning: Legitimate Peripheral Participation* (Cambridge: Cambridge University Press, 1991).

3 Suzanne Gaskins, "Children's Daily Activities in a Mayan Village: A Culturally Grounded Description," *Cross-Cultural Research* 34 (2000): 375-389.

4 과테말라와 관련해서는 다음을 볼 것. Rogoff, *Apprenticeship in Thinking*, 128. 심리학자이자 인류학자인 애슐리 메이너드는 멕시코 치아파스(시나칸탄, 나벤차욱의 마을)에서 마야 여성들에게 토르티야 만드는 법을 배웠다. 이러한 치아파스 사례와 관련해서는 다음을 볼 것. Ashley Maynard, "Cultural Teaching: The Development of Teaching Skills in Maya Sibling Interactions," *Child Development* 73 (2002): 969-982. 유카탄 저지대와 관련해서는 다음을 참조할 것. Suzanne Gaskins and Ruth Paradise, "Learning Through Observation in Daily Life," in *The Anthropology of Learning in Childhood*, edited by David Lancy, John Bock, and Suzanne Gaskins (Lanham, MD: Alta Mira Press, 2010), 85-118.

5 Ruth Paradise and Barbara Rogoff, "Side by Side: Learning by Observing and Pitching In," *Ethos* 37 (2009): 102-138.

6 David Lancy, *The Anthropology of Childhood: Cherubs, Chattel, Changelings* (New York: Cambridge University Press, 2008), 234-236.

7 David Lancy, *Playing on the Mother-Ground: Cultural Routines for Children's Development* (New York: Guilford Press, 1996), 145-146.

8 농경 사회 아동들의 일상적 맥락에서의 학습은 퍼트리샤 마크스 그린필드Patricia Marks Greenfield의 저서 *Weaving Generations Together: Evolving Creativity in the Maya of Chiapas* (Santa Fe, NM: School of America Press, 2004)와 바버라 로고프, 애슐리 메이너드, 그 외

저자들이 Lancy et al., *The Anthropology of Learning in Childhood*에 실은 논문에 매우 깊고 유익하게 분석되어 있다.

9 Seymour, Women, *Family, and Child Care in India*.

10 Susan Seymour, "Expressions of Responsibility Among Indian Children: Some Precursors of Adult Status and Sex Roles," *Ethos* 16 (1988): 355-370.

11 Myron Weiner, *The Child and the State in India: Child Labor and Education Policy in Comparative Perspective* (Princeton, NJ: Princeton University Press, 1991), 33.

12 Macfarlane, *The Origins of English Individualism*, 195-196.

13 Ann Kussmaul, *Servants in Husbandry in Early Modern England* (Cambridge: Cambridge University Press, 1981), 76.

14 Ralph A. Houlbrooke, *The English Family*, 1450-1700 (London: Longman Group Ltd., 1984), 153-154.

15 Steven Mintz, *Huck's Raft: A History of American Childhood* (Cambridge, MA: Harvard University Press, 2004), 150.

16 Lancy, *Playing on the Mother-Ground*, 95-143.

17 Charles Stafford, *The Roads of Chinese Childhood: Learning and Identification in Angang* (New York: Cambridge University Press, 1995), 56-57.

18 Jin Li, *Cultural Foundations of Learning: East and West* (New York: Cambridge University Press, 2012).

19 Ibid., 50.

20 Murray A. Straus, "Corporal Punishment," in *The Child: An Encyclopedic Companion*, edited by Richard A. Shweder (Chicago: University of Chicago Press, 2009), 214.

21 "British End School Caning," *New York Times*, July 24, 1986.

22 Jomo Kenyatta, *Facing Mount Kenya* (1938; reprint, New York: Vintage Books, 1962).

8장. 조숙한 아이들: 부모와 타인의 문화적 관점

1 Pamela Druckerman, *Bringing Up Bébé* (New York: Penguin Press, 2012); Karen

LeBillon, *French Kids Eat Everything* (New York: Harper Collins, 2012).

2 Ainsworth et al., *Patterns of Attachment*.

3 Karin Grossmann, Klaus E. Grossmann, Gottfried Spangler, Gerhard Suess, and Lothar Unzner, "Maternal Sensitivity and Newborns' Orientation Responses as Related to Quality of Attachment in Northern Germany," in *Growing Points of Attachment: Theory and Research*, edited by Inge Bretherton and Everett Waters, *Monographs of the Society for Research in Child Development* (Chicago: University of Chicago Press) 50, nos. 1–2 (1985), 253, 255.

4 Ibid., 236.

5 Karin Grossmann and Klaus Grossmann, "Newborn Behavior, the Quality of Early Parenting, and Later Toddler-Parent Relationships in a Group of German Infants," in *The Cultural Context of Infancy*, vol. 2, edited by J. Kevin Nugent, Barry M. Lester, and T. Berry Brazelton (Norwood, NJ: Ablex, 1991), 30.

6 Grossmann et al., "Maternal Sensitivity and Newborns' Orientation Responses," 246, table 1.

7 Karin Grossmann, Klaus E. Grossmann, Heinz Kindler, and Peter Zimmermann, "A Wider View of Attachment and Exploration: The Influence of Mothers and Fathers on the Development of Psychological Security from Infancy to Young Adulthood," in *Handbook of Attachment*, edited by Jude Cassidy and Philip R. Shaver (New York: Guilford Press, 2008), 857– 879; Thomas S. Weisner, "Attachment as a Cultural and Ecological Problem with Pluralistic Solutions," *Human Development* 48 (2005): 89–94.

8 Ochs and Izquierdo, "Responsibility in Childhood."

9 Ibid.

10 Evan Allen, "Weymouth Girl Honored for Aiding Ill Mother," *Boston Globe*, March 12, 2014.

11 Twyla Tardif, "Nouns Are Not Always Learned Before Verbs: Evidence from Mandarin Speakers' Early Vocabularies," *Developmental Psychology* 32 (1996): 492–504.

12 Hiroshi Azuma, "Cross-National Research on Child Development: The Hess-Azuma Collaboration in Retrospect," in *Japanese Childrearing: Two Generations of Scholarship*, edited

by David W. Schwalb and Barbara J. Schwalb (New York: Guilford Press, 1996), 234-235.

13 Misako Tsutsui Steveron, "The Mother's Role in Japanese Dinnertime Narratives" (master's thesis, University of Hawaii, Manoa, 1995), 38, cited in Takie Sugiyama Lebra, *The Japanese Self in Cultural Logic* (Honolulu: University of Hawaii Press, 2004), 76.

14 Tobin et al., *Preschool in Three Cultures Revisited*, 137.

15 George A. DeVos, "Psychocultural Continuities in Japanese Social Motivation," in Schwalb and Schwalb, *Japanese Childrearing*, 61.

16 George G. Bear, Maureen A. Manning, and Kunio Shiomi, "Children's Reasoning About Aggression: Differences Between Japan and the United States and Implications for School Discipline," *School Psychology Review* 35 (2006): 62-77, 67.

9장. 결론

1 Frank Furedi, *Paranoid Parenting: Abandon Your Anxieties and Be a Good Parent* (London: Allen Lane, 2001). 프레디Furedi는 켄트대학교 사회학과 명예교수로 여기에 인용된 미국 연구들에 상응하는 영국 양육 연구의 개척자이다. 켄트대학교에서 나온 다른 연구들로는 Charlotte Faircloth, Diane M. Hoffman, and Linda Layne, eds., *Parenting in Global Perspective: Negotiating Ideologies of Kinship, Self, and Politics* (London: Routledge, 2013)와 Ellie Lee, Jennie Bristow, Charlotte Faircloth, and Jan Macvarish, *Parenting Culture Studies* (London: Palgrave Macmillan, 2014)가 있다.

2 Sharon Hays, *The Cultural Contradictions of Motherhood* (New Haven, CT: Yale University Press, 1996); Lareau, *Unequal Childhoods;* Suzanne B. Bianchi, John P. Robinson, and Melissa A. Milkie, *Changing Rhythms of American Family Life* (New York: Russell Sage Foundation, 2006); Elinor Ochs and Tamar Kremer-Sadlik, eds., *Fast-Forward Family: Home, Work, and Relationships in Middle-Class America* (Berkeley: University of California Press, 2013); Marie-Anne Suizzo, "Mother-Child Relationships in France: Balancing Autonomy and Affiliation in Everyday Interactions," *Ethos* 32 (2004): 293-323.

3 Polly Young-Eisendrath, *The Self-esteem Trap: Raising Confident and Compassionate Kids in an Age of Self-importance* (New York: Little, Brown, 2008); Leonard Sax, *The Collapse of Parenting: How We Hurt Our Kids When We Treat Them Like Grown-ups* (New York: Basic Books, 2015).

4 Senior, All Joy and No Fun; *Druckerman, Bringing Up Bébé.*

5 Laura Pappano, "Is Your First Grader College Ready?" *New York Times*, February 4, 2015.

6 Druckerman, *Bringing Up Bébé*, 2–3.

참고 문헌

Ainsworth, Mary D. Salter, Mary C. Blehar, Everett Waters, and Sally N. Wall. 1978. *Patterns of Attachment: A Psychological Study of the Strange Situation*. Hillsdale, NJ: Erlbaum.

Azuma, Hiroshi. 1996. "Cross-National Research on Child Development: The Hess-Azuma Collaboration in Retrospect." In *Japanese Childrearing: Two Generations of Scholarship*, edited by David W. Schwalb and Barbara J. Schwalb. New York: Guilford Press.

Barnett, Homer G. 1960. *Being a Palauan*. New York: Henry Holt.

Bateson, Gregory, Don D. Jackson, Jay Haley, and John Weakland. 1956. "Toward a Theory of Schizophrenia." *Behavioral Science* 1: 251-264.

Bear, George G., Maureen A. Manning, and Kunio Shiomi. 2006. "Children's Reasoning About Aggression: Differences Between Japan and the United States and Implications for School Discipline." *School Psychology Review* 35: 62-77.

Bennett, Lynn. 1983. *Dangerous Wives and Sacred Sisters: Social and Symbolic Roles of High-Caste Women in Nepal*. New York: Columbia University Press.

Bettelheim, Bruno. 1950. *Love Is Not Enough*. Glencoe, IL: Free Press.

_____. 1967. *The Empty Fortress: Infantile Autism and the Birth of the Self*. New York: Free Press.

Bianchi, Suzanne B., John P. Robinson, and Melissa A. Milkie. 2006. *Changing Rhythms of American Family Life*. New York: Russell Sage Foundation.

Biesele, Megan. 1997. "An Ideal of Unassisted Birth: Hunting, Healing, and Transformation Among the Kalahari Ju/'hoansi." In *Childbirth and Authoritative Knowledge: Cross-Cultural Perspectives*, edited by Robbie Davis-Floyd and Carolyn Sargent. Berkeley: University of California Press.

Bledsoe, Caroline, and Uche Isiugo-Abanihe. 1989. "Strategies of Child-Fosterage Among Mende Grannies in Sierra Leone." In *Reproduction and Social Organization in Sub-Saharan Africa*, edited by Ron J. Lesthaeghe. Berkeley: University of California Press.

Bolin, Inge. 2006. *Growing Up in a Culture of Respect*. Austin: University of Texas Press.

Bowlby, John. 1951. *Maternal Care and Mental Health*. Geneva: World Health Organization.

_____. 1953. *Child Care and the Growth of Love*. Harmondsworth, UK: Penguin.

Brazelton, T. Berry. 1962. "A Child-Oriented Approach to Toilet Training." *Pediatrics* 29: 579-588.

Briggs, Jean. 1998. *Inuit Morality Play: The Emotional Education of a Three-Year-Old*. New Haven, CT: Yale University Press.

Broch, Harald. 1990. *Growing Up Agreeably: Bonerate Childhood Observed*. Honolulu: University of Hawaii Press.

Bronfenbrenner, Urie. 1958. "Socialization and Social Class Through Time and Space." In *Readings in Social Psychology*, 3rd ed., edited by Eleanor E. Maccoby, Theodore M. Newcomb, and Eugene L. Hartley. New York: Holt, Rinehart & Winston.

Cardini, Francesco, and Huang Weixin. 1998. "Moxibustion for Correction of Breech Presentation: A Randomized Controlled Trial." *Journal of the American Medical Association* 280: 1580–1584.

Carroll, Vern, ed. 1970. *Adoption in Eastern Oceania*. Honolulu: University of Hawaii Press.

Caudill, William, and David Plath. 1966. "Who Sleeps by Whom? Parent–Child Involvement in Urban Japanese Families." *Psychiatry* 29: 344–366.

Chisholm, James S. 1983. *Navajo Infancy: An Ethological Study of Child Development*. Hawthorne, NY: Aldine.

Clancy, Patricia M. 1999. "The Socialization of Affect in Japanese Mother–Child Conversation." *Journal of Pragmatics* 31: 1397–1421.

De Kok, Winifred. 1935. *Guiding Your Child Through the Formative Years: From Birth to the Age of Five*. New York: Emerson Books.

Dennis, Wayne. 1940. *The Hopi Child*. New York: Wiley.

DeVos, George A. 1996. "Psychocultural Continuities in Japanese Social Motivation." In *Japanese Childrearing: Two Generations of Scholarship*, edited by David W. Schwalb and Barbara J. Schwalb. New York: Guilford Press.

Dixon, Suzanne, Robert A. LeVine, Amy Richman, and T. Berry Brazelton. 1984. "Mother–Child Interaction Around a Teaching Task." *Child Development* 55: 1252–1264.

Druckerman, Pamela. 2012. *Bringing Up Bébé*. New York: Penguin Press.

Faircloth, Charlotte, Diane M. Hoffman, and Linda Layne, eds. 2013. *Parenting in Global Perspective: Negotiating Ideologies of Kinship, Self, and Politics*. London: Routledge.

Field, Tiffany. 2010. "Touch for Socio–emotional and Physical Well–being: A Review." *Developmental Review* 30: 367–383.

Fifield, Adam. 2015. *A Mighty Purpose: How Jim Grant Sold the World on Saving Its Children.* New York: Other Press.

Firth, Raymond. 1963. *We the Tikopia.* Boston: Beacon Press. (Originally published in 1936.)

Freed, Ruth S., and Stanley Freed. 1980. "Rites of Passage in Shanti Nagar." *Anthropological Papers of the American Museum of Natural History* 56: 351-353.

_____. 1981. "Enculturation and Education in Shanti Nagar." *Anthropological Papers of the American Museum of Natural History* 57, part 2.

Freud, Sigmund. 1905. "Three Essays on the Theory of Sexuality." In *The Standard Edition of the Complete Psychological Works of Sigmund Freud*, vol. 7, edited by James Strachey. London: Hogarth Press, 1953. (지그문트 프로이트, 임홍빈 옮김, 1998, 『프로이트 전집 7: 성욕에 관한 세 편의 에세이』, 열린책들.)

_____. 1918. "From the History of an Infantile Neurosis." In *The Standard Edition of the Complete Psychological Works of Sigmund Freud*, vol. 17, edited by James Strachey. London: Hogarth Press, 1955. (지그문트 프로이트, 임홍빈 옮김, 1998, "늑대 인간: 유아기 신경증에 관하여", 『프로이트 전집 9: 늑대 인간』, 열린책들.)

_____. 1923. "The Ego and the Id." In *The Standard Edition of the Complete Psychological Works of Sigmund Freud*, vol. 19, edited by James Strachey. London: Hogarth Press, 1961. (지그문트 프로이트, 임홍빈 옮김, 1998, "자아와 이드", 『프로이트 전집 11: 정신분석학의 근본 개념』, 열린책들.)

Fromm-Reichmann, Frieda. 1948. "Notes on the Development of Treatment of Schizophrenics by Psychoanalytic Psychotherapy." *Psychiatry* 11: 263-273.

Fung, Heidi. 1999. "Becoming a Moral Child: The Socialization of Shame Among Young Chinese Children." *Ethos* 27: 180-209.

Furedi, Frank. 2001. *Paranoid Parenting: Abandon Your Anxieties and Be a Good Parent.* London: Allen Lane.

Gaskins, Suzanne. 2000. "Children"s Daily Activities in a Mayan Village: A Culturally Grounded Description." *Cross-Cultural Research* 34: 375-389.

Gaskins, Suzanne, and Ruth Paradise. 2010. "Learning Through Observation in Daily Life." In *The Anthropology of Learning in Childhood*, edited by David Lancy, John Bock, and Suzanne Gaskins. Lanham, MD: Alta Mira Press.

Goldschmidt, Walter. 1976. "Absent Eyes and Idle Hands: Socialization for Low Affect Among the Sebei." In *Socialization as Cultural Communication: Development of a Theme in the Work of Margaret Mead*, edited by Theodore Schwartz. Berkeley: University of California Press.

Goodenough, Florence L. 1931. *Anger in Young Children*. Minneapolis: University of Minnesota Press.

Gottlieb, Alma. 2007. *The Afterlife Is Where We Come From: The Culture of Infancy in West Africa*. Chicago: University of Chicago Press.

Greenfield, Patricia Marks. 2004. *Weaving Generations Together: Evolving Creativity in the Maya of Chiapas*. Santa Fe, NM: School of America Press.

Gross-Loh, Christine. 2013. *Parenting Without Borders: Surprising Lessons Parents Around the World Can Teach Us*. New York: Avery.

Grossmann, Karin, and Klaus Grossmann. 1991. "Newborn Behavior, the Quality of Early Parenting, and Later Toddler-Parent Relationships in a Group of German Infants." In *The Cultural Context of Infancy*, vol. 2, edited by J. Kevin Nugent, Barry M. Lester, and T. Berry Brazelton. Norwood, NJ: Ablex.

Grossmann, Karin, Klaus E. Grossmann, Heinz Kindler, and Peter Zimmerman. 2008. "A Wider View of Attachment and Exploration: The Influence of Mothers and Fathers on the Development of Psychological Security from Infancy to Young Adulthood." In *Handbook of Attachment*, edited by Jude Cassidy and Philip R. Shaver. New York: Guilford Press.

Grossmann, Karin, Klaus E. Grossmann, Gottfried Spangler, Gerhard Suess, and Lothar Unzner. 1985. "Maternal Sensitivity and Newborns' Orientation Responses as Related to Quality of Attachment in Northern Germany." In *Growing Points of Attachment: Theory and Research*, edited by Inge Bretherton and Everett Waters. Monographs of the Society for Research in Child Development (Chicago: University of Chicago Press) 50, nos. 1-2.

Gutschow, Kim. 2004. *Being a Buddhist Nun: The Struggle for Enlightenment in the Himalayas*. Cambridge, MA: Harvard University Press.

_____. 2011. "From Home to Hospital: The Extension of Obstetrics in Ladakh." In *Medicine Between Science and Religion: Explorations on Tibetan Grounds*, edited by Vincanne Adams, Mona Schrempf, and Sienna Craig. London: Berghahn Press.

Harkness, Sara, and Charles M. Super. 1977. "Why African Children Are So Hard to Test."" In *Issues in Cross-Cultural Research*, edited by Leonard Loeb Adler. New York: New York Academy of Sciences, 1977.

Harrington, Ann. 2012. "The Fall of the Schizophrenogenic Mother." *The Lancet* 379 (April 7): 1292-1293.

Hays, Sharon. 1996. *The Cultural Contradictions of Motherhood*. New Haven, CT: Yale University Press.

Henrich, Joseph, Steven J. Heine, and Ara Norenzayan. 2010. "The Weirdest People in the World?" *Behavioral and Brain Sciences* 33: 1-23.

Hewlett, Barry. 1991. *Intimate Fathers: The Nature and Context of Aka Pygmy Paternal Infant Care*. Ann Arbor: University of Michigan Press.

Hollan, Douglas, and Jane Wellenkamp. 1996. *The Thread of Life: Toraja Reflections on the Life Cycle*. Honolulu: University of Hawaii Press.

Holt, L. Emmett. 1914. *The Care and Feeding of Children: A Catechism for the Use of Mothers and Children's Nurses*. 7th ed. New York: D. Appleton & Co.

Hopgood, Mei-Ling. 2012. *How Eskimos Keep Their Babies Warm and Other Adventures in Parenting*. Chapel Hill, NC: Algonquin Books.

Horney, Karen. 1937. *The Neurotic Personality of Our Time*. New York: W. W. Norton. (카렌 호나이, 정명진 옮김, 2015, 『우리 시대는 신경증일까?』, 부글북스.)

_____. 1939. *New Ways in Psychoanalysis*. New York: W. W. Norton.

_____. 1950. *Neurosis and Human Growth*. New York: W. W. Norton. (카렌 호나이, 서상복 옮김, 2015, 『내가 나를 치유한다: 신경증 극복과 인간다운 성장』, 연암서가.)

Houlbrooke, Ralph A. 1984. *The English Family, 1450-1700*. London: Longman Group.

Hrdy, Sarah. 1999. *Mother Nature: A History of Mothers, Infants, and Natural Selection*. New York: Pantheon. (세라 블래퍼 허디, 황희선 옮김, 2014, 『어머니의 탄생: 모성, 여성, 그리고 가족의 기원과 진화』, 사이언스북스.)

Hulbert, Ann. 2003. *Raising America: Experts, Parents, and a Century of Advice About Children*. New York: Random House.

Johnson, Allen. 2003. *Families of the Forest: Matsigenka Indians of the Peruvian Amazon*. Berkeley: University of California Press.

Johnston, Judith R., and M.-Y. Anita Wong. 2002. "Cultural Difference in Beliefs and Practices Concerning Talk to Children." *Journal of Speech, Language, and Hearing Research* 45: 916–926.

Jordan, Brigitte. 1993. *Birth in Four Cultures: A Crosscultural Investigation of Childbirth in Yucatan, Holland, Sweden, and the United States.* 4th ed. Long Grove, IL: Waveland Press.

Kagan, Jerome. 2013. *The Human Spark: The Science of Human Development.* New York: Basic Books.

Kartner, Joscha, Heidi Keller, and Relendis Yovsi. 2010. "Mother–Infant Interaction During the First 3 Months: The Emergence of Culture-Specific Contingency Patterns." *Child Development* 81: 540–554.

Keller, Heidi. 2007. *Cultures of Infancy.* Mahwah, NJ: Erlbaum.

Kenyatta, Jomo. 1962. *Facing Mount Kenya.* New York: Vintage Books. (Originally published in 1938.)

Kertzer, David. 1993. *Sacrificed for Honor: Italian Infant Abandonment and the Politics of Reproductive Control.* Boston: Beacon Press.

Kobayashi, Shusuke. 2001. "Japanese Mother–Child Relationships: Skill Acquisition Before the Preschool Years."" In *Japanese Frames of Mind: Cultural Perspectives on Human Development*, edited by Hidetada Shimizu and Robert A. LeVine. New York: Cambridge University Press.

Kohut, Heinz. 1971. *The Analysis of the Self.* New York: International Universities Press.

Konner, Melvin J. 1972. "Aspects of the Developmental Ethology of a Foraging People." In *Ethological Studies of Child Behavior*, edited by Nicholas Blurton-Jones. Cambridge: Cambridge University Press.

_____. 1975. "Relations Among Infants and Juveniles in Comparative Perspective." In *Friendship and Peer Relations*, edited by Michael Lewis and Leonard A. Rosenblum. New York: Wiley.

Kussmaul, Ann. 1981. *Servants in Husbandry in Early Modern England.* Cambridge: Cambridge University Press.

Lancy, David. 1996. *Playing on the Mother-Ground: Cultural Routines for Children's Development.* New York: Guilford Press.

_____. 2008. *The Anthropology of Childhood: Cherubs, Chattel, Changelings.* New York: Cambridge University Press.

Lareau, Annette. 2003. *Unequal Childhoods: Class, Race, and Family Life.* Berkeley: University of California Press. (아네트 라루, 박상은 옮김, 2012, 『불평등한 어린 시절: 부모의 사회적 지위와 불평등의 대물림』, 에코리브르.)

Larsen, Ulla. 1989. "A Comparative Study of the Levels and the Differentials of Sterility in Cameroon, Kenya, and Sudan." In *Reproduction and Social Organization in Sub-Saharan Africa*, edited by Ron J. Lesthaeghe. Berkeley: University of California Press.

Lave, Jean, and Etienne Wenger. 1991. *Situated Learning: Legitimate Peripheral Participation.* Cambridge: Cambridge University Press.

LeBillon, Karen. 2012. *French Kids Eat Everything.* New York: HarperCollins.

Lebra, Takie Sugiyama. 2004. *The Japanese Self in Cultural Logic.* Honolulu: University of Hawaii Press.

Lee, Ellie, Jennie Bristow, Charlotte Faircloth, and Jan Macvarish, eds. 2014. *Parenting Culture Studies.* London: Palgrave Macmillan.

LePore, Jill. 2009. "Baby Food." *The New Yorker*, January 19.

Levenstein, Harvey. 1983. "'Best for Babies' or 'Preventable Infanticide'? The Controversy over Artificial Feeding of Infants in America, 1880-1920." *Journal of American History* 70: 75-94.

LeVine, Robert A. 2004. "Challenging Expert Knowledge: Findings from an African Study of Infant Care and Development." In *Childhood and Adolescence: Cross-Cultural Perspectives and Applications*, edited by Uwe Gielen and Jaipaul Roopnarine. Westport, CT: Praeger.

LeVine, Robert A., Suzanne Dixon, Sarah LeVine, Amy Richman, P. Herbert Leiderman, and T. Berry Brazelton. 1994. *Child Care and Culture: Lessons from Africa.* New York: Cambridge University Press.

LeVine, Robert A., Sarah LeVine, Beatrice Schnell-Anzola, Meredith Rowe, and Emily Dexter. 2012. *Literacy and Mothering: How Women's Schooling Changes the Lives of the World's Children.* New York: Oxford University Press.

LeVine, Robert A., and Barbara B. Lloyd. 1966. *Nyansongo: A Gusii Community in Kenya.* New York: Wiley.

LeVine, Sarah. 1979. *Mothers and Wives: Gusii Women of East Africa*. Chicago: University of Chicago Press.

Li, Jin. 2012. *Cultural Foundations of Learning: East and West*. New York: Cambridge University Press.

Lipset, David. 1980. *Gregory Bateson: The Legacy of a Scientist*. Englewood Cliffs, NJ: Prentice-Hall.

Macfarlane, Alan. 1978. *The Origins of English Individualism: The Family, Property and Social Transition*. New York: Cambridge University Press.

Macfarlane, Jean Walker, Lucile Allen, and Marjorie P. Honzik. 1954. *A Developmental Study of the Behavior Problems of Normal Children Between 21 Months and 14 Years*. Berkeley: University of California Press.

Mageo, Jeanette M. 2013. "Toward a Cultural Psychodynamics of Attachment: Samoa and US Comparisons." In *Attachment Reconsidered: Cultural Perspectives on a Western Theory*, edited by Naomi Quinn and Jeanette M. Mageo. New York: Palgrave Macmillan.

Mahler, Margaret, Fred Pine, and Anni Bergmann. 1975. *The Psychological Birth of the Human Infant*. New York: Basic Books. (마가렛 말러 외, 이재훈 옮김, 1997, 『유아의 심리적 탄생: 공생과 개별화』, 한국심리치료연구소.)

Malinowski, Bronislaw. 1929. *The Sexual Life of Savages in North-Western Melanesia*. London: George Routledge & Sons.

Mann, Horace. 1846. *Report of an Educational Tour in Germany and Parts of Great Britain and Ireland*. London: Simpkin, Marshall & Co.

Martin, John A., David R. King, Eleanor E. Maccoby, and Carol Nagy Jacklin. 1984. "Secular Trends and Individual Differences in Toilet-Training Progress." *Journal of Pediatric Psychology* 9: 457–467.

Martini, Mary, and John Kirkpatrick. 1992. "Parenting in Polynesia: A View from the Marquesas." In *Parent-Child Socialization in Diverse Cultures*, edited by Jaipaul L. Roopnarine and Bruce Carter, vol. 5 of Annual Advances in Applied Developmental Psychology. Norwood, NJ: Ablex.

Marvin, Robert S., Thomas L. VanDevender, Margaret I. Iwanaga, Sarah LeVine, and Robert A. LeVine. 1977. "Infant-Caregiver Attachment Among the Hausa of Nigeria."

In *Ecological Factors in Human Development*, edited by Harry McGurk. Amsterdam: North-Holland Publishing.

Maynard, Ashley. 2002. "Cultural Teaching: The Development of Teaching Skills in Maya Sibling Interactions." *Child Development* 73: 969-982.

McKenna, James, and Lee Gettler. 2016. "There Is No Such Thing as Infant Sleep, There Is No Such Thing as Breast-feeding, There Is Only Breastsleeping." *Acta Paediatrica* 105: 17-21.

Mead, Margaret. 1928. *Coming of Age in Samoa*. New York: William Morrow. (마거릿 미드, 박자영 옮김, 2008, 『사모아의 청소년』, 한길사.)

_____. 1930. *Growing Up in New Guinea*. New York: William Morrow.

Miller, Peggy J., Todd L. Sandel, Chung-Hui Liang, and Heidi Fung. "Narrating Transgressions in Longwood: The Discourses, Meanings, and Paradoxes of an American Socializing Practice." *Ethos* 29, no. 2 (2001): 159-186.

Mintz, Steven. 2004. *Huck's Raft: A History of American Childhood*. Cambridge, MA: Harvard University Press.

Newson, John, and Elizabeth Newson. 1963. *Patterns of Infant Care in an Urban Community*. Harmondsworth, UK: Penguin Books.

_____. 1968. *Four Years Old in an Urban Community*. London: George Allen & Unwin.

NICHD Early Child Care Research Network. "The Effects of Infant Child Care on Infant-Mother Attachment Security: Results of the NICHD Study of Early Child Care." *Child Development* 68, no. 5 (1997): 860-879.

Obeyesekere, Gananath. 1963. "Pregnancy Cravings (Dola-Duka) in Relation to Social Structure and Personality in a Sinhalese Village." *American Anthropologist* 65 (1963): 323-342.

Ochs, Elinor, and Carolina Izquierdo. 2009. "Responsibility in Childhood: Three Developmental Trajectories." *Ethos* 37: 391-402.

Ochs, Elinor, and Tamar Kremer-Sadlik, eds. 2013. *Fast-Forward Family: Home, Work, and Relationships in Middle-Class America*. Berkeley: University of California Press.

Okami, Paul. 1995. "Childhood Exposure to Parental Nudity, Parent-Child Co-sleeping, and 'Primal Scenes': A Review of Clinical Opinion and Empirical Evidence." *Journal of*

Sex Research 32: 51–64.

_____. 1998. "Early Childhood Exposure to Parental Nudity and Scenes of Parental Sexuality ('Primal Scenes'): An 18-Year Longitudinal Study of Outcome." *Archives of Sexual Behavior* 27: 361–384.

Otto, Hiltrud, and Heidi Keller, eds. 2014. *Different Faces of Attachment: Cultural Variations on a Universal Human Need.* Cambridge: Cambridge University Press.

Paradise, Ruth, and Barbara Rogoff. 2009. "Side by Side: Learning by Observing and Pitching In." *Ethos* 37: 102–138.

Perry, Helen Swick. 1982. *Psychiatrist of America: The Life of Harry Stack Sullivan.* Cambridge, MA: Harvard University Press.

Potegal, Michael, Michael R. Kosorok, and Richard J. Davidson. 2003. "Temper Tantrums in Young Children: 1. Behavioral Composition." *Journal of Developmental and Behavioral Pediatrics* 24: 140–147.

_____. 2003. "Temper Tantrums in Young Children: 2. Tantrum Duration and Temporal Organization." *Journal of Developmental and Behavioral Pediatrics* 24: 148.

Quinn, Naomi, and Jeanette Mageo, eds. 2013. *Attachment Reconsidered: Cultural Perspectives on a Western Theory.* New York: Palgrave Macmillan.

Richman, Amy, Patrice M. Miller, and Robert A. LeVine. 1992. "Cultural and Educational Variations in Maternal Responsiveness." Developmental Psychology 28: 614–621.

Rogoff, Barbara. 1990. *Apprenticeship in Thinking: Cognitive Development in Social Context.* New York: Oxford University Press.

_____. 2011. *Developing Destinies: A Mayan Midwife and Town.* New York: Oxford University Press.

Rogoff, Barbara, Jayanthi Mistry, Artin Göncü, Christine Mosier, Pablo Chavajay, and Shirley Brice Health. 1993. "Guided Participation in Cultural Activity by Toddlers and Caregivers." *Monographs of the Society for Research in Child Development* 58, serial no. 236 (1993).

Röttger-Rössler, Birgitt. 2014. "Bonding and Belonging Beyond WEIRD Worlds: Re-thinking Attachment Theory on the Basis of Cross-cultural Anthropological Data." In *Different Faces of Attachment: Cultural Variations on a Universal Human Need*, edited by Hiltrud

Otto and Heidi Keller. Cambridge: Cambridge University Press.

Sameroff, Arnold, and Marshall Haith, eds. 1996. *The Five to Seven Year Shift: The Age of Reason and Responsibility*. Chicago: University of Chicago Press.

Sax, Leonard. 2015. *The Collapse of Parenting: How We Hurt Our Kids When We Treat Them Like Grown-ups*. New York: Basic Books.

Schieffelin, Bambi. 1990. The Give and Take of Everyday Life: Language Socialization of Kaluli Children. Cambridge: Cambridge University Press.

Schieffelin, Bambi, and Elinor Ochs, eds. 1986. *Language Socialization Across Cultures*. Cambridge: Cambridge University Press.

Sears, Robert R., Eleanor E. Maccoby, and Harry Levin. 1957. *Patterns of Child Rearing*. New York: Harper & Row.

Senior, Jennifer. 2014. *All Joy and No Fun: The Paradox of Modern Parenthood*. New York: Ecco. (제니퍼 시니어, 이경식 옮김, 2014, 『부모로 산다는 것: 잃어버리는 많은 것들 그래도 세상을 살아가는 이유』, 알에이치코리아.)

Seymour, Susan. 1988. "Expressions of Responsibility Among Indian Children: Some Precursors of Adult Status and Sex Roles." *Ethos* 16: 355－-370.

_____. 1999. *Women, Family, and Child Care in India: A World in Transition*. New York: Cambridge University Press.

Sharma, Dinesh, and Robert A. LeVine. 1998. "Child Care in India: A Comparative Developmental View of Infant Social Environments." In *Socioemotional Development Across Cultures*, edited by Dinesh Sharma and Kurt Fischer. New Directions for Child Development 81. San Francisco: Jossey-Bass.

Shostak, Marjorie. 1981. *Nisa: The Life and Words of a !Kung Woman*. Cambridge, MA: Harvard University Press. (마저리 쇼스탁, 유나영 옮김, 2008, 『니사: 칼라하리 사막의 !쿵족 여성 이야기』, 삼인.)

Shweder, Richard A., Lene Jensen, and William Goldstein. 1995. "Who Sleeps By Whom Revisited: A Method for Extracting the Moral 'Goods' Implicit in Praxis." In *Cultural Practices as Context for Development*, vol. 67, New Directions for Child Development, edited by Jacqueline Goodnow, Peggy Miller, and Frank Kessel. San Francisco: Jossey-Bass.

Spock, Benjamin. 1946. *The Common Sense Book of Baby and Child Care*. New York: Duell,

Sloan and Pearce. (벤자민 스포크, 이윤미 옮김, 1999, 『아이를 낳고 기르는 엄마가 알아야할 아이 돌보기 130가지 상식』, 송강.)

Stafford, Charles. 1995. *The Roads of Chinese Childhood: Learning and Identification in Angang.* New York: Cambridge University Press.

Starr, Paul. 1982. *The Social Transformation of American Medicine.* New York: Basic Books.

Stendler, Celia B. 1950. "Sixty Years of Child Training Practices: Revolution in the Nursery." *Journal of Pediatrics* 36: 122-134.

Steveron, Misako Tsutsui. 1995. "The Mother's Role in Japanese Dinnertime Narratives." Master's thesis, University of Hawaii, Manoa.

Straus, Murray A. 2009. "Corporal Punishment." In *The Child: An Encyclopedic Companion*, edited by Richard A. Shweder. Chicago: University of Chicago Press.

Suizzo, Marie-Anne. 2004. "Mother-Child Relationships in France: Balancing Autonomy and Affiliation in Everyday Interactions." *Ethos* 32: 293-323.

Sullivan, Harry Stack. 1940. *Conceptions of Modern Psychiatry.* New York: W. W. Norton.

Tardif, Twyla. 1996. "Nouns Are Not Always Learned Before Verbs: Evidence from Mandarin Speakers' Early Vocabularies." *Developmental Psychology* 32: 492--504.

Task Force on Sudden Infant Death Syndrome. 2011. "SIDS and Other Sleep-Related Infant Deaths: Expansion of Recommendations for a Safe Infant Sleeping Environment." *Pediatrics* 128: e1341-e1367.

Tobin, Joseph, Yeh Hsueh, and Mayumi Karasawa. 2009. *Preschool in Three Cultures Revisited: China, Japan, and the United States.* Chicago: University of Chicago Press. (조지프 토빈 외, 전홍주 옮김, 2013, 『비교문화적으로 본 유아교육기관, 그 뒷이야기』, 양서원.)

Tronick, Edward Z., Gilda Morelli, and Steve Winn. 1987. "Multiple Caretaking of Efe (Pygmy) Infants." *American Anthropologist* 89: 96-106.

United Nations Department of Economic and Social Affairs, Population Division, 2012, *World Population Prospects: The 2012 Revision: Volume 1, Highlights and Advance Tables.*

United Nations Secretary-General's Office. 2015. *The Millennium Goals Report 2015.* Available at: http://www.un.org/millenniumgoals/2015_MDG_Report/pdf/MDG%20 2015%20rev%20(July%201).pdf.

US Department of Health and Human Services. Centers for Disease Control and Prevention

(CDC). "Breastfeeding Report Card—-United States, 2011." Available at: http://www. cdc.gov/breastfeeding/pdf/2011breastfeedingreportcard.pdf.

Vicedo, Marga. 2013. *The Nature and Nurture of Love: From Imprinting to Attachment in Cold War America*. Chicago: University of Chicago Press.

Watson, John B. 1928. *Psychological Care of Infant and Child*. New York: W. W. Norton.

Watson-Gegeo, Karen. 2001. "Fantasy and Reality: The Dialectic of Work and Play in Kwara'ae Children's Lives." *Ethos* 29: 138-158.

Weiner, Myron. 1991. *The Child and the State in India: Child Labor and Education Policy in Comparative Perspective*. Princeton, NJ: Princeton University Press.

Weisner, Thomas S. 2005. "Attachment as a Cultural and Ecological Problem with Pluralistic Solutions." *Human Development* 48: 89-94.

Whiting, John W. M. 1993. "Environmental Constraints on Infant Care Practices." In *Culture and Human Development: The Selected Papers of John Whiting*, edited by Eleanor C. Chasdi. New York: Cambridge University Press.

Winnicott, D. W. 1957. *The Child and the Family: First Relationships*. London: Tavistock.

Yarrow, Marian R., John D. Campbell, and Roger V. Burton. 1968. *Child Rearing: An Inquiry into Research and Methods*. San Francisco: Jossey-Bass.

Young-Eisendrath, Polly. 2008. *The Self-esteem Trap: Raising Confident and Compassionate Kids in an Age of Self-importance*. New York: Little, Brown.

Yovsi, Relendis, Joscha Kartner, Heidi Keller, and A. Lohaus. 2009. "Maternal Interactional Quality in Two Cultural Environments." *Journal of Cross-Cultural Psychology* 40: 701-707.

옮긴이의 말

전 세계 어느 곳에서나 부모는 자신의 아이가 신체적, 정신적으로 건강한 성인으로 성장하기를 바라며 이를 위한 최선의 방법이 무엇인지 고민하고 실천한다. 그런데 이때 최선이 무엇인지는 사회마다 다르고, 한 사회 내에서도 세대에 따라 매우 다르다. 한국을 비롯한 많은 후기 산업 사회 부모들은 아이를 기르는 데 있어 무한정한 관심과 노력이 최선이라고 생각한다. 부모는 아이가 살아갈 세상을 경쟁적이라고 보고, 이 경쟁에서 살아남기 위해 태어날 때부터 대학 진학에 이르는 전 과정에서 부모가 집중적이고 맹렬한 양육을 해야 한다고 여긴다. 부모는 자신이 일터에서 보내는 시간과 아이와 보내는 시간의 양을 비교하면서 더 많은 시간을 아이와 보내지 못하는 것에 죄책감을 느끼고, 아이와 시간을 보내면서도 최선을 다했는지 끊임없이 자문한다. 현대 사회 부모들에게 양육이란 무한대의 정신적, 경제적 지원을 해야 하는 신성한 책무이다. 젊은 부부들은 이제 이 신성하지만 무지막지한 양육의 짐을 떠안거나 아니면 양육을 완전히 거부하고 아이 없이 사는 삶을 선택해야 한다.

세계 다양한 문화의 양육 관습과 아동 발달을 50년 넘게 연구해온 하버드대학 부부 인류학자 로버트 러바인과 세라 러바인은 본 저서에서 양육의 무거운 짐을 떠안은 채 늘 불안해하고 지친 현대 사회 부모들에게 다음과 같은 질문을 던진다. 아이의 성장에 부모가 그렇게 중요할까? 책의 제목이기도 한 이 질문에 저자들은 다음과 같이 답한다. 아동 발달에 미치는 부모의 영향력은 과장되어 있다. 부모의 영향력은 소위 아동 발달 전문가라고 불리는 집단이나 부모가 생각하는 것처럼 절대적이지 않으며,

부모가 아동 발달의 모든 단계에 연연해하고 이를 관리하지 않아도 아이는 잘 성장할 수 있는 회복탄력성을 지니고 있다.

부모의 영향력에 관한 기존 양육 이론과 믿음이 과장되어 있다는 것을 보여주기 위해 저자들은 자신들이 직접 살면서 관찰·연구한 아프리카, 라틴아메리카, 남아시아 등 세계 다양한 지역의 양육 관습과 발달심리학자나 정신분석학자들의 기존 연구 결과, 그리고 미국 및 유럽의 양육 관습의 역사적 변화를 추적·분석한다. 1장에서는 전문가의 과학적 이론이라고 포장되어 많은 부모들이 믿고 실천했던 조언이 사실 전문가가 자신의 개별적 경험과 그 시대의 도덕적 가치관을 결합하여 내놓은 비과학적 조언임을 지적한다. 이러한 이론 중에는 현대 한국 사회 부모들에게도 익숙한 볼비의 애착이론도 있다. 애착이론은 1세 이전에 형성된 어머니와 아이의 애착 관계가 이후 아이의 정상적인 사회적·정서적 발달에 필수적이라고 주장한다. 이 이론은 부모의 무한정한 사랑과 따뜻함을 강조하면서 현대 사회 부모들이 양육 과정에서 겪는 아이와의 갈등, 부정적 감정, 일상적인 스트레스에 대해 죄책감을 갖게 한다. 그러나 아이에게 따뜻하고 무한한 사랑을 표현하지 않으면 아이가 불안정해져 이후 감정적·정신적 문제를 지닐 수 있다고 부모들에게 경고하고 협박한 이 이론은 이후 과학적 연구들에 의해 근거가 빈약한 이론으로 밝혀졌다. 애착이론이 과학적 근거가 빈약한 이론이라면, 부모들이 매순간 아이와 긍정적인 상호작용을 하기 위해 노력하고, 아이와의 육아에서 필연적으로 발생하는 부정적인 감정을 반성하고 자책하는 것이 과연 의미 있는 희생일까?

2장부터 저자들은 본격적으로 세계 다양한 지역의 양육 방식을 소개하면서, 서구 정신의학을 인간 발달의 일반적이고 절대적인 지침으로 사용하는 것의 문제점을 보여준다. 각 장은 임신과 출산부터 영아, 유아, 후기 아동기에 이르기까지 세계 각 지역 부모들이 얼마나 다양한 방식으로 아이를 낳고 기르는지 생생하게 보여준다. 저자들이 제시하는 문화적으로 다양한 양육 관습들은 전문가가 과학적 양육 이론이라고 주장하는 방식으로 아이를 기르지 않아도 아이가 성숙하고 안정감 있는 성인으로 성장하고 있음을 증명한다. 예를 들어, 아프리카의 하우사 부족은 쿠냐라는 회피 관습에 따라 어머니가 태어난 아기와 눈 맞춤, 놀이, 이야기하는 것을 피하고, 아이가 젖을 뗀 이후에는 친척 집에 보내 기르기도 한다. 애착 이론에 따르자면, 이는 부모가 아이에게 따뜻함과 애정을 주지 않는 위험한 행동이다. 그러나 저자들은 이렇게 자란 하우사 부족 아이가 애착이론이 경고한 것과 달리 정신적·심리적으로 건강할 뿐만 아니라 심지어 매우 유능하고 성숙한 성인이 되어 미국 대학에서 박사학위를 받고 정부의 젊은 관료가 된 사례를 보여준다. 즉, 전문가들이 위험하다고 경고하는 방식에 가까운 하우사의 양육 관습이 아이를 소위 글로벌한 사람으로 성장시키는 데 아무런 문제가 없음을 증명하고 있는 것이다.

이 책은 한국을 포함한 많은 현대 후기 산업 사회 부모들에게 익숙한 "이렇게 하세요." 또는 영어로 표현하자면 "하우 투(how to)" 방식의 육아서가 아니다. 이 책을 "미국 하버드대학의 부부 교수가 들려주는 '아이는 이렇게 키우세요.'" 같은 육아지침서로 기대하면 실망할 가능성이 높다.

저자들은 반대로 이러한 기존 육아서에서 소위 아동 발달 전문가라고 불리는 집단이 내놓은 조언이 아동 발달에 미치는 부모의 영향력을 과장하고 때로는 근거 없이 부모를 비난하고 협박한다고 지적한다. 한국에서 널리 읽히는 전문가 집단의 육아서에서도 "아이는 부모의 모든 감정을 기억한다.", "한 사람의 인생은 6세 전에 70프로가 완성된다.", "부모가 하기 쉬운 치명적인 실수" 같은 식의 협박성 조언을 흔히 접할 수 있다.

저자들은 부모들에게 전 세계의 양육 방식이 놀라울 정도로 다양하며, 소위 전문가의 양육 지침이라고 하는 것이 시대에 따라 계속 변할 뿐만 아니라 때로는 근거가 약한 비과학적 조언이라는 것을 들려준다. 그리고 부모들이 이 사실을 알게 되면 소위 전문가라고 불리는 집단에게서 홍수처럼 쏟아지는 아이에게 매순간 헌신할 것을 요구하는 협박성 조언을 보다 비판적이고 선택적으로 받아들일 수 있을 것이라고 이야기한다. 이러한 새로운 시각을 받아들이면 부모들이 전문가들의 조언에 절대적으로 의존하여 매순간 내가 잘하고 있는지를 의심하고 불안해하는 방식이 아닌, 때로는 자신의 직관에 의존하면서 자신에게 자연스럽고 익숙한 방식으로 내 아이를 키울 수 있다는 것이다.

이러한 점에서 원 저서의 부제를 잘 살펴볼 필요가 있다. 이 책의 부제에는 "미국의 가족은 그냥 안심하고 쉬어도 된다.^{American families should just relax}"라는 문구가 포함되어 있다. 즉 "부모가 아이의 심리적·정신적 건강에 결정적인 영향을 미친다"는 전문가 조언을 절대적으로 받아들여 양육을 두렵고 불안한 무거운 짐으로 여길 것이 아니라, 아이가 전문가들이 주장하는 것만큼 민감하지 않으며 상당 수준의 회복탄력성을 가지고 있음을 믿고 안심하라는 것이다. 이 "안심하고 쉬라relax"는 조언은 한국 부모들에게도 해당된다. 전문가 지식에 의존해 아이를 키우는 것은 과거 서구 사회의 관습이었지만, 현재 한국 사회 부모들도 그 어느 때보다도 정신과 의사, 발달심리학자, 교육학자 등 소위 아동 발달 전문가라고 일컬어지는 전문가 집단의 조언 아래 아이를 키우며 늘 불안해하고 지쳐 있다.

미국과 한국의 사회화 관습을 오랜 기간 연구해온 역자는 연구 과정에서 많은 부모들의 아이 키우는 이야기와 고민을 접했다. 역자가 만났던 한 어머니는 네 살 된 아이가 아직 말을 하지 않고 또래에 비해 발달이 늦어 전문가의 도움을 받고 있었다. 이 어머니는 역자에게 자신이 만나고 있는 전문가나 육아서에서 아이와 긍정적인 상호작용을 많이 하라고 하는데 그게 잘 되지 않아 고민이라고 토로했다. 자신은 원래 차분하고 내성적인 사람인데 아이에게 늘 과장되게 이야기하고 웃으면서 아이의 반응을 끌어내는 것이 쉽지 않다는 것이다. 그러면서 자신이 아이가 어렸을 때 긍정적인 상호작용을 충분히 하지 않아 아이 발달이 늦은 것은 아닌지 죄책감이 든다고 고백했다. 그 누구보다도 충분히 아이와 자신만의 긍정적인 상호작용을 하고 있었고 아이를 위해 매순간 최선을 다했지만, 서구 정신의학에 기초한 긍정적 상호작용이라는 지침으로 인해 늘 불안함과 죄책감을 안고 있는 것이다. 이 책에서 보여주듯, 긍정적 상호작용은 반드시 얼굴을 마주하면서 과장되게 웃고 이야기하는 서구식 면대면 상호작용만을 의미하지 않는다. 아프리카를 비롯한 많은 사회에서 부모와 아이의 긍정적 상호작용은 몸을 접촉하는 방식으로 일어난다. 앞서 언급한 아프리카 하우사 부족도 회피 관습을 지니고 있지만, 대신 어머니가 아기를 돌보면서 늘 몸을 접촉한다. 전통적인 한국 사회의 양육 방식도 이렇게 살을 접촉하는 상호작용을 한다. 그렇다면 역자가 만난 이 어머니가 과연 서구식 긍정적 상호작용을 하지 않았다고 해서 스스로 죄책감을 느낄 필요가 있었을까? 이 어머니가 긍정적 상호작용이라는 것이 매우 다양한 방식으로 가능하다는 것을 알았다면, 서구 정신의학에 기초한 전문가의 지침을 보다 선택적으로 받아들이지 않았을까?

아이 발달 지연을 고민하고 있는 부모들뿐만 아니라 소위 정상 범주에 드는 아이를 키우고 있는 부모들이 들려주는 이야기도 크게 다르지 않다. 양육의 짐을 자신과 아이의 삶에 대한 소중한 헌신이라고 생각하고 아이에게 절대적인 관심과 생각, 시간, 에너지를 쏟아 집중적인 양육을 하지만, 늘 확신이 없고 불안하며 죄책감에 시달리고 지쳐 있다. 이 책에서 저자들이 들려주는 기존 육아서와는 다른 조언이 양육을 부담스러운 짐으로 끌어안고 지쳐 있는 부모들에게 부모의 영향력을 다시 생각해보고 수많은 양육 조언들을 좀 더 비판적으로 선택하면서, 저자가 이야기하듯 안심하고 쉴 수 있는 방식의 양육을 실천해보는 데 도움이 될 수 있기를 바란다.

책의 구성을 간단히 정리하자면, 1장은 미국 사회를 지배했던 대표적인 양육 이론의 시대적 변화를 다루면서 과학적이라고 포장된 이 양육 이론들이 비과학적 근거에 기초하여 부모의 영향력을 과장하고 부모를 비난하는 방식으로 조언하고 있음을 살펴본다. 2장부터는 임신 및 출산

(2장), 영아기(3, 4, 5장), 유아기(6장), 후기 아동기(7장)의 순서로 세계 다양한 지역의 양육 관습을 다룬다. 미국 부모들을 대상으로 쓴 글이기 때문에 1장의 상당 부분을 차지하고 있는 미국에서 유행한 양육 이론이나 양육 관습에 대한 설명이 한국 독자들에게는 다소 생소하고 어렵게 느껴질 수 있다. 1장이 어렵게 느껴진다면 쉽게 쓰인 2장부터 시작해 마지막이나 중간에 다시 돌아와 1장을 읽어도 무방하다.

로버트 러바인과 세라 러바인은 심리인류학 및 정신분석인류학, 특히 이 분야의 사회화와 아동 발달에 관한 핵심적인 주장과 이론 틀을 확립한 명성 있는 학자들이다. 같은 분야를 전공하는 학자로서 눌민의 정성원 대표님이 이 저명한 학자들이 쓴 대중서 번역을 제안해주셨을 때 무엇보다도 반가웠고 좋은 번역서를 한국에 소개하고 싶은 욕심이 컸다. 더딘 번역을 묵묵히 인내해주시고 마지막까지 꼼꼼히 살펴주신 정성원 대표님에게 감사한 마음을 전한다. 번역 과정에서 여러 분들의 도움을 받았다. 아동 발달 단계와 관련된 용어 번역에 도움을 주신 서울대 인류학과 강윤희 교수님, 울산과기대 기초과정부 최진숙 교수님, 인구학 관련 용어 번역에 자세한 조언을 해주신 서울시립대 도시사회학과 이윤석 교수님, 각주를 꼼꼼히 정리해준 서울시립대 도시사회학과 석사 과정 박예슬에게 감사의 인사를 전한다. 편집을 맡아주신 문유진 선생님께도 감사의 말씀을 드린다. 어지러운 원고를 책의 모양이 이루어지도록 잘 이끌어주셨다.

가족들은 일반 독자로 번역본에 자세한 조언을 해주었다. 첫번째 독자였던 어머니는 초벌 번역본을 두 번에 걸쳐 꼼꼼히 읽고 일반 독자로서의 소감과 난이도를 알려주셨고, 어색한 표현 등을 자세히 고쳐주셨다. 아버지도 번역본을 모두 읽고 매우 자세한 피드백이 담긴 교정 원고를 보내주셨다. 동생 신희는 각 장 제목의 어색한 표현과 용어, 그리고 도입부 번역을 함께 봐주면서 역자가 매몰되어 보지 못한 일반 독자의 눈높이를 상기시켜주었다. 이 책이 어렵지 않게 독자들에게 읽힌다면 가족들의 노력과 도움 때문일 것이다. 물론 오역과 여전히 남아 있을 수 있는 어색한 표현 등은 모두 역자의 몫이다.

2022년 2월

안준희

찾아보기

옮긴이 **안준희**

　　서울대학교 인류학과에서 학부, 석사를 마치고, 미국 미시간대학 인류학에서 석사
학위와 박사학위를 받았다. 현재 서울시립대 도시사회학과 교수로 재직 중이다. 사회화 관
습의 문화적 다양성과 아동 또래 문화를 연구 주제로 하여 미국 중산층과 한국 중산층에 관
한 다양한 비교문화적 연구를 수행해왔다. 대표적인 연구로는 "그다지 개인주의적이지 않
은 미국인들: 미국 중산층의 친사회적 아동 기르기", "'함께하기'와 '자아' 사이에서: 한국 중
산층의 사회화에 나타난 혼란과 모순", "공감할 줄 아는 아이 기르기: 한국과 미국의 공감사
회화에 관한 비교문화적 연구", "You're my friend today, but not tomorrow: Learning to be
friends among young U.S. middle-class children", "Don't cry, you're not a baby!: Emotion,
role, and hierarchy in Korean language socialization practice", "From my expression to our
expressions: Multidirectionality of learning in the globalized Korea" 등이 있다.

부모는 중요하지 않다

1판 1쇄 찍음 2022년 7월 15일
1판 1쇄 펴냄 2022년 7월 22일

지은이　　로버트 러바인·세라 러바인
옮긴이　　안준희
펴낸이　　정성원·심민규
펴낸곳　　도서출판 눌민

출판등록 2013. 2. 28 제25100-2017-000028호
주소　　　서울시 은평구 가좌로11가길 30, 301호 (03439)
전화　　　(02) 332-2486　　팩스　　(02) 332-2487
이메일　　nulminbooks@gmail.com
인스타그램·페이스북 nulminbooks

한국어판 ⓒ 도서출판 눌민 2022

Printed in Seoul, Korea

ISBN　979-11-87750-54-3 03300